U0062838

HERMES

在古希腊神话中，赫耳墨斯是宙斯和迈亚的儿子，奥林波斯神们的信使，道路与边界之神，睡眠与梦想之神，亡灵的引导者，演说者、商人、小偷、旅者和牧人的保护神……

西方传统 经典与解释 **HERMES**
Classici et Commentarii

政治史学丛编
Library of Political History
刘小枫◎主编

历史分期与主权

—— 封建和世俗化观念如何支配时间政治

Periodization and Sovereignty

How Ideas of Feudalism and Secularization Govern the Politics of Time

[美] 凯瑟琳·戴维斯 Kathleen Davis ｜ 著

荆腾 ｜ 译

华夏出版社

古典教育基金·蒲衣子资助项目

"政治史学丛编"出版说明

古老的文明政治体都有自己的史书，但史书不等于如今的"史学"。无论《史记》《史通》还是《文史通义》，都不是现代意义上的史学。严格来讲，史学是现代学科，即基于现代西方实证知识原则的考据性学科。现代的史学分工很细，甚至人文–社会科学的种种主题都可以形成自己的专门史。所谓的各类通史，实际上也是一种专门史。

普鲁士王国的史学家兰克（1795—1886）有现代史学奠基人的美誉，但他并非以考索史实或考订文献为尚，反倒认为"史学根本不能提供任何人都不会怀疑其真实性的可靠处方"。史学固然需要探究史实、考订史料，但这仅仅是史学的基础。史学的目的是，通过探究历史事件的起因、前提、形成过程和演变方向，各种人世力量与事件过程的复杂交织，以及事件的结果和影响，像探究自然界奥秘的自然科学一样"寻求生命最深层、最秘密的涌动"。

兰克的这一观点并不新颖，不过是在重复修昔底德的政治科学观。换言之，兰克的史学观带有古典色彩，即认为史学是一种政治科学，或者说，政治科学应该基于史学。因为，"没有对过去时代所发生的事情的认知"，政治科学就不可能。

亚里士多德已经说过："涉及人的行为的纪事"，"对于了解政治事务"有益（《修辞术》1360a36）。施特劳斯在谈到修昔底德的政治史学的意义时说：

政治史学的主题是重大的公众性主题。政治史学要求这一重大的公众性主题唤起一种重大的公众性回应。政治史学属于一种许多人参与其中的政治生活。它属于一种共和式政治生活，属于城邦。

兰克开创的现代史学本质上仍然是政治史学，与19世纪后期以来受实证主义思想以及人类学、社会学等学科影响而形成的专门化史学在品质上截然不同。在古代，史书与国家的政治生活维系在一起。现代史学主流虽然是实证式的，政治史学的脉动并未止息，其基本品格是关切人世生活中的各种重大政治问题，无论这些问题出现在古代还是现代。

本丛编聚焦于16世纪以来的西方政治史学传统，译介20世纪以来的研究成果与迻译近代以来的历代原典并重，为我国学界深入认识西方尽绵薄之力。

刘小枫

2017年春

古典文明研究工作坊

这种搁置时刻，这种 épokhè，这种法律创立或革新的时刻，在法律上是一种非法的特殊情形。但整个法律史的情形也是如此。

——德里达，《法律的力量》

目　录

作者致谢

在最初的阶段，这本书似乎还是一个独立的研究项目，但它促使我不断扩大同朋友与同事的交流和对话，这成了撰写本书最大的乐趣。Derek Attridge、Andrew Cole、Rita Copeland、Simon Gikandi、Bruce Holsinger、Gyan Prakash、Vance Smith 和 Paul Strom 愉快谦和地阅读了各章初稿，并给予了指导、建议和鼓励。Bill Jordan 以毫无保留的慷慨和耐心，帮助我进入封建编史学的思考，而且无论我何时提出请求，他都会给我提供帮助和解答。在关键的时刻，而且在很短的时间内，Sally Poor、Joseph Patrouch，特别是 José Rabasa 和 Eduardo Cadava 阅读了本书各个章节，并给出了很好的建议。我对 Dipesh Chakrabarty 和 Carolyn Dinshaw 阅读整个手稿，并给予我从容不迫的思想交流，怎么感谢都不为过。Felice Lifshitz 以不懈的精力阅读和重读手稿，耐心地推动这本书走向最终的形式。我的研究生助理 Aaron Hostetter 和 Wesley Yu 以他们聪敏、细致的工作使我免于诸多麻烦，并在我真正需要的时候鼓舞了我的信心。在我关于"主权"课程中，研究生们的非凡精力使我在完成本书修订的过程中得到了支持，我将永远记住这一点。从本书开始写作到最终完成，Susan Crane、Derek Attridge 和 Vance Smith 帮助我坚定决心，使我不断前进——有时仅仅因为他们的陪伴。我无法想象还有比宾夕法尼亚大学出版社的 Jerry Singerman 更加关心和支持我的编辑，他是我有幸认识的最友好的人之一。

本书第一章的早期版本发表于《中世纪晚期和现代早期研究杂志》(*Journal of Medieval and Early Modern Studies* 36, no. 2, 2006)。普林斯顿大学人文价值中心的洛克菲勒实习教职(Laurance S. Rockefeller Preceptorship)提供的休假时间对我的研究有着极大的帮助,感谢普林斯顿大学人文和社会科学研究委员会在本研究项目的几个阶段提供的慷慨支持。

我最深切地感谢我的家人,他们的幽默、支持、欢喜和爱是生活的指针。

导　论

[1] 8世纪初，那位如今以可敬的比德（the Venerable Bede）
而闻名的诺森布里亚（Northumbrian）僧侣和学者，为拉丁语词
tempus，即"时间"，提供了自己的词源说明。他像通常那样，以
复数形式理解该词："时间（times）取名于'度量'。"（tempora
igitur a "temperamento" nomen accipiunt）①从"度量"一词的多种含
义来看，它大体表达出了temperamentum一词的重要意义，该词
源于动词tempero，即"有节制、划分、规定"。动词accipio［毫
不费力地取得、收到、得到、接受］徘徊于主动态和被动态之间，
由此也显示了这种词源关系的逻辑：被称为tempora［时间］是因
为tempora从事节制、划分与规定。②学者们常常把这种对时间规定
的重视归因于鸣钟、召集祈祷这类修道院的日常成规，这种看法
遮蔽了该词更具雄心也更为实际的历史意图和政治意图。比德对
作为某种规定原则的时间分界标非常敏感，他后来成为第一位在
历史叙述中使用anno domini［主的年代］（简写作 A. D.）来纪年

① 　Bede, *De temporum ratione*, ed, Charles W. Jones, p.274；Tr. Faith
Wallis, *The Reckoning of Time*, p.13。关于比德这一词源说明的独特性，见
费斯·沃利斯（Faith Wallis）对这一段落的注释。据《牛津拉丁语词典》
（*Oxford Latin Dictionary*），tempere是从tempus派生而来。

② 　关于比德之前的词源学实践历史的讨论，见 *The Etymologies of
Isidore of Seville*，导论，页11。

的作家，历史也因此以基督教政治的形式，在时间的某个划分之处具有了神圣性。①这种历史分期——当然，这不能完全归因于比德——至今依然规定着历法和政治生活。

近几十年来，"时间政治"（politics of time）一直备受关注，而且这种关注并没有摆脱历史与神圣之间颇成问题的关联。事实上，对于时间政治，相关研究已将这种关联视为其概念上的局限，这种关联几乎总是以宗教的中世纪与世俗的现代性之间的分野形式来表达。争论的焦点集中于历史意识，并且遵循着这些思路：中世纪的人将所有的时间观念都服从于救赎的历史运动和最后审判的必然性，因而并没有真实的、富有意义的历史变化意识；历史在这种情况下已经被决定，"中世纪的"时间政治因而也是一种自相矛盾的说法。②这些争论所获得的解释力通常来自历史分期的经济学模式，因为基督教社会向世俗社会的转变被对应于中世纪的乡村农业经济向现代城市商业经济的转变，[2]封建主义到资本主义的转变就是最典型的表述。③这些观念十分普遍，以至于拥

①　对比德及其anno domini观念的讨论，参见Deliyannis。Deliyannis在其世界编年纪中收录了比德的《论时间计算》（*De temporum ratione*），比德使用anno mundi［创世纪元］来纪年，但他的《英吉利教会史》所用的却是anno domini。关键并不在于比德是第一个将用于纪年的anno domini概念化的人——这偶尔会被用在某些特许状中——而是这种运用在政治叙事当中的重要性。比德在讨论教会纪年和政治纪年时非常依赖时代划分，对此，我会在本书第四章详细讨论。

②　关于这一论点的不同说法——下文会有更为详细的讨论，可参见Reinhart Kosselleck, *Futures Past*; Michel de Certeau, *The Writing of History*; Peter Osborne, *The Politics of Time*。

③　关于这种普遍观点的一个相当晚近的根据，参见Jacques Le Goff, "Merchant's Time and Church Time", "Labor Time in the 'Crisis' of the Fourteenth Century", in *Time, Work, and Culture in the Middle Ages*, pp.29–42, 43–52。尽管勒高夫的说法有一些细微差别，并且反对夸大，但他仍然为一种天主教的、农业

有了不证自明的常识性地位——尽管中世纪被认为是一种建构的范畴。

本书的一个主要目标，是探究中世纪/宗教/封建与现代/世俗/资本主义（或"发达的"）这些庞大而僵化的观念体系，在面对所有对于目的论历史和阶段性（stage-oriented）历史的挑战时，为什么可以继续存在。它们有什么作用？是什么确立了中世纪/现代这种历史分期的划定原则？它致使何种问题变得模糊不清？当征服（subjugation）和法纪阙如（lawlessness）被贴上"封建"的标签而与中世纪相提并论时，并未受到质疑的政治预设是什么？当一种基督教的时间政治——比如比德的时间政治——被断定为非政治或前政治的东西时，兴起的是何种文化范式？要坦率地处理这些问题，就需要将中世纪/现代的划分与"封建的"和"世俗的"这种分类范畴放在一起来讨论，它们相互构成，前者则确保后者处于相应的位置。

不无讽刺的是，针对僵化的历史范式而提出的那些最具魄力和最知名的批评，通常是强化而非瓦解了这种历史分期。比如，法比安（Johannes Fabian）在其著名的人类学评论《时间与他者》（*Time and the Other*）中就提出了这种如今很少会有人提出异议的主张：

> 如果时间确实属于关乎个体、阶级和民族之间相互关系的政治运作模式（political economy），那么，通过时间的概念和工具来建构人类学的对象就是一种政治行为，一种"时间政治"就是存在的。[1]

的、以神意为导向的中世纪与一种世俗的、商业的、人文主义的现代之间的严格历史分期提供了一个明确清晰的范式。他的方案作为一种简略的表达方式已经被用来证实"中世纪"与"现代"时间概念之间的简单区分。

[1]　Johannes Fabian, *Time and the Other*, p. xl.

然而，法比安认为有必要规定，研究这种政治必须首先承认，"从中世纪的时间概念到现代的时间概念有着质的一步"，这一步是"时间实现世俗化"的结果。[1]虽然法比安知道，看待这种历史还有其他方式，但他仍然用一种鲜明清晰的说法描述了他所说的"神圣与世俗"之分：

> 启蒙运动思想标志着与一种本质上是中世纪基督教（或犹太－基督教）时间观的彻底决裂。与一种基于救赎历史的时间/空间概念的决裂，最终导致了作为自然历史的时间的世俗化。[2]

因此，虽然法比安坚持认为，"时间属于关乎诸种关系的政治运作模式"，但他仍然假定，时间在性质上的根本性突破和质的突破明显外在于政治。法比安并不认为"世俗化的时间"叙事是政治的叙事，他也没有像人类学那样，将其视为"构成并同时降低其研究对象"这一过程的一部分，[3]在他看来，这只是单纯的"实现"。这样一来，法比安就如同比德一样，通过把"世俗化的时间"与时间和神圣的关系关联在一起，在时间的划分点上，确立了一种政治秩序的基础。这种与神圣的关系所产生的关联以一

---

① Johannes Fabian, *Time and the Other*, pp.11–12.

② Johannes Fabian, *Time and the Other*, p.26. 在法比安所说的这一点上，他认可（但又在一条注释中否认）凯奈尔姆·伯里奇（Kenelm Burridge）在《邂逅原住民》（*Encountering Aborigines*）中的说法，并评论说："关于基督教的差异性概念，我看到的是断裂和间断，但他（Kenelm Burridge）却将其视为人类学好奇心的主要源泉。这导致他把传教实践的一种基本作用认定成了一种人类学的模式。"

③ 这句话来自马蒂·班佐（Matti Bunzl）对法比安观点的评述，见《时间及其他》第二版前言，p. x。

种声称超然的形式出现，但这个事实并没有改变这种根本上的相似性。

[3] 从定义上来看，一种据称外在于政治的时间划分，与基于一种同神圣产生关联的时间划分，都同样定义并规定了政治。这种划分的规定性功能在现代的一个突出体现就是以 C.E.（"公元"）来取代 A.D. 这一术语——这个变化并没有削弱一种全球化的基督教历法的影响，它实际上以一种看似世俗和普世的规定，给这种时间秩序赋予了特权。增泽知子（Tomoko Masuzawa）在《世界宗教的发明：欧洲普世主义在多元化语言中的保留》（*The Invention of World Religions: Or, How European Universalism Was Preserved in the Language of Pluralism*）中所研究的过程就集中展现了这一点。对于启蒙运动"实现了时间世俗化"这一观点，增泽知子的著作阐明了其中的关键所在。她表明，当欧洲产生自己的世俗化叙事时，这种叙事同时也根据重新整合过的"宗教"概念和宗教遗产，拓展到了世界上的其他地区。关于这种模式，我想提醒人们注意，法比安那种基于"神圣–世俗"之分的欧洲政治在时间上的推衍，与增泽知子所研究的那种地缘政治上的拓展之间，存在惊人的一致性。用增泽知子的话说：

> 这种［世界宗教的］话语最重要的影响之一就是使具体实践精神化，并将它们转变为某种永恒的、超历史的表达，换言之就是使它们非政治化。①

在我看来，研究这种非政治化必须结合它与时间的相关性：

---

① Tomoko Masuzawa, *Invention of World Religions*, p.20. 对该过程深入而详细的讨论，可参见 M. A. Perkins, *Christendom and European Identity: The Legacy of a Grand Narrative Since 1789*, 亦可参见 Lila Abu-Lughod, "The Debate About Gender, Religion, and Rights"。

一种"宗教的"、前政治的"中世纪"构成形式。在特权化的普世主义之下，只有"欧洲的"政治才能被认定为"世俗的"政治，也只有"世俗的"政治才能是正当合理的政治，而促成这种普世主义的隐蔽手法，就是中世纪/现代的历史分期。我所说的历史分期并不是简单地绘制一条任意的时间脉络，而是一种概念化类别（conceptualizing categories）的复杂过程，这些类别被认定为具有同质性，而且是通过命名一种时代划分来进行回溯性的验证。

政治秩序的历史分期基础是本书关注的主要问题。法比安预设的神圣/世俗二分，长期以来一直是欧洲历史的常识，然而，在当今的世界政治和近些年的理论争论中，这种划分所预设的类别引发了暴力和争执。同样，作为一种时代概念，"封建的"中世纪不仅判定了经济观念和政治发展，而且也越来越多地充当了"民主政治"的反衬。①

近几十年来一直很明显的问题是，神圣的－中世纪的－封建的，以及世俗的－现代的－资本主义的（或民主的），这类术语群不但具有排斥性的力量，而且还要求历史上特定的文化形式、经济形式和制度形式与之达成一致，从而进入一种表面上全球性的政治现代性之中。通过探究相关问题，中世纪研究者已经证明，[4]中世纪/现代或中世纪/文艺复兴这样的划分所强加的同质性，不仅掩盖了"现代"特征在中世纪的存在和现代性中的"中世纪"特征，同时也歪曲了医学、哲学等领域的历史，并且阻抑了女性和那些遭受种族迫害或宗教迫害的少数群体的历史。②对于这种历

---

① 在本书的结语部分，我会讨论这种时代划分与"民主政治"的关系所具有的时间意涵。

② 参见 David Wallace, *Premodern Places*, "Periodizing Women"；Bruce Holsinger, *The Premodern Condition*；Davis, "National Writing in the Ninth Century"；Lisa Lampert, "Race, Periodicity and the (Neo)Middle Ages"；Barbara Fuchs, David J. Baker, "The Postcolonial Past"；Patrica Clare Ingham, Michelle

史分期所构成的概念性划分，从属者研究（subaltern studies）的学者查卡拉巴提（Dipesh Chakrabarty）就是一位长期的反对者，他通过某些突显出中世纪研究者和后殖民评论者的关注点有所重合的议题，表述了这一问题："将某种事物或某类事物视为非现代或前现代的认定，是否一直以来不过是强势者的姿态？"我们该如何描述那些"生活实践时常挑战着我们在世俗与神圣、封建与资本主义、非理性与理性之间做出的'现代'区分的人们"？①

这些问题涉及当今的政治斗争和政治分歧——特别是与宗教暴力有关的问题，但笔者在本书中认为，这些问题不能与构成中世纪观念及其类别的过程相分离。任何试图应对这些政治困境的努力，都不能忽视中世纪/现代这一历史分期作为一种规定性原则的作用，因而法比安那类掩饰性的解读方式——将历史断裂设定为完全的"实现"，并且不属于政治的范畴——也依然留有商榷的余地。就像对于"现代"科学的很多相似而又重要的批判一样，法比安的论点重申了殖民主义最钟爱的一种叙事，但他并不认为"世俗化的时间"叙述同时生成了"另外的"（other）一种时间和一种人类学的"他者"（Other）。这种思想史构建的概念边界"缓和了"当前理论上应对一些最为棘手的政治挑战的努力，而且也确实对其棘手之处承担了一定的责任。本书并不是要修正"中世纪"或"现代"的定义，而是要处理历史分期这种操作本身作

Warren, *Postcolonial Moves*。关于"中世纪/文艺复兴：历史分期之后"这一话题，新近刊出的 *Journal of Medieval and Early Modern Studies* 特别版提供了丰富的讨论，尽管对于我这里的讨论来说似乎已经出现得有些太晚。

　　① Dipesh Chakrabarty, *Habitations of Modernity*, pp. xix-xx. 在后殖民研究领域，查卡拉巴提已经受到批评，因为他似乎表明，非西方社会表现出了过去的痕迹，而且还以一种助长宗教极端主义的方式认为"神异"（gods and spirits）的时间具有重要的价值。正如我在第三章所讨论那样，这场争论的双方都陷入了历史分期所确立的二元结构之中。

为实例所体现的遮闭性（occlusions）与具像化（reifications），并表明这个问题在今天为什么很重要。这里至少涉及两个历史分期的历史：一个是基于中世纪与现代的划分而产生并维护文化类别（cultural categories）和政治类别（politial categories）的历史分期史；一个是以 anno domini 和新约圣经替代旧约圣经（也可以说是基督教历史替代犹太历史）的方式，将基督教政治秩序与一种神圣时间的划分相关联而确立基督教政治秩序的历史分期史。这两种历史中，前者隐含并强化了后者。①

　　本书旨在从全球重要性的层面探讨历史分期这一主题。当然，这是一个十分庞大的话题，但我并不想过快地远离这种庞大性，[5]因为正是通过从地方性的历史滑向普遍的范畴，从单一的事件转变成叙述的支点，历史分期的影响才遭到掩盖，并因此而根深蒂固。那种认为中世纪与现代（或现代早期）之间存在一种时代断裂的信念，更加广泛地设定了主权国家和世俗政治等范畴（确切地说是与意识形态和领土休戚相关的范畴）的世界历史意涵，也正是出于这个原因，"中世纪"就像之前的"现代性"一样，已从一种欧洲范畴跃升为全球性的时间范畴。这种全球化的中世纪表现为两种相互冲突的方式。一方面，不论欧洲、亚洲、印度还是非洲的文学史和政治史，其谋篇布局都越来越多地遵循约定俗成的中世纪/现代（早期）的区分。从这种方案来看，世界与欧洲历史步调一致地行进，该历史曾经和殖民主义、民族主义、帝国主义、东方主义齐头并进并在这些主义最高涨时期写成。②另一方

---

① 正如 Julia Reinhard Lupton 所指出的，这种替代结构是"现代分期本身的基础性原则"之一。*Afterlives of the Saints*, p.23。另参见 Kathleen Biddick, *The Typological Imaginary*。我会在第四章充分探讨这一问题。

② 我们发现，面向大众的教科书和后殖民主义小说都采取了这种组织编排方式。参见 David Damrosch 编，*The Longman Anthology of World Literature*。该书将所有的世界文学划分为两卷，并细化为六个方面。卷一：

面，"中世纪"是一种可变动的范畴，可以在任何时候适用于任何"尚且"没有实现现代性的社会或更为糟糕的倒行逆施的社会。在这种模式中，"中世纪"这一范畴为法比安恰如其分地称之为"对同时代性的否定"（denial of coevalness）提供了一种样板。[①]

这种全球化的中世纪，就其被当作一种编写历史的方式而言，即使采取一种包容的姿态，也必定是在洛薇（Lisa Lowe）和劳埃德（David Lloyd）所意识到的趋势背景中来考察，即在当代新殖民主义的资本主义压力下，"设定一种同质化的全球文化，而该文化从根本上降低了另类创造的可能性"。[②]通过提供一个单一的出发点，一种全球的、"中世纪的"过去便成为这种文化形式同质化的根基。[③]更具体地说，这种单一的出发点使现代民主、封建（或"无赖"）国家和"世俗"政制等政治形式的狭义定义在全球的应用得到了认可，其局限性也通过中世纪与现代这一历史分期而得到明确表达。必须强调的是，这种历史分期也需要一种单一化的中世纪：一旦我们开始以任何有意义的方式将"中世纪"多元化，我们就会破坏历史分期这一操作的可能性条件。我认为，只有在思考了历史分期的方式过程和影响之后，多重时间性（multiple temporalities）的话题才能够有效地提出。所以说，本书所论的历史分期，指的不仅仅是将历史划分为若干片段的回溯性描述，更是一种根本的政治技术——一种节制、划分和规定的方式——它

古代世界，中古时期（4至14世纪），早期现代；卷二：17世纪和18世纪，19世纪以及20世纪。关于中世纪与东方主义的相互关系，参见John Ganim, *Medievalism and Orientalism*。

① Johannes Fabian, *Time and the Other*, p.31.

② Lowe and Lloyd, *The Politics of Culture in the Shadow of Capital*, p.1.

③ 在这种情况下，即使是一种全球化的中世纪，也可以反过来为抗拒参与那些形式而提供某种讲述方式。关于拒绝在殖民地和前殖民地中使用中世纪的范例，参见Davis and Altschul, *Medievalisms in the (Post)Colony*。

始终服务于现在。①从某种重要的意义上来说，我们不可能对过去
进行时期划分。

因此，关于历史分期，要害的问题并不是"何时是中世纪？"，
而是"现在在何处？"——这个由查卡拉巴提所提出的问题，[6]
挑战了那种预设一个"现在的特定位置"来应对当前政治困境的
学术研究。②在他看来，宗教、世俗主义、民主乃至政治等基本概
念，其未经充分考察的历史性，使得世界上许多事件的逻辑无法
得到主流批判理论的理解，后者对于如何思考"现在"采取了一
种并未言明的限定。

这些基本概念的历史，同时也是中世纪/现代这种历史分期的
历史，考察这一历史对于重新思考批判理论及其局限性至关重要。
尽管"中世纪"作为一种建构的范畴具有显而易见的地位，而且
尽管人们对于这一范畴在殖民主义和竞争性民族主义历史中的棘
手处境有所认知，但其定义属性在史学上的概念化与我们最基本
的一些历史预设和政治预设的形成之间有何关系，仍然没有得到
研究。本书就是通过关注封建主义和世俗化这两个历史漫长而复
杂的观念来进行这样的研究。这两大观念都因难以定义而众所周
知，它们是"中世纪"作为一个时代概念的支柱，同时也为"现
代"主权国家和世俗政治提供了叙述的基础。它们的定义问题不
可能摆脱不断出现的那种划分历史时期的操作，后者是构成这两
大观念的组成部分。

---

①　正如勒高夫近来所表述的那样，历史分期是一种"控制时间"的方
式，同时也是"为某种认同建构界定和指定一种时代"的方式。参见 Le Goff,
"Maîtri ser le temps", in *Temps et Historie*, 2 (2004), 19, 20。

②　Dipesh Charkrabarty, "Where Is the Now?" "何时是中世纪"的问题
是 2007 年美国中世纪学会多伦多全体会议的一个主题。与会专家主要着眼于
指定中世纪开端和结束的特定时间点。

封建制与世俗化

关于这两个复杂的观念，我的讨论与一个单一的命题有关：历史分期的历史是法律的历史，该历史的推进中贯穿了关于主权定义和定位（location）的争论。本书最初的目标是研究作为概念的封建制和世俗化，意在了解这两大概念如何成为以及为何会成为具有如此影响力的时间类别。一个意想不到的发现是，欧洲有一段"封建的"过去作为一种观念是在关于主权的法律斗争中出现的，而16世纪阐释封地的法学家不但将"封建法"接纳为主权和一种社会契约的概念基础，而且还就"封建法"的历史起源展开了争论。当这段历史把我的关注点引向当前关于主权的理论研究时，我同样惊奇地发现，关于主权及其与法律和政治的关系，当前批判性争论的核心正是世俗化问题。在我有机会单独讨论主权问题之前，世俗化又通过主权问题而与封建主义相关联，而且很快就可以明显地看到，关于历史分期的历史学争论，世俗化与主权的关系同样是关键——特别是就"现代性"是一个独立的、自我构成的时代这一观念而言。最后绕回原点则发现，[7]现代性理论是依赖世俗化的合法性来支撑历史时期的划分的。

封建制

"封建制"这一概念根深蒂固，因而只有极少数关注早期封建编史学的学者，才会因为这种编史学"发现"了欧洲法律的过去而感到惊喜，如此一来也留下了诸多尚未得到研究和未经审视的细节问题和观点主张。① 本书的第一章和第二章就是要进行这样的

① 特别参见 Donald R. Kelley, "De Origine Feudorum: The Beginnings of

研究和审视，并会重点关注这种编史学在16至18世纪争论主权定义和主权所属问题中的表现情况。作为一种"制度"，封建制自然意味着一种完全具体的东西和状态，该状态与一种信念相一致，即封建制是（或应当是）过去的一种现象。然而，我们发现，"封建制"是随着斩首行动而出现的，而我们对此不应该感到惊讶：作为一个名词的féodalité［封建制］，最初出现于法国大革命的前夕，它被用于在贵族、议会和王权之间作出判决，特别是判决财产方面的问题，并最终用来呈现被拖往断头台的那段深陷迷信和桎梏的过去。[①] 在这个意义上，"封建制"就是我们最生动的一个例证，可以用来说明本雅明（Walter Benjamin）的那个洞见："现代性"产生并同时摧毁了它本身所反对的传统形象。[②]

在关于封建编史学的章节中，我关注的重点并不是"封建制"作为描述中世纪的范畴是否恰当，这一问题有着漫长的争论史，近年来雷诺兹（Susan Reynolds）以其卓有成效的研究再度审视了这一问题。我同意雷诺兹的看法，即封建的中世纪观念以及与这种观念相关的诸多预设，导致了简单化、一般化和误导性的历史分析和社会分析。[③] 因为根本就没有那种"封建的中世纪"。然而，我在这里主要关注的是，如今被视为"中世纪的"几百年历史在历史书写上的逐渐封建化（becoming-feudal），与长期以来被视为现代政治之核心的政治概念的形成之间，究竟是怎样的关系。

---

an Historical Problem"；J. G. A. Pocock, *The Ancient Constitution and the Feudal Law*。Susan Reynolds 也对这种编史学提出质疑并进行了简要的分析，见其 *Fiefs and Vassals: The Medieval Evidence Reinterpreted*。

① 作为一种形容词，"封建的"至少自10世纪以来就已经开始流传，但并没有对应的名词。参见 Marc Bloch, *Feudal Society*, vol. 1; J. Q. C. Mackrell, *The Attack on "Feudalism" in Eighteenth-Century France*。

② 特别参见 Benjamin, "Storyteller", *Illuminations*, p.89。

③ Susan Reynolds, *Fiefs and Vassals*，并特别参见其导论。

在"封建"被具体化为一种制度之前，关于欧洲的"封建"历史，16、17世纪的历史书写在帝国、奴隶制和殖民主义的关键时刻促成了主权与服从问题的理论化。①

本书的第一章追溯了关于欧洲封建历史的早期叙述，该叙述的形成得益于16世纪法学家对欧洲法律渊源的探寻，据他们自身的论点来看，这种叙述的紧要之处在于主权的性质和最高权力（imperium）的历史。对这些学者而言，封建法是解决主权悖论的一种方式，关于这一悖论，施米特（Carl Schmitt）的描述最为有力：主权者既在法律之内，同时又在法律之外。②[8]通过研究他们最重要的法律评注，我发现，欧洲封建的过去在法律上的集中呈现，既为有关"自由"政治主体和社会契约的论争奠定了基础，同时也促使奴役问题从当时的奴隶贸易转为一种野蛮的过去。早期的封建编史学完全仰赖中世纪法律和评注，但这同样构成了现代政治的叙事基础和概念基础。历史分期的切割不但掩蔽了这种历史，而且还在中世纪/现代的划分中重新分配了这种历史的用语措辞，比如臣服者与主权者、努力与自由人。因此，这一章以现代性的理论规划为核心来增进我们对中世纪的理解。关于这一话题，晚近的中世纪研究者，比如霍辛格（Bruce Holsinger）、丁肖（Carolyn Dinshaw）、加尼姆（John Ganim）、弗兰岑（Allen Frantzen）、史密斯（D. Vance Smith）和科尔（Andrew Cole），都以其他方式进行了探讨。③用霍辛格的话说，在现代批判思想中，追

---

① 对"封建制"命名的讨论，参见 R. J. Smith, *The Gothic Bequest: Medieval Institutions in British Thought, 1688-1863*。在法国，féodalité［封建制］出现于18世纪晚期。参见 Marc Bloch, *Feudal Society*, vol. 1; J. Q. C. Mackrell, *The Attack on "Feudalism" in Eighteenth-Century France*。

② Carl Schmitt, *Political Theology*, p.7. 对施米特的详细讨论，见本书第三章。

③ 参见 Bruce Holsinger, *The Premodern Condition*; Carolyn Dinshaw,

溯"中世纪的考古学"提供了"一种强大的机制，可以用来质疑西方传统中历史分期和时间性的传统方案"。①

然而，根据16、17世纪的封建法编史学来谈论"中世纪"并不是很准确，这个问题也表明了内在于历史分期中的时间性所具有的复杂性。据我所知，论及封地的学者和那些如今被视为"发现"了封建制的学者，从来都没有用过"中世纪的"或"中世纪"这样的术语，而且这类术语大概也会让他们深感困惑。这并非只是一个术语问题。这些学者在人文主义的环境氛围中写作——这种环境深受彼特拉克和瓦拉（Lorenzo Valla）的语言理想和历史学理想的影响——并因此认为早期的法律评注语言"粗俗不堪"，方法"混乱"。但尽管如此，这些学者仍然认同这些法律和评注，这被他们视为自己法律论证的基础。对他们来说，他们研究的 ius feudali［封建法］是他们自身所处时代的习惯法。在他们的著作中，人们很难发现任何描述过去的概括性用语；他们谈论的是特定的法律和特定的原有事物，在讨论我们今天所说的"中世纪早期"乃至"古代晚期"时，偶尔也会说到"古老的过去"。直到16世纪的法学家们（特别是在法兰西和德意志）在领主和封臣的封建关系基础上提出关于主权、服从和一种社会契约的学说后，博丹（Jean Bodin）这样的法律史家才通过保留这种社会契约学说，并拒斥以财产为基础的"封建"，以及拒绝将"封建"与奴隶制相提并论而提出了关于绝对主义（absolutism）的观点。换句话说，

Getting Medieval；John Ganim, *Medievalism and Orientalism*；Allen Frantzen, *Desire for Origins*；D. Vance Smith, *The Household Imaginary*；Andrew Cole, "What Hegel's Master/Slave Dialectic Really Means"。詹妮弗·萨米特（Jennifer Summit）在其即将出版的《记忆的图书馆》（*Memory's Library*）中讨论了在构建新的民族认同的语境中，构成早期现代图书馆之形成基础的那种"排除和恢复的双重努力"。

① Bruce Holsinger, *The Premodern Condition*, pp.4, 6.

恰恰是在殖民地的奴隶贸易开始盛行的时候，封建法和奴隶制被绑在了一起，并同时被视为欧洲的过去和非欧洲的现在所具有的典型特征。

[9]早期的封建编史学呈现出两种相互冲突的模式，一种倚赖并认同实际存在的一种"封建的"过去，另一种则努力将一种普遍的"法律精神"概念化，因而拒绝接受实际存在的具体事实。这种复杂的认同和拒斥模式使"中世纪"这一范畴的出现得以可能，就如同在18、19世纪那样。尽管人文主义的文人学士都追随彼特拉克（我们应该记得，对彼特拉克而言，"黑暗时代"就是他自己的时代），但如今我们知道，"中世纪"并不是一种文艺复兴的观念。该范畴作为将主权和征服合法化的手段而出现，很晚才被具体化。①等到孟德斯鸠、布莱克斯通、亚当·斯密和马克思等思想家开始从事相关研究时，关于封建历史的那种充满政治意味的概念早已盛行了数百年，而且，这些后世的分析也都极大地得益于——反过来也革新了——早期封建编史学的建构性工作。和后者同样重要的是，"中世纪研究者"的论述更为明确地说是关于国家政治、殖民地政治和帝国政治的论述，它几乎没有告诉我们，这种历史分期如何发生，为什么会有如此大的影响力，以及为什么很难确定"中世纪"起讫的时间点。②

第二章首先进入17世纪的英格兰，在那里，熟谙大陆封建编

---

① 关于"西方崛起"的叙事及其与历史分期关系的追述性书写在不同语境中的讨论，参见Janet Abu-Lughod, "On the Remarking of History: How to Reinvent the Past"。

② 有些历史学者试图通过研究"中世纪"这一术语及其拉丁语形式，以及研究各种地方性同源词来梳理中世纪这一概念的历史，而他们已经表明了他们的惊讶，因为这一研究所得出的信息极为匮乏。参见Fred C. Robinson, "*Medieval*, the *Middle Ages*", George Gordon, "*Medium Aevum* and the Middle Age", Theodor Mommsen, "Petrarch's Conception of the 'Dark Ages'"。

史学的法律学者承认这种编史学对有关主权、征服和绝对主义的立宪争论所具有的重要性，因而他们很快就"发现"，英格兰的过去也一直是"封建的"。第二章的第一个部分考察英格兰封建叙述的萌芽，这种叙述发展为殖民话语，并在殖民话语中壮大。事实上，斯佩尔曼（Henry Spelman）的《封地和保有》（*Feuds and Tenures*）作为英格兰封建编史学中广受赞誉的奠基之作，就是为了回应一项法庭判决。国王借此判决攫取了爱尔兰的殖民财产，法庭还在这次判决中摈弃了斯佩尔曼对封建历史的解释，并以其同时代的塞尔登（John Selden）所解释的封建历史作为判决的依据。对佩斯尔曼和塞尔登来说，封建法成了一种非常有用的论说，这对法庭系统和议会来说也是如此，这种论说既关乎主权和服从，也涉及一种可能有利可图的财产学说，尽管这种论说总是模棱两端，并因此而具有危险性。关于封建法的起源，虽然欧洲大陆的相关讨论集中于罗马帝国末期，而英格兰的讨论则以诺曼征服（对斯佩尔曼来说，这是"殖民"和征服）为中心，但这两种讨论都一直在解决关于主权（即 merum imperium［绝对权力］、"纯粹权力"或"剑的权力"）定位的争论。

　　第二章的第一部分最后考察了波考克（J. G. A. Pocock）这样的当代编史学研究，波考克的研究旁征博引，论证通常也巧妙而精微，［10］但他同样说明，斯佩尔曼这样的学者"重新发现了"英格兰早已被"遗忘的"封建制，从而抹去了一种关于封建历史的书写情况。这种讨论说明了历史分期最终是如何具像化和一元化的，而且正如德塞都（Michel de Certeaus）所表明的，历史撰述由于创制出一种可理解的概念而"忘记了"选择和安排具体细节的无限可能性，波考克的阐述接受了由此得出的概念，并将其放置到过去，使之作为历史学必须找寻的被遗忘的对象。随着对"现代"史学发展轨迹的这种确认，历史分期就变得不证自明，时间也贯穿始终。

第二章的第二部分转向18世纪，讨论封建法及其与印度的殖民关系。关于英格兰封建法（包括它向封建制的蜕变）的历史撰述，一直被当成一种英国本国之内的论说。然而，以一种宏观的视角来看布莱克斯通的《法律释义》（*Commentaries on the Law*）就可以发现，布莱克斯通明确遵循了封建法和殖民征服（即诺曼征服和英格兰对爱尔兰的征服）在斯佩尔曼那里的互相关联，他对封建法历史的理解也借助了当时的殖民主义视角，特别是国王与东印度公司之间关于主权关系、征服和商业贸易的斗争。为了让英格兰拥有一段欧洲的过去——根据其令人敬佩的前辈所说，这种过去意味着一种封建化的过去——但又不是一种被法国人征服的过去，他提出了一个著名的观点：在英格兰，封建法是一种"虚构"。诺曼人确实强制推行了封建法，但其术语只是法理上的东西，不是事实：那次征服是一笔交易。布莱克斯通以此推想了英格兰的一段封建的过去、东印度公司在孟加拉的通行政策，以及征服与贸易之间存有争议的关系。总之，封建制的历史在"中世纪"是找不到的，这段历史只能在18世纪和19世纪的这一系列复杂多变的推论中才能发现。

这种推论可能带来的益处引起了殖民地管理者的注意，十年后，弗朗西斯（Philip Francis）这样的东印度公司官员为了给孟加拉永久据点撰写一份财税计划，大量学习了布莱克斯通的封建历史——包括其"封建虚构论"。第二章的最后一部分就是要结合古哈（Ranajit Guha）在《对孟加拉的财产支配》（*Rule of Property for Bengal*）中对弗朗西斯计划的分析来理解该计划，从而试图揭示并展现，对布莱克斯通和弗朗西斯（对他们来说，"封建"的概念化仍然处在殖民与贸易的交汇处）而言尚未成为一种制度的早期"封建"，与古哈所理解的"封建制"之间有何差别。古哈是一位马克思主义学者，同时也是从属者研究的开创者，他将"封建制"等同于"中世纪的"过去，[11]并在某种程度上将其作为理解18世纪孟加拉（他将其描述为"准封建的"）的一种方式。尽管古哈是最早对殖民地国家被纳入转型叙事（中世纪到现代、封建到资本主义、前政治到政治）提出挑战的人，但他仍然认同针对欧洲的那种中世纪/现代的历史分期叙事，因而忽视了他所研究的殖民史在某种程度上也导向了这种叙事形式。早在马克思掌握这种叙事之前，从一种"封建的"过去所走出的转型空间，已经在关乎殖民管理的挑战方面，得到了理论化的说明。如果我们理顺这个时间脉络，对中世纪/殖民地相提并论的设定和同时出现的破坏就会消失。

世俗化

与"封建制"相比，"世俗化"这一紧密相关的问题指的是一种过程，至少是某种事物从"非世俗"到"世俗"状态的转变或转型，这种事物可以是一块土地，一名牧师，也可以是一个政府或一种态度。自早期基督教以来，"世俗化"作为一个教会术语，指的是从修道生活向世俗僧侣的修道生活转变的运动。宗教改革后，它作为欧洲历史上的一个法律术语，指的是对教会权利和财产的征收。在这个意义上，"世俗化"与"封建制度"有着共同的历史，特别是在法国大革命期间，教会财产和"封建权力"都遭到了剥夺，因而其变化过程也随着封建制的概念化而导向了一定的方向，但却同时远离了那些被认为是封建的组织结构。

在一种不甚明了且更具争议的意义上，世俗化被理解为欧洲的现代化叙事，即通过一系列的政治斗争、宗教战争和哲学运动，逐渐克服一种等级化的、受形而上学禁锢的过去。这是常见的启蒙运动关于世俗化的一种"胜利者的"的叙事，其中，随着欧洲的想象力从神意的束缚中解放出来，宗教的私人化标示了"现代"政治特质——特别是民族国家及其自觉（self-concious）公民——

出现的可能性条件。^①在我上文所讨论的那部分《时间及其他》中，法比安正是诉诸这种叙事，并将其视为理所当然。法比安这部颇有影响力的著作出版于1983年，在此之前，政治事件也恰好开始揭示出这种叙事的定性描述所具有的历史性，并促使人们开始重新考察"宗教"与"世俗"。阿萨德（Talal Asad）在其2003年出版的《世俗的形成：基督教、伊斯兰教与现代性》（*Formations of the Secular: Christianity, Islam, Modernity*）中描述了这种关注点的变化：

> ［12］全球宗教运动在当代的突显，以及学者和记者们对其所做的大量评论清楚地表明，宗教在现代世界并没有消失。"宗教的复兴"受到很多人的欢迎，因为宗教作为一种手段，为世俗政治和环境问题提供了在人们看来是必要的某种道德维度。但在另一些人看来，这种"复兴"却需要警惕，因为它意味着日常生活中日益增长的非理性和不宽容。世俗主义的问题已经作为一种学术争论和实际纠纷的对象而出现。如果说有什么共识的话，那就是从宗教到世俗的某种简单的进步叙事已经不再为人们所接受。^②

随着世界各地围绕"世俗"政府或"宗教"政府而引起的那

---

① 　关于这种说法的典型例证可见 Peter Burke, *The Renaissance Sense of the Past*; Reinhart Koselleck, *Futures Past*, 对于后者，我会在本书第三章进行充分的讨论。关于这种普遍趋势的其他例证，可见 Wallace Ferguson, *The Renaissance in Historical Thought*; Arthur B. Ferguson, *The Articulate Citizen and the English Renaissance*; Anthony Kemp, *The Estrangement of the Past: A Study in the Origins of Modern Historical Consciousness*。

② 　Talal Asad, *Formations of the Secular. Christianity, Islam, Modernity*, p.1.

种血腥的政治斗争不断升级，学术上关于这些范畴的讨论仍然没有增进共识，我在这里并不打算参与这类争论所涉及的方方面面。①我所关注的是中世纪/现代的历史分期在这类颇有争议的基本范畴的构成方式中所起的作用，采取这样的方式——即结合历史分期来考察——能够有助于理解这类争论的基本梗概和可能的影响。

与封建制相比，造就世俗化叙事的编史学技艺方式和政治方式得到了更多的研究，然而，尽管历史分期在"胜利者的"世俗化叙事中所起到的作用显而易见，这类研究仍倾向于重申而不是批判中世纪/现代的这种划分。阿萨德的著作暂时可以作为一个例证，因为在他那本《世俗的形成》中，"世俗"、"宗教"和"现代"之间的关系划定了我在整本书中所要处理的几个问题。阿萨德将其复杂的人类学研究"作为一种对立面来回击胜利者的那种世俗历史"，声称"宗教"与"世俗"并非根本上固定不变的范畴。②与此相反，这类范畴的定义和关系至少在某种程度上是一种法律上的功能。阿萨德并不认同具有误导性的那种二分的"普遍假设，即世俗主义的本质是保障公民自由免受宗教话语的专制"，相反，他认为制度性权力只有以一种"世俗的现代性"为目标时，才会创造出某种"宗教"意识和与之相对的那种"由法律界定和规定"的"世俗"意识（同前注，页25）。此外，正如本书的论点将会表明的那样，他对法律方式的分析同样也表明了西方/非西方与现代/前现代这类二元划分的不断瓦解，③并由此而拆解了"现

---

①　晚近的讨论，除了阿萨德的著作，可参见 Anuradha Dingwaney Needham, Rejeswari Sunder Rajian, eds., *The Crisis of Secularism in India*；De Vries and Sullivan, eds., *Political Theologies*；Bhargava, eds., *Secularism and Its Critics*；Viswanathan, *Masks of Conquest*。

②　Talal Asad, *Formations of the Secular*, p.25.

③　他在19世纪的埃及发现一种自觉的"现代化"法律改革，比如关

代"问题的一些最基本的构成性方面。

然而，就像大部分著作对这些观念引起的政治动荡所做的应对一样，阿萨德的分析虽然也会质疑"现代"这一范畴，但他的分析仍然固属于这种"现代"范畴。他一方面认为现代性是一种计划（project）——"人们以'现代性'为目标"——[13]并试图考察"'现代性'成为一种支配性的政治目标的原因，这种支配性带来的实际后果，以及维护这种支配性的社会条件"。① 另一方面，按照阿萨德贯穿其整本书的术语来说，"世俗化"完全是由现代性这一支配性计划所限定的；它是"一种此世的世界现代主义（modern doctrine）"：

> 因此，我们应该关注的乃是源于以"西方"为典范的多层面现代性概念的那种国家进步（national progress）的政治——包括世俗主义的政治……然而，难道我们不应该同样去探讨观念与之相反的政治吗？那种世界并未被区分为现代与非现代、西方与非西方的理念促进了何种政治？那种世界并无显著的二元划分特征——与此相反的则是划分为相互交叉的文化碎片，混杂的自我，以及不断分解和不断新兴的社会状态——的想法开放或取消了什么样的现实选择？作为

于宗教仪式作为一种道德判断的思想前提的争论。他通过布尔迪厄（Pierre Bourdieu）和莫斯（Marcel Mauss），追溯了中世纪基督教话语和伊斯兰教中同样具有的亚里士多德传统中的那种"habitus（形式）概念"，从而提出了这一概念与这种具体实践之间具有的相似性和可能的谱系关系。尽管如此，这些改革仍然表示了法律体系在"世俗化和现代化"方面的"革命性变化"。Talal Asad, *Formations of the Secular*, pp.250–253。关于布尔迪厄就其 habitus 理论所提出的"中世纪学说"，一种扩展性的讨论可参见 Holsinger, *The Premodern Condition*, pp.94–113。

① Talal Asad, *Formations of the Secular*, p.13.

这种理解的一部分，我认为我们必须努力解除作为世俗主
义——此世的一种世界现代主义——基础的各种假设。因为，
恰恰是这种使概念性的二元划分得以确立或被颠覆的方式，
向我们说明了人们的生活如何是世俗的——针对宗教话语对
自身的束缚，他们如何证明主权自身的基本自由和责任。(同
前注，页15-16)

　　这些都是十分突出的问题，它们揭露了历史分期与主权的关
系所造成的困境。阿萨德坚持认为，采取现代/非现代的二元划分
立场是一种政治行为，这无疑是对的，这也是我贯穿本书的一个
推记。
　　然而，"现代"在阿萨德文章中的那种双重运用表明，即便在
受到质疑的时候，其主权也依然存在着复杂性，这种情形并没有
考虑到，"胜利者的世俗历史"，也就是中世纪/现代这种历史分期
的历史，是"现代"观念得以出现的一种原则。假如我们解除这
种关系，并进而忽略历史分期如何将"现代"与"世俗"结合起
来，那么我们就已经不可能再触及——用阿萨德自己的话说——
"这些概念性二元划分得以确立的过程"。这样，"世俗"，即基于
这种"现代主义"的世界本身，就只能是一种时间和文化意义上
的"现代"计划。阿萨德十分清楚地认识到，正是自由人文主义
形式的主权，即(他所批判的)"主权者自身的基本自由和责任"，
处于决定性的地位，然而在他的分析中，这往往也会在不经意间
变成一种主权已定的"世界"。这些都是我在第三章和第四章探讨
的世俗化问题中所蕴含的一些问题。与涉及封建制的两章不同，
[14] 第三章和第四章更多着眼于构成世俗化叙事基础的理论前
提，而不是这些叙事的历史演变。
　　相比于"胜利者的"世俗化叙事，施米特、本雅明和他们的
一些同时代人的著作，则提供了有关历史分期与世俗化关系的某种

性质上完全不同的观点。第三章基于近年来关于时间、"宗教"和"世俗"的争论背景，探讨了施米特和本雅明著作在主权问题上的重要性。施米特的《政治神学》（1922）因对"主权悖论"的洞察而在主权讨论上具有核心地位。施米特认为，一个国家的法律秩序永远不可能自我封闭，总有那么一种"非常状态"——他通过类比于神学上的神迹而提出该理论——可以超出所有法律规范预期的可能性。因此，为了保障其自主性，国家需要一位主权者，其定位就在于决断一种非常状态的出现，并为保护国家而中止现有的法律秩序。施米特明确指出，他所处理的是一个有所限定的概念。然而悖谬的是，如果国家在"独立自主"（autonomous: auto，"自我"；nomos，"法律"）的意义上是一种主权国家，那它本质上就是自相矛盾的（antinomic）。它需要一个同时内在并外在于法律的主权者，其决断就像无中生有的创造一样，既界定又破坏了法律的限制。因而可以说，这种主权的基础是无法界定的。第三章的目的之一，就是要说明中世纪/现代的历史分期如何经常被用来填补主权的这种缺失的基础。在这个意义上，历史分期起着主权决断的作用。

近年来对施米特的关注都着眼于他对上文所概述的那种主权结构的论证，而其历史性论证则往往受到了忽略。然而，这种集中体现为"主权者是对非常状态做出决断的人"这一著名论断的结构，固属于同样重要的历史性声称：

所有关于现代国家学说的重要概念都是世俗化的神学概念。[1]

"世俗化"在这里指的并不是欧洲摆脱神学束缚的叙事；相反，它指的是神学形式转变为一种神学由此内在于其中的、表面

---

[1]　Carl Schmitt, *Political Theology*, p.36.

上"世俗的"国家政治，在这个意义上，本质上受惠于先前的神学政治形式是现代主权至关重要的一个方面。施米特在其较少有人研究的《罗马天主教与政治形式》（*Roman Catholicism and Political Form*）中更为明确地阐明了这种受惠关系。正如主权不可化约为纯粹理性一样，"现代"政治同样取决于政治表现形式（representation）的神学政治先例；［15］确切地说，这种先例是体现政治赖以为系的"信念伦理"的一种方式。①

若以这种方式来理解，世俗化就会破坏所有简明清晰的历史分期叙事，并有碍于中世纪／现代的历史分期填补缺失的主权基础。本书第三章第二部分的讨论即涉及对这种"世俗化学说"的批判性接受。这种学说通过洛维特（Karl Löwith）等思想家而得到相当大的扩展，并且被明确斥之为对历史分期的威胁——特别是由于该学说提出，"现代性"或现代（Neuzeit）并非完全独立的、自我构成的（self-constituting）时代。②战后出现对这种世俗化观点的强烈反对之时，正是欧洲政治霸权渐趋衰落、非殖民化方兴未艾以及"世界秩序"受到质疑之时，因而必须在这种大背景下来考察对于中世纪／现代分期之纯粹性（主要以宗教／世俗的术语来呈现）的那种强烈而保守的坚持。关于历史分期的这种论点在科泽莱克（Reinhart Koselleck）的著作中得到有力的表达，科泽莱克是有关时间性和现代性问题的最具影响力的理论家之一，他将重点从世俗化转向了历史性的时间概念。在科泽莱克的笔下，一种受末世论束缚的中世纪学说被推到了极致，该学说"陷入了一种可被理解为静态运动的时间结构"，并且完全缺乏任何有意义的时间性意识和历史性意识。③我在细读其《过去的未来》（*Futures*

---

① Carl Schmitt, *Roman Catholicism and Political Form*, p.17.

② 然而，笔者会在第三章讨论中指出，在很多其他问题上，洛维特与施米特之间存在根本性的分歧。

③ Reinhart Koselleck, *Futures Past*, p.7.

Past）中的一篇文章时表明，对科泽莱克而言，在现代政治事件——特别是法国大革命——打破这种时间停滞并开创出一种有意义的未来意识之前，时间仍然是非时间化的。这种叙事——我会在下文考察这种叙事的其他说法——以一种真空的（evacuated）"中世纪"作为其根基，从而将历史时间的分期建立在关于历史时间本身的理解之上。①

从科泽莱克所处的那种自我界定的"现代欧洲"政治话语内部来看，这种叙事可能是有意义的。然而，就像"世界秩序"转变中的北欧（特别是德国）处境一样，该叙事不可能脱离它所扩展并实际上支持的那种与之相关的人类学话语和东方主义话语。当然，人类学和东方主义在殖民主义和帝国主义语境下产生了永恒的、超历史的非政治化部落和东方人。正如增泽知子所说，对于"自觉的现代欧洲人"来说，这些话语"推进和巩固了这样一种设定，即被叫做'宗教'的这种东西仍然支配着所有那些与他们不一样的人，如非欧洲人、前现代的欧洲人、与他们同时代的邻国人、蒙昧无知的乡下人，以及有迷信思想的城市贫民"。②[16]我们必须在这种语境下来考察，20世纪中期的人们如何作出种种努力，以巩固现代历史意识与一种神学上受到禁锢而没有历史的中世纪之间作出的某种区分，并试图否认自身思考历史、时间性和历史分期的思想基础。

与中世纪/现代的历史分期相比，关于"中世纪"的历史分期学说与时间性理论更加纷繁而复杂，受到的质疑也更多，原因之一就是其理论的支配性不够统一。当然，这也是因为"中世纪"并不是一个时间上或地理上的统一体。第四章以本篇导论一开始

---

① 这是彼得·奥斯本（Peter Osborne）在其《时间的政治》（*Politics of Time*）中着重考察的问题，对此我会在第三章进行阐述。

② Tomoko Masuzawa, *The Invention of World Religions*, p.19.

就讨论过的比德作为中心范例，并把比德的两篇文本与一篇不太可能被视作姊妹篇的文本放在一起，即高希（Amitav Ghosh）的后殖民主义文本：《在古老的土地上》（*In an Antique Land*）。在这些文本中，对时间划分的思考都以不同的方式，并出于不同的原因，而触及抵制或搁置历史分期的内在可能性。由于第四章游走于这种可能性的边缘，因而与之前的几章不同，这一章更多是深思，而不是论证。

我之所以选择比德，一方面由于他是极具影响力的历史学家和时间性理论家，另一方面是因为他的政治处境和历史处境与奥古斯丁相比有着显著的不同，后者在《忏悔录》和《上帝之城》中对时间的重要处理往往遮蔽了其他"中世纪的"时间概念。奥古斯丁几乎没有必要为基督教王权和政治史确立一种地位（place）和时间学说，但在8世纪的不列颠，教会的存在却极不稳定。按照比德的判断，教会需要精明强干的国王，其数量要像僧侣和修道院的数量一样多，有时甚至更多。因此，比德成了第一个在某种政治史和制度史中使用anno domini纪年，进而以一种奥古斯丁并未涉及的方式将道成肉身与政治时间联系在一起的作家，这绝非偶然。我们可以将比德所阐述的东西称为一种世俗的时间神学，据此，必要而持续的时间计算便成为一种规定性的实践，一种进而产生世界历史的生活方式。也许更重要的是，比德关于历史概念和时间性概念的观点，就像反对比德的那些人所主张的一样，也必须被理解为政治观点。因此，他们表明，一种单一的"中世纪"历史概念和时间性概念是荒谬的，与之相反的是，他们证明了一种复数的"中世纪"，后者就像其他许多范畴一样，破坏了中世纪/现代这种历史分期的可能性条件。

高希的《在古老的土地上》因对开罗基尼扎（the Cairo Geniza）的广泛讨论而为许多中世纪研究者所熟知。该书批判历史分期，但同时也陷入其中。高希这本书有两条主线，一条是印度叙述者在埃及乡村村民中的人类学探索，[17]另一条是他对一位12世纪犹太商人及其印度奴隶的故事重构。两条线通过某种有关史学方法论的叙事被联系在了一起：在历史中心造就和消除某种缺失（void）的殖民过程，以及从殖民档案中汲取出另一类历史（alternate history）的反向过程。高希试图将他在12世纪发现的那种封闭的、"中世纪的"跨文化关系，与他书中20世纪人物的脆弱联系和跨信仰实践——他似乎认为，这是开启另一类历史轨迹的方式——弥合起来。中世纪成为某种反对殖民的知识政治的方法，正是因为这种政治使中世纪/现代的划分成了一种区域化形式的具体实例。这样的中世纪通常会沦为浪漫的修辞，而且它与历史分期的结合有时会恢复认同政治（identity politics）的特征性表现。尽管《在古老的土地上》的叙事有缺陷，但该书强调了历史分期的局限性，并试图思考时间和政治如何可能被分解。通过将这一文本与比德的文本对观，我希望能够考察这种分解的可能性。

编史学

文学与历史的历史分期关系有其政治基础，而且中世纪研究者也开始分析这种关系的政治方面。最近有一本书直接探讨了政治治理权（political jurisdiction）与文学的历史分期之间的关联，即辛普森（James Simpson）的《改革与文化革命》（*Reform and Cultural Revolution*），这本书恰当地论述了其中所涉及的重要关系。书中第一段这样陈述：

> 这本书虽然篇幅很大，但却有一个非常简单并且一以贯之的中心主题：即16世纪的制度精简化和集中化引发了文学上相应的精简化和狭隘化。如果文学史与文学批评——正如

我所相信的那样——附属于关于自由的复杂历史，那么这就是一种削弱自由的叙事。①

这两句话表明，辛普森所理解的历史分期有着政治动机，并具有与当下相关的政治意涵。在他看来，"只有政治权力的重新集中才能强有力地调整时期规划"，我认为，这一说法揭示了数百年的思想史所牢固确立的时期生成机制，并且准确评定了16世纪的政治（而不是14世纪或15世纪的人文主义）对于中世纪/现代早期这种历史分期的主要形式所具有的重要性。②

就强调16世纪集中化的重要性而言，辛普森的做法与德塞都对区域（place）、政治和编史学关系的叙述不谋而合，因此，对这两位非常不同的学者进行比较具有一定的指导意义。德塞都认为，"在16世纪和17世纪，[18]通过在空间上确立并凭借一种自主意志而得以突显的政治权力同样会对思想造成制约"。在德塞都看来，这最终会导致这样一种叙述，即一方面通过提供一种家族、政治或道德的谱系"使权力所运用的力量'合法化'"，另一方面则是"勾勒出一种关于权力实践的科学"。③辛普森的著作某种程度上也考察了这种权力实践，并且更为隐含而不是更为明确地探究了这些实践的合法化作用——比如亨利八世拒绝接受他重新获得并做出限定的那种"古老的"教会秩序和法律秩序。

由于德塞都和辛普森对编史学的处理出于完全不同的立场，而且，出于相互冲突的原因，二者都重申了他们所分析的时期划

---

① James Simpson, *Reform and Cultural Revolution*, p.1.

② James Simpson, *Reform and Cultural Revolution*, p.12.辛普森承认他的关注点几乎完全在英国，但正如我在本书第三章和第四章所指出的，这种政治格局和法律格局在16世纪的法国、德国和意大利同样得到了确立。

③ Michel de Certeau, *The Writing of History*, pp.6–7.

分，因此，简要考察他们不同的假设和结论，有助于揭示历史分期的逻辑及其内在的变动。德塞都认为他所说的编史学方法不可能出现于16世纪之前，他还将主权与历史时间的概念化相提并论：

> 16世纪以来，或者更明确地说，自马基雅维利和圭恰迪尼以来，编史学便不再作为一种神意时间的表现形式，也就是说，它已不再是某个难以理解的主体（Subject）——该主体只有在他给出自己愿望的迹象中才可以被理解——所决定的那种历史的表现形式。编史学采取了行动主体（比如目的是"创造历史"的君主）的立场。[1]

这种说法总结了长期存在的那种胜利者的世俗化叙事的基本前提。只有脱离上帝并被宣称属于"世界"后，时间才能通过开创一个新"时代"的那种政治-神学的（political-theological）断裂——这种断裂由此界定了世界与时间的关系，并悖谬地通过消除超然性而具有超然性的地位——而成为真正历史性的时间。这样，历史分期便成为自身合乎情理的原因，即一种自我鉴定，它通过破裂而不是存在来为主权的声张提供必要的平台。这种消失隐涉的伎俩已经使"现代"具有了几乎不可撼动的支配性地位。将"历史"从中世纪排除出去，这同样也是殖民主义中"没有历史的人们"在时间维度上的说法。

德塞都承认，为了获得一种当前可理解的表述形式，一种被掩饰和被遗忘的时代划分会在可理解方面与必须被遗忘的方面之间促成某种选择，因此，这种时代划分的"决断（decision）会变得有所不同"，尽管如此，他仍然将历史概念本身的一种本质性断

---

[1]　Michel de Certeau, *The Writing of History*, p.7.

裂作为自己分析的基础，并由此而重申了自我确证的历史分期逻辑。[①]更重要的是，在德塞都的讨论中，这种变动出现于决断（拉丁语decidere，"切断"）所确立的划分范围之内，对德塞都而言，这一方面表明了从神意到人类控制的决断活动，[19]另一方面则表明，在"现代"历史中，原初的历史性"决断会变得有所不同"。事实上，德塞都对"西方现代性"的支配性作用所做的批判，并没有取消对于历史分期论断——或者用他自己的话说，就是历史分期的遗忘（forgetting）——的这种肯定。

当然，德塞都深受福柯（Michel Foucault）著作的影响，对后者来说，历史分期与主权之间的关系具有根本的重要性。福柯锲而不舍地致力于破坏一种普适的主权主体的叙事，由此对历史分期本身的悖论性结构所特有的一种主流编史学模式产生了一些最为有力的批判——但也有一些令人极为失望的重复。福柯的历史分析往往恢复了那种空间－时间性（spatio-temporality）的说法，该说法的确立缘于围绕国家边界和拓展殖民机会的斗争所引发的关于历史和主权所有权的争论。[②]因此，学者们发现，福柯既重复了旧有的历史分期形式，同时又忽略了殖民主义的种族构成，这种发现并非偶然。[③]福柯对历史分期的复杂分析是一个庞大的话题，

---

① 同前，p.5；另参见p.15, n.14。德塞都表明，导致这种编史学差异的原因可以追溯到"中世纪末期城市与权力主体的解放，法学家、技术艺人、思想家的自治团体以及这种权力的公职人员所产生的那种缓慢的历史变化"，这并没有废除他的历史分期，而是被整合到一种叙述语境中。

② 特别参见福柯的《知识考古学》（*Archeology of Knowledge*），该书就法律主权和（"现代"）规训权力考察了主权问题。正如阿甘本（Giorgio Agamben）所暗示的那样，福柯顺着那种掩盖而非解释主权权力核心的时间脉络，将一种权力的法律－制度（juridico-institutional）模式与一种整体性的生命政治的法律－制度模式进行了区分，从而拒斥了一元式的权力理论。参见Giorgio Agamben, *Homo Sacer: Sovereign Power and Bare Life*, pp.4–7。

③ 参见Anne Clark Bartlett, "Foucault's 'Medievalism'"; Lochrie,

近年来的中世纪研究者已经开始着手研究，但这里不作讨论。①

　　尽管辛普森并没有探讨德塞都关注的理论性问题，但他直接切入支持这类历史性时间模式的假设，并准确地转换了它们的术语。在他的重新叙述下，"中世纪的"文化实践呈现出对历史性的敏感性和开放性，而且"尤为重要的是，无论在政治上还是神学上，都对人类主动性所具有的可能性表现出某种肯定"。相比之下，16世纪的"文化革命"则拒绝历史性，因为它坚持一种不变的原初纯粹性，并强调"一种新的权力超然性构想"所涵盖的"核心智识与主动性"。②无论如何，辛普森借以证明这一转变的广

"Desiring Foucault"；Lees, "Engendering Religious Desire: Sex, Knowledge, and Christian Identity in Anglo-Saxon England"；Kathleen Biddick, *The Typological Imaginary*；Carolyn Dinshaw, *Getting Medieval*, p.200。关于福柯对殖民主义的忽略，劳拉·施托勒（Ann Laura Stoler）的评论认为，"福柯对欧洲内部殖民主义动态选取了那种谱系上的关注，这种关注大体上将欧洲帝国主义世界的种族构成放置到他的认知领域之外，并排除出了他的分析范围"。*Race and the Education of Desire: Foucault's History of Sexuality and the Colonial Order of Things*, p.91。对福柯年代学及其对殖民主义种族定位之忽略的进一步批判，参见HomiBhabha, "'Race', Time and the Revision of Modernity", in *Location of Culture*, 特别是页247–248。

　　① 丁肖和霍辛格都广泛研究了福柯的著作。丁肖不仅在福柯的中世纪学说中考察了一种"释放的可能性"，而且还从中考察了一种破坏性的修辞策略，她发现，福柯的中世纪学说运用"传统的历史标识"来批判传统的历史，从而使他"在策略上"为自己分解认同（identity）的计划"开辟空间"（*Getting Medieval*, 196–197）。在研究中世纪学说对于法国理论的重要性时，霍辛格将福柯的这种策略连同后者对法律问题的态度，与巴塔耶（Georges Bataille）的中世纪学说所产生的影响——特别是关于巴塔耶论及主权和性别的著作——联系在一起（*The Premodern Condition*, pp.52–56, 第1章）。我认为，在福柯这种划定并认同一种另类"中世纪"的理论家那里所发现的模式是历史分期——已经在他们努力应对的主权结构中发挥作用——的特征性表现。

　　② James Simpson, *Reform and Cultural Revolution*, pp.558–59.

博学识激活了布鲁诺·拉图尔（Bruno Latour）的那句名言："正是辨别分类使时代得以产生，而不是时代确定了辨别分类。"[①]辛普森声称"有过这样一种中世纪和文艺复兴"，其处境允许决定性地、广泛地推翻那些历史性的假设——以它们自己的方式。[②]在这种论断以及辛普森所说的新的转变之中，或许有一些策略性的反讽。这些论断在全书中充斥着这样的论证，即时代划分的策略（coup）如何的失败和不完备，或者说如何的散乱而不一致，以至于根本没有构成某种划分。

历史分期并没有产生完全毫无争议的时间结构和权力结构。作为表述行为的（performative）行动，16世纪对于时间、空间和历史的法权声明，并没有像之后几个世纪的声明一样，取得完全的成功。[③]当然，就它们自身而言，在法律上宣告发生制度变革以及间接的文化变迁的革命性时刻，它们具有划时代的意义。[20]在某种程度上，这种变化的构成和展开乃是作为一种决裂而脱离某种同时被定义的过去，这种历史分期的行为具体体现了某些限定。然而，正如华莱士（David Wallace）提及宗教改革时所说的那句话，这种变化的"变革性影响永远不可能像它们的推动者及其记录者让我们相信的那样详尽而全面"。[④]我们会在何种程度上通过裁决（fiat）来承认这种历史分期的存在状态，不仅仅取决于

---

① Bruno Latour, *We Have Never Been Modern*, p.76.

② James Simpson, *Reform and Cultural Revolution*, p.558, 特别强调。

③ 这里是在奥斯丁（J. L. Austin）的《如何以言行事》（*How to Do Things with Words*，[译注] 中译本《如何以言行事》，杨玉成译，北京：商务印书馆，2012）中所说的言语行为理论的意义上使用"表现性"这一词语，而且，这样的使用也是德里达、巴特勒（Judith Butler）等理论家的推论。特别参见 Derrida, "Signature Event Context", *Marginis of Philosophy*, 以及 Butler, *Bodies that Matter*。

④ Wallace, "Periodizing Women", p.403.

我们借助主流编史学及其分类结构来理解的意愿，以及我们按照
"现代"思想史的限制来选取和描述文本与事件的意愿，还取决于
我们在制度化限定与历史性本质之间的变动中进行协作的意愿。[①]
换句话说，这需要我们追溯性地打破历史与历史理论之间的差异，
从而将"现在"进一步确立为始终待定的一种主权声称的基础。

　　近几十年来，对这种历史主义——特别是它将同质化的历史
时间界定为认识论上的一种排斥机制——最有力的批判来自后殖
民主义的研究领域。因此，中世纪研究和后殖民研究之间的丰富
对话一直在进行，本书的一个目的就是阐明中世纪/现代这种分
期与后殖民主义技术之间的关系史。[②] 正如中世纪研究者近年来所

_____

　　① 这种反向理解对"现代"和诸范畴分类的威胁，取决于其公正性是
否在遭到抵制时显而易见，这在法索尔特（Constantin Fasolt）的新著《历史
的界限》（*The Limits of History*）等著作中就可以看出。这本著作研究的是历
史与法律的关联，目的是证明"所有的历史都是现代[应为'现代欧洲的']
历史"，以及"中世纪的历史注定要在粗俗不恭的片面理解和恭敬的理想化
之间徘徊不定或丧失其意义"（p.228）。法索尔特主张将他的"历史"界定为
"一种有特殊限定的现代理解形式，而这种理解本身就是它所描述的历史过
程的当事人"（p.223），然而，为了论证"历史"本身的历史性断裂，这一补
充说明并没有使他减少对证据的梳理。这种理解虽然不合常理，但法索尔特
这样的著作仍然具有指导性，因为它说明了一种完整的现代性所倚赖的排斥
性，并且在坚持历史之不可知性与同时坚持"现代"新奇性之经验状态之间
变动。不过，法索尔特从政治史和法律史的角度来考察历史分期毫无疑问是
对的。

　　② 讨论该话题的中世纪研究者所作的一些重要的论著有：Kathleen
Biddick, *Shock of Medievalism*；*The Postcolonial Middle Ages*, ed. Cohen；
Postcolonial Moves, ed. Ingham and Warren；Patricia Clare Ingham, *Sovereign
Fantasies*；*Postcolonial Approaches to the Middle Ages*, ed. Kabir and Williams；
Lisa Lampert, "Race, Periodicity, and the (Neo-) Middle Ages"；Gabrielle Spiegel,
The Past as Text, "Epater les Médiévistes"；David Wallace, *Premodern Places:
Calais to Surinam, Chaucer to Aphra Behn*, "Carving up Time and the World:

认为的那样，"中世纪"与殖民主义的谱系紧密交织在一起。建构一种"中世纪"时期的典型表现是，非理性的迷信完全与殖民地被视为非理性和迷信的认定有关，而且这种过程通过它所产生并赋予合法性的统治体系对殖民地人民产生了具体的影响。换句话说，一种迷信的中世纪观念并非出现于与之对应的那种"迷信的"殖民地之后，相反，它们一起出现，彼此使对方成为可能，并同时互相证明。同样，对殖民地土地制度的分析也与一种"封建的"中世纪概念的发展密切相关，这种分析是在以汲取财富为目的的土地组织和控制的管理决策中展开的——即使它将一种封建的中世纪过去具体化。在殖民主义之前，并没有这种"迷信的、封建的中世纪"，而且毫无疑问，没有殖民主义，也根本不会有这样的"中世纪"；反之亦然，殖民者若没有同时想象这样一种"中世纪"，便不可能对应和管理外国的土地和事物。对于这种观点，本书并没有专门探讨，不过，笔者希望读者能够发现其中明确而隐含的紧密关联。

Medieval-Renaissance Turf Wars; Historiography and Personal History"；Michelle Warren, *History on the Edge: Excalibur and the Borders of Britain*。探讨中世纪与殖民主义关系的后殖民主义理论著述有：Dipesh Chakrabarty, *Provincializing Europe: Postcolonial Thought and Historical Difference*；José Rabasa, "Franciscans and Dominicans Under the Gaze of a Tlacuilo", "Without History? Apostasy as a Historical Category", "Decolonizing Medieval Mexico", *Inventing A-M-E-R-I-C-A: Spanish Historiography and the Formation of Eurocentrism*。

第一部分　封建制

第一章 主权主体、封建法与历史书写

[23] 不过，我认为部分原因在于，他们出自某种封建背景，这让他们无法理解民主社会的运作方式。

——乔姆斯基（Noam Chomsky）

乔姆斯基的上述说法并非看上去那么随意草率。不论是否有意，这句话都介入了一段漫长的法制史，这段历史使"封建的"过去在概念上成为一种宣称主权的基础性方式，继而拒绝将这种重新整合过的过去作为区分欧洲与其他地区的手段。对这种政治史的抹杀和忘却，构成了乔姆斯基认为理所当然的封建—民主二元对立的基础，而乔姆斯基的说法之中所隐含的关于发展的地缘政治叙事，就是这种抹杀和忘却最为常见的症候。

本章考察如今被认定为"中世纪"的几百年在编史学上逐渐封建化（becoming-feudal）的过程，这个过程发端于16世纪关于主权和奴隶制的法律争论。本章关注的重点并不是"封建主义"作为一种描述中世纪的概念范畴所具有的适用性，这个问题有着漫长而充满争议的历史，诸如雷诺兹这样的学者近年来对此有过重新讨论。确切地说，本章关注的是"封地"（fief）转变成一种叙事范畴的历史过程，这一历史将开始告诉我们，为什么作为一种时间标示和一种权力工具的"封建"——尽管含义模糊、矛盾混乱并且不合时宜——会持续到今天。

将欧洲的过去讲述成一段封建历史，这样的叙述方式形成于16世纪法学家对欧洲法律起源的探究，从这些法学家自身的争论来看，这种探究的关键之处就是主权的性质和最高权力（imperium，在决策权和领土内最高统治相关意义上）的历史。[①]这些法学家都是他们那个时代最具影响力的法律理论家，具有讽刺意味的是，[24] 他们所孕育出来的概念范畴虽然会成为历史分期最具影响力的类别范畴之一，但他们的著作并不符合历史分期的传统分类方式。或许，人们对他们的研究相对不足，以及他们的大多数作品自16世纪以来依然属于未经编订的稀见书籍，原因也在于此。那些阐释封地的法学家并没有使用"中世纪"或与之相关的用语，对于他们研究的封建法，他们也并不厌弃。他们著书写作的人文主义氛围深受彼特拉克和瓦拉的语文学理想和历史学理想影响，因而，他们认为早期法律评注的语言"粗俗不堪"，方法"杂乱"，尽管如此，他们自身仍然认同这些法律和评注，并以此作为自己法律论证的基础；事实上，他们争相把某种封建起源的故事作为主权合法性的基础。[②]这些职业法学家在领主和封臣的封建关系基础上，对主权、服从和一种社会契约进行了理论化的说明，唯有在此之后，博丹这样的法律史学家才通过保留这种社

---

① 关于imperium［最高权力］这个术语从罗马帝国时代到18世纪的不同用法，参见 Anthony Pagden, *Lords of All the World: Ideologies of Empire in Spain, Britain, and France, c. 1500-c. 1800*, pp.14–19（该著还讨论了这些用法在殖民语境中的含义）；Quentin Skinner, *Foundations of Modern Political Thought*, vol, 1；Barbara Fuchs, *Mimesis and Empire: The New World, Isalm, and European Identities*。关于imperium的问题，下文会有充分的讨论。作为本章引言的乔姆斯基语引自 "Homi Bhabha Talks with Noam Chomsky", in *Critical Inquiry*（萨义德特刊）。

② 参见 Harold J. Berman, *Law and Revolution* II，特别是第3章，该著将这一代人文主义法学家称为"第二阶段"或"人文主义法学的原则性阶段"。

会契约学说，同时又通过拒绝将"封建"视为以财产为基础并拒绝将"封建"与奴隶制相提并论，而提出了关于绝对主义的论点。恰恰在那个时候，殖民地的奴隶贸易开始兴起，也就是说，封建法和奴隶制被绑在了一起，并且被认定为欧洲的过去和非欧洲的现在所具有的特征。我们认为，无论是后来中世纪与征服的持久关联，还是中世纪作为有可能造成排斥（exclusion）的表现形式在许多哲学思想和政治思想中所扮演的角色，都可以归咎于这段历史。

到16世纪末，将欧洲的过去讲述成一种"封建"历史的叙述方式已经牢固确立，其早期编史学的建构性工作已经消失。这种消失作为一种表象，给我们留下的是封建制或封建主义在促成权力理论和时间性（temporality）的学说中始终充满矛盾的中心地位，这种地位最为明显的体现，或许就是"封建制"本身长期以来存在争议的处境。[1]然而，更能说明问题的是封建主义对于概念上定义某种权力关系中的转变所具有的核心地位——比如法国大革命前夕要求废除封建制（la féodalité）的呼声，封建主义在马克思主义范式中的关键地位，以及当今对某些"不友好"国家的封建主义指控。[2]这些过程的关键是封建主义和历史主义所具有的生成性关系（黑格尔的论述最令人关注，我会在下文回到有关黑格

---

[1]　当然，封建制或封建主义在权力模式的历史和发展问题上存在长期而和缓的争论，这些争论的参与者既有关注军事、王朝和国家形成的中世纪历史研究者，也有着眼于生产方式的马克思主义者。相关的学术研究汗牛充栋，无法罗列，不过，关于前者的研究，可参见 *Past and Present* 142 (1994): pp.6–42；152 (1996): pp.196–223；155 (1997): pp.177–95。关于后者的研究，参见 *The Brenner Debate: Agrarian Class Structure and Economic Development in Pre-Industrial Europe*。

[2]　关于废除封建制的吁求，参见 Otto Brunner, "Feudalism: The History of a Concept", pp.32–61；Marc Bloch, *Feudal Society*, xvii–xviii；J. Mackrell, *The Attack on "Feudalism"*, pp.1–16。

尔的讨论），历史主义一方面将"封建主义"与"中世纪"联系在一起，从而传承了线性关系，另一方面又放任封建主义穿越了时间和空间，但始终还是将封建主义作为一种时间的（temporal）标记，一种发展时钟上的滴答声。[①]正如下文所表明的，早期封建编史学的作用存在于相互冲突的模式之中，其中一种依赖于"封建"历史的具体性（materiality），并认同于此，另一种力求构建一种普遍的"法律精神"概念，因而排斥具体的（material）细节。换句话说，［25］一种封建历史的概念化调和了实证主义与观念论（idealism）之间的张力，同时也协调了处于"现代"政治核心的自由与奴役之间的张力。

本章主要着眼于封建编史学漫长而充满矛盾的历史之中至关重要的最初几十年，而且重点关注其中最突出的三个人，这三个人都是职业法学家：德意志杰出的法律学者和执业法官查修斯（Ulrich Zasius，1461—1535）；"法学家中的王子"、亨利二世时期坚定的法国王权支持者和积极的反教权人士迪穆兰（Charles du Moulin，1500—1566）；充满激情的胡格诺教徒和高卢民族主义者奥特蒙（François Hotman，1524—1590）。[②]这些"封建论者"（他们被如此称呼）在修订和解释法律的更大方案中发展出一种封建

---

① （马克思主义意义上的）"封建社会"是"落后的"并必然通向更"先进"的资本主义阶段的观点近年来不断受到质疑，这也是后殖民主义批评的一个职能。一个不无争议的早期研究范例有 Ranajit Guha, *Elementary Aspects of Peasant Insurgency in Colonial India*。近年来对发展历史主义（developmental historicism）的批评则主要针对"前资本主义"（precapitalist）形态的观念，并避免使用"封建"（feudal）这一术语。参见 Lisa Lowe, David Lloyd, "Introduction", in Lisa Lowe, David Lloyd ed., *The Politics of Culture in the Shadow of Capital*, María Josefina Saldana-Portillo, "Developmentalism's Irresistible Seduction"。

② 关于这些学者的重要性及与其他封建法研究者的关系，参见 Donald Kelley, "'*De Origine Feudorum*': The Beginnings of an Historical Problem"。

叙事，而且在哈布斯堡王朝与法兰西之间的争斗之中，以及在法兰西的内战期间，他们出于不同的、有时是相互冲突的政治立场来展开自己的研究工作。他们的教派忠诚和国家忠诚驱动着他们的学术研究，因此，这些"封建论者"的叙事与本书第三章和第四章所谈论的历史分期、世俗化和主权的复杂联系相关联。然而在这里，我的关注点并不是这些"封建论者"在政治和宗教方面的具体纠葛，而是他们的封建编史学争论和可能的影响。这些法学家和他们的同时代人对封地进行了阐释，并在概念上将封建关系界定成一种普适的（universal）主权范畴，这种状况既为封建关系延伸到奴隶制理论做好了铺垫，又与我最后讨论的博丹著作中的公民权形成了鲜明对比。

　　封建法的早期编史学充满矛盾而纠缠不清，这有三个方面的原因，我在这里会简要说明，并在这一章的论述过程中详加解释。首先，这种编史学为相互竞争的起源叙事提供了手段：法兰西法学家致力于推动法兰西提出独立于帝国的法律独立性，他们通常主张封建法的法兰克源头，而致力于维护罗马法权威与帝国利益的意大利法学家和德意志法学家，则主张一种罗马渊源（一直以来，这些分别被称为"日耳曼论者"和"罗马论者"的立场）。[①]其次，这种争论的主要参与者（他们自称为"封建论者"）与将他们联结在一起的人文主义运动处在一种相互冲突的关系之中。他们一方面接受彼特拉克式的指导原则，即肃清后古典的蛮族文献，但另一方面又拒绝完全废弃后古典的法律法规和评注。第三，对于（领主与封臣的）封建关系的评注成了相互竞争的主权理论（尤其是在绝对主义方面）的基础。

---

① 参见 Donald Kelley, "'*De Origine Feudorum*': The Beginnings of an Historical Problem"。凯利在四十年前就指出，中世纪学者应该关注这一起源故事。虽然笔者并不认同他对这一问题的处理方式，因为其中有不少历史分期的预设，但他的工作对这一专题研究而言是非常宝贵的。

随着这种争论从法学家转移到比如博丹这样的政治理论家之手，这种争论就成为主权与奴隶制的关系在国内法（domestic law）和国际法（international law）之中理论化的关键。[26] 在这种新的角色定位中，一种"封建的"过去在编史学上的凝炼简明（condensation）实现了"奴隶制问题"的叙事转换，即从当代的奴隶贸易转向表面上处于落后境地之中的残酷无情的过去。与此同时，这种凝练简明也为关于"自由的"政治主体与社会契约的争论奠定了基础。换句话说，中世纪的逐渐封建化是"现代"政治的叙述基础和概念基础。

作为处理封建编史学的一种方式，我们可以首先予以简单但并非无益的提醒，即中世纪的人——包括中世纪的法学家——并不认为他们的时代是封建时代，而是仅仅将其视为中世纪时代。当然，"封地"与治理封地的法律在某些时候和某些地方是存在的。（封地是一种权利，而非财产所有权，这种权利往往只是土地的一部分，但也可能是征收某项税款的权利。）这些法律包含了中世纪契约和财产法的一个方面，而且处理的是财产持有人（主要是贵族）之间的关系，比如继承、保有和转让封地的条规；然而，这些法律并不涉及非财产持有人的状况，比如农奴。① "封建法"直到12世纪才作为法律出现，当时，一部学术上稀奇少见但又并不起眼的文献集（俗称《封地律书》[Libri feudorum]）在调和权力关系的问题上成了举足轻重的文本，在此之后，王室成员、教宗和贵族就打算利用这些文献及其评注来施加影响，获取政治

---

① 然而，农奴有时是拥有财产的。事实上，通常被归到"封建主义"之下的诸范畴无一可以简单地应用于被称为"欧洲中世纪"的时间与空间。也有学者对人身关系及财产关系进行了细致入微的探讨，同时又没有被封建术语歪曲简化，例如 Fredric Cheyette, *Ermengard of Narbonne*，特别是其中的第七章和第八章。

上的优势。^①当然，对于任何社会史和政治史的分析而言，财产的核心地位要求将此类法律扩展到社会经济体系中来加以考察，但是，这种晚近的分析直到18世纪才在孟德斯鸠、布莱克斯通和亚当·斯密等思想家那里出现法律和经济的综合。到那个时候，关于封建历史的那种充满政治色彩的概念已经活跃了数个世纪，而且这些晚近的分析很大程度上应归功于——反过来也产生了——早期封建编史学建构性的政治工作。^②

封建编史学很少受到关注，而且并非无关紧要的是，这种编史学确实存在于对"现代"历史方法起源的某种探索之中。凯利（Donald Kelley）在其讨论封建论者的一篇奠基性作品中就认为，我们必须超越那些封建论者的意识形态议题，看到他们在这种历史方法的形成中所起到的作用。在他看来，相比于这些封建论者

---

① 比如瓦尔特·乌尔曼讨论过的重要案例，参见 Walter Ullmann, "Arthur's Homage to Kind John"。关于《封地律书》及其历史的一般讨论，详见下文注释（中译本第27页注释①）11中引用的文献。尽管《封地律书》标题中的Libri在文法上是复数形式，但学者们通常使用Libri一词的单数形式。

② 关于封建主义的定义、本质或存在的争论已经消耗了几代学人的精力，本书也不打算加入这场争论。确切地说，这里关注的是矛盾（ambivalence）的空间，这个空间不但表现为这种持续不断的争论和争论的久悬未决，也表现为封建主义涵盖的宽泛含义，以及历史学家一再坦承封建主义虽然是一个误导性的、不恰当的术语，但无论如何他们都必须使用它。布伦纳（Otto Brunner）在《封建主义：一个概念的历史》（"Feudalism: The History of a Concept"）一文中对18世纪到20世纪中叶的封建主义概念进行了有益的梳理。他在其中指出，封建主义概念的使用范围从专业法律意义上的运用，延伸到许多关于封建制作为一种社会或经济制度的分析，以及在笼统、一般的意义上对贵族或土地所有者的政治领导地位的描述。雷诺兹在其《封地与封臣》一书的引言中也分析了封建主义概念的宽泛含义，并对晚近的编史学提出了尖锐的批评。关于历史学家面对封建主义缺陷时的自省式绝望（confessional despair），梅特兰（F. W. Maitland）作了经典的描述，见 Frederick Pollock, F. W. Maitland, *The History of English Law before the Time of Edward I*, 1: 66–67。

的政治议题，"更具吸引力的是我们的［封建起源］问题表明历史意识觉醒的方式"。^①然而，在笔者看来，正是这种"觉醒"以及被压制的封建历史书写延续了公民社会（civil society）的线性叙事所具有的特殊地位，这种叙事不但将奴隶制包括在内，而且也维护了欧洲普遍的"法律精神"。

时间的矛盾

［27］令人惊讶的是，封建编史学的历史依赖于一本特殊书籍的离奇历史。正如人们可能认为的那样，关于封建历史的叙事并非发端于对中世纪文献和法律的广泛研究，而是缘于12世纪意大利《封地律书》（一本五花八门的集子，其中有论著、法令以及意大利北部关于封地的立法）的评注传统。这部《律书》最初主要是伦巴第的一部私人汇编，12、13世纪时，在罗马法复兴和教学的背景下，该汇编又在各种修订中逐渐得到了扩充。^②13世纪初，极具影响力的注释法学家雨果利努斯（Hugolinus）将修订后的《封地律书》增补到了罗马法大全中，自此，该《律书》便随着整个欧洲用于教学的民法标准抄本一起流传，并在较小的程度上用于实践。后来，法学家阿库修斯（Accursius）在他那部13世

---

① Donald Kelley, "*De Origine Feudorum*", 228. 参见 J. G. A. Pocock, *The Ancient Constitution and the Feudal Law*, 1–29; Donald Kelley, *Foundations of Modern Historical Scholarship: Language, Law, and History in the French Renaissance*。

② 《封地律书》与教会法之间的关系向来难以清晰界定。格拉提安《教令集》（一部教会法汇编）当中的一些专题论述——包括11世纪富尔伯特（Fulbert）主教关于忠诚义务的书信穿插在《封地律书》中——就说明了这一点。

纪极具权威性的《注释大全》(*glossa ordinaria*)中，将《封地律书》与整个罗马法典一并作了注释，自此之后，该《律书》在罗马民法大全中的地位就得到了确立，尽管其非古典的拉丁语有时会促使某些注释学者对其可靠性——该《律书》作为古代罗马遗产的真实性——产生质疑。[①]因此，这部《律书》与赋予其权威的罗马法之间存在一种相对稳定但有时又令人困惑的关系，当16世纪的法学家开始研究这部《律书》时，这种关系就将成为争论的切入点。讽刺的是，封建法通过某种古代罗马的认证而进入法律编史学的主流，乃是得益于一种12世纪的人文主义，这种人文主义促成了对某种法律之过去的"文艺复兴式"的清理和恢复，同时也将这种清理与恢复紧密结合了起来。

《封地律书》及其评注传统的历史挑战了封建时间线的许多标准概念。在潘宁顿(Kenneth Pennington)看来，这部《律书》在13世纪开始大受欢迎，它的评注传统也开始迅速发展，这是"不可思议的"。"提出这一历史疑问是出于两个原因"：

> 首先，到13世纪的时候(或许早在12世纪的时候)，历史学家用以界定封建制度的人身财产关系体制明显走向了衰落。中世纪社会不再围绕那些据有封地而提供军事役务和其

---

① 卡尔·莱曼(Carl Lehmann)编订的《封地律书》三个校订本收录于 Eckhardt 编的 *Consuetudines Feudorum*。莱曼介绍了《封地律书》的139份抄本，这些抄本出自13、14世纪。另见 Mario Montorzi, *Diritto feudale nel Basso medioevo*，这本书中收录了一份有注释的《封地律书》抄本。参见 Magnus Ryan, "*Ius Commune Feudorum* in the Thirteenth Century"，这篇文章出色地讨论了《封地律书》的流传、13世纪的评注情况及《封地律书》在法律实践中的运用。关于《封地律书》及其评注传统的一般性讨论，参见 Susan Reynolds, *Fiefs and Vassals*, pp.215–30；Kenneth Pennington, "Law, Feudal"，"*Libri Feudorum*"；Donald Kelley, "De Origine Feudorum"。

他役务的武士封臣来安排。在一种正在变化的经济领域和行政领域中，雇佣兵和职业公务人员转而成了新的重要成分。其次，封建习惯的作用一直是因地而异的。《封地律书》中的伦巴第习惯并不一定类似于欧洲其他地方的习惯。然而，《封地律书》不仅成为仅次于格拉提安《教令集》（*Decretum of Gratian*）的最受关注的私人法律汇编，而且一直到现代早期还在不断出版，整个欧洲的学者和法律从业者都会参考它、评论它。①

［28］封建制内部的这种矛盾，与学者们现在承认的那些存在于"封建制"这个术语之中的诸多矛盾，具有相似之处。潘宁顿对他发现的这种反差提供了两种解释。首先，"成文的封建法很大程度上是"法学院的教学和传统造就的"一种学院创造"。这个说法与雷诺兹在《封地与封臣》中的论断相吻合，在雷诺兹看来，关于封地的学院法律是"12世纪开始发展的学院化、专业化的法律文化和专业化官僚政府的"一种创造，在此基础上，她提出了自己的论点，认为对这种法律的追溯性解读极不相称地影响了中世纪编史学。②《封地律书》的历史有待更深入的研究，然而，这个文本必须首先被理解为具有政治情境的争论，而不应被视为中世纪实践长期存在的明确证据。此外，值得指出，这些学院法强调忠诚关系，有时还明确提及两性关系，这让人想到它们与当时风行的"骑士之爱"（courtly love）之间可能有些有趣的交集。③

----

① Kenneth Pennington, "*Libri Feudorum*", pp.324, 325.

② Kenneth Pennington, "*Libri Feudorum*", p.325; Susan Reynolds, *Fiefs and Vassals*, pp.5–10, 181–257.

③ 学界（主要是意大利和德国的法学家）直到近年来才开始根据历史语境对《封地律书》展开细致的研究（相关引文，参见 Kenneth Pennington, "*Libri Feudorum*"及 Magnus Ryan, "*Ius Commune Feudorum*"）。关注这一文

其次，潘宁顿发现，《封地律书》是"一部概论性的作品"，可以足够灵活地为法律家们提供一种针对不同情形的通用语汇。这看似令人难以置信，正如瑞安（Magnus Ryan）所说：

> 一部伦巴第习惯的私人汇编（即《封地律书》），经常被用来描述欧洲北部为换取忠诚和效忠所赐予的封地，尽管这部文献本身从没有提到效忠。[①]

就像潘宁顿一样，瑞安经由吉奥丹恩（Gérard Giordanengo）的法律案例去研究封建争论（consilia feudalia）时，注意到了这些争论（始于13世纪，主要集中在意大利，15、16世纪之前并没有得到扩展，也没有引起专业法律从业者的注意）的编年历史与地区性历史之间存在的某种差异，以及中世纪研究者的预想：

> 至少人们可以说，这些编年事实和地区性事实并不完全符合我们所知道的——或者我们认为我们知道的？——封建

本将对文学研究有所助益。该文本涉及继承法（包括女性继承封地的能力问题），领主和封臣之间的忠诚关系，以及应处以没收封地惩罚的罪行（在战斗中抛弃领主、泄露领主的秘密、诱骗或侵犯领主的妻女等）。雷诺兹主要关注史学家的工作，但她的考察同样适用于文学研究，后者往往预设了一种模糊的、同质化的"封建社会"（及"封建忠诚""封建荣誉"或更不明晰的"封建心态""封建世界"），这也局限了对历史和文化差异的细微考察。另参见 Fredric Cheyette, *Ermengard of Narbonne and the Word of the Troubadour*，雷诺兹强硬的论辩遭到了学界的反驳，相较而言，切耶特（Fredric Cheyette）该书思考此类问题的一种模式或许更为成功，该书内容丰富且备受推崇，讨论了财产持有、社会地位、忠诚誓言等问题不断变化的复杂性，同时并没有让它们勉强适配于"封建的"或"封建制"等一般性术语。

① Magnus Ryan, "*Ius Commune Feudorum*", pp.63, 57–59.

制以及这种制度在中世纪时期的重要性。①

尽管如此，他还是坚持这些涉及主权的争论在国际背景中的重要性，对于这一点，我很快就会回头来讨论。

雷诺兹那部引起争议的《封地与封臣》坚持认为，有必要重新审视和解释早期封建编史学的影响。在一定程度上，这本著作的目的是要证明，中世纪晚期关于封地的学院法并非从早期的习惯法演变而来，这种学院传统（主要是基于《封地律书》）随着16世纪的相关解释而导致了普遍化、同质化的误导性"封建制建构"。此外，她的著作也致力于回顾关于封地的中世纪学院法——长期以来仅仅被学者们视作法律编纂上对数百年封建制的回想——被权威化的策略。[29]最后，雷诺兹用大量的文献证明，"封地与封臣时代"的总体性观念是"后中世纪的建构"，几乎不适用于中世纪历史。②雷诺兹坚持认为，有必要通过关注封建编史学的过程和影响来重新审视"封建制"，这无疑是对的，然而，实证性的证据永远不可能消除争论。"封建制"只能是一个充满争议的范畴，因为它成了关于主权和帝国之争的工具，这种争论内涵于"封建制"这一范畴之中，并使"封建制"始终是一个政治上活跃而又充满矛盾的术语。尝试理解对过去的一种封建化的书写，是对劳埃德（David Lloyd）所说的"内涵于历史理性之中的国家理由"提出质疑的一种方式。③

---

① "Le moins que l'on puisse dire c'est que ces donnés chronologiques et géographiques ne correspondent pas toutes à ce que l'on sait - ou que l'on croit savoir?—des institutions féodales et de leur importance à l'époque médiévale". Gérard Giordanengo, "Consilia Feudalia", p.151；译文为笔者自译。

② Susan Reynolds, *Fiefs and Vassals*. 参见其导论，特别是页4-14，其中也简要地讨论了16世纪关于封建法的编史学。

③ David Lloyd, *Ireland After History*, p.37.

粗鄙的书写

13世纪中期，霍斯蒂恩西斯（Hostiensis）先生自问道："Quid sit feudum?"随后又自己回答说，"Nunquam audivi convenientem diffinitionem"，并补充道，"satis potest magistraliter describi"（什么是封地？我从来不曾听到过一个恰当的定义……为了教学，可以对其作出详尽的解释）。[④]这种教学时刻证明，"封地"的定义从未被确认无疑，这有益于教师的解释空间和法律从业者在应用中的灵活性。讽刺的是，这种不确定性后来使奥特蒙这类16世纪法学家将《封地律书》中所证实的法律描述为"含糊不清"（ambiguam）和"无法确定"（incertam）的东西，并且在创作《封地三论》（*De Feudis Commentatio Tripartita*，1573）时将自己想象成一个法学上的赫拉克勒斯，可以勇敢地面对《封地律书》这种"野蛮书写"的积弊。[⑤]换句话说，奥特蒙的封建编史学叙事是一种清理过程，它留下了一个修复后的法律体系，这就是封建论者的历史书写所倾向的角色定位，这种历

---

④　引自 Magnus Ryan, "Ius Commune Feudorum", p.63。值得注意的是，"Quid sit feudum?"这个问句用了虚拟式，更准确的译法是："封地可能是什么？"瑞恩通过《封地律书》的一个标题"De feudo non habente propriam naturam feudi"［不具有真正封地性质的封地］中隐含的矛盾，对13世纪的"封地"一词在法律上的灵活性提供了精彩的阐述。

⑤　François Hotman, *De Feudis Commentatio Tripartita*, p.1. 在给塞德里茨（Caspar Sedlitz）的献辞中，奥特蒙结合他在德意志地区的教学讨论了他的封建法研究，彼时德意志地区已正式"接受"罗马民法。奥特蒙是胡格诺教徒，由于其政治立场对加尔文教徒而言过于极端，曾两度逃离法国，并勉强躲过圣巴托罗缪大屠杀。关于其生平，参见 Donald Kelley, *François Hotman: A Revolutionary's Ordeal*。

史书写虽然抛弃了数百年的中世纪法律评注，但同时也倚赖于后者。

对奥特蒙这样的法学家而言，《封地律书》在法学话语中具有举足轻重的地位。一方面，它在罗马民法大全中的地位表明了罗马渊源的重要性（有时是可靠性）。另一方面，该《律书》的"野蛮"语言表明，《律书》与同时期的地方风俗具有亲和力。在对法律教学中满怀人文主义理想和创新意识的16世纪学者那里，这种两面性对应了他们学科当中的哲学张力和政治张力。作为法律学者，封建论者在研究和改革封建法时不仅对罗马法律原则满怀赞美之情，而且也敏锐地意识到两种文化之间的差别。他们承认罗马的古代与现在之间存在一道无法弥补的鸿沟，[30]这并非只是就中间的"黑暗时代"而言，也是基于他们的一个信念，即法律在文化上是具体而特殊的，因而是不可转换的。因此，他们不仅认同彼特拉克脱离古代之光的意识，也认同那些追随瓦拉的"文法学者"（grammarians），后者批评先前几个世纪的法学家天真地试图将罗马法直接运用于他们自己的世界。奥特蒙这类法学家希望对《封地律书》的法律进行清理和修复，这就进一步扩大了即将出现的大规模的、理想主义立法规划。

然而，与瓦拉这样的人文主义者不同，奥特蒙这类职业法学家拒绝将罗马法贬黜到古文物的境地，相反，他们转向了罗马法文本的重建，并在比较法学的方案范围内——包含最新的、"野蛮"时代的法律——研究其原则。因此，虽然彼特拉克、瓦拉以及追随他们的"文法学者"想从罗马法中去掉明显非古典的《封地律书》，并对巴托鲁斯（Bartolus of Sassoferrato）这类杰出的14世纪法学家所做的评注不屑一顾，但大多数职业法学家并不接受这种处理方式。相反，他们不仅坚持《封地律书》的中心地位（尽管他们拒绝其出于政治理由的权威性），还强调早期法律评注的重要性。[①]这个事实即使在意大利学者阿尔恰多（Andrea Alciato）——被誉为法律教学上的重要革新人物——那里也是如此：

> 阿尔恰多谴责注释法学派（阿库修斯学派，即 Accursiani）的无知，但也不喜欢文法学者们无关紧要的"愚蠢"（有意识地使用他的朋友伊拉斯谟的措辞），特别是他们的"皇帝"瓦拉；他欣赏巴托鲁斯和晚近的职业法律解释者——比如他自己的老师贾森（Giason）——所写的著作："没有他们……我们就不会有科学。"[②]

当他们从受惠于国家权力的不同角度来着手法律编史学的工作时，这些法学家就会感到自己与罗马法的赋值（valorized）原则存在时间上的间隔，并且由于罗马法的"野蛮状态"而疏离于最近的过去。然而，只有后者才是他们完全倚赖并且几乎毫无保留

---

①　关于从罗马法文献中清除非古典元素的愿望，参见 Donald Kelley, *Foundations of Modern Historical Scholarship*, pp.19–50；J. G. A. Pocock, *Ancient Constitution and the Feudal Law*, pp.8–11；Ralph E. Giesey, "When and Why Hotman Wrote the Francogallia"；Julian Franklin, *Jean Bodin and the Sixteeth-Century Revolution in the Methodology of Law and History*。也可参见 Donald Kelley, "Law"；关于查修斯的内容，尤见 Steven Rowan, *Ulrich Zasius: A Jurist in the German Renaissance, 1461-1535*。诚然，封建法学家的情况各有不同。那些将封建法用于其司法案的人，一定程度上是在回应 Jacques Cujas 等学者。Jacques Cujas 提供了一个宝贵的《封地律书》版本，同时坚持其纯粹的古籍地位。然而他的观点并未阻止与其立场相左的人使用他的作品，他的研究本身也成为封建法叙事的一部分。

②　Donald Kelley, "Law", p.76. 阿库修斯学派指 13 世纪《常规注释》（*Glossa ordinaria*）的作者阿库修斯（Accursius），人文主义者将这部《常规注释》认定为模糊原文本义的一种注解方式的典型。

地加以利用的对象。[1]

我们现在称为"中世纪"的历史在编史学上的逐渐封建化，并不符合标准的历史分期叙事，这种矛盾也有悖于如下观念，即认为中世纪/现代（或中世纪/文艺复兴）这种历史分期的出现仅仅得益于"一种新时代的意识"，这种意识以"中世纪"为代价，建立了古代与现代之间的某种联系。[2]这种编史学模式表明，为什么中世纪/现代这样的时间划分必须与构成它们的分类范畴一起受到质疑。如果有一个历史遗产，那么历史分期就产生于两个层面的活动：首先是对一个时代产生认同的论辩过程，[31]其中的各种范畴同时也构成了这个时代（就像我们在封建论者的研究中所看到的那样）；其次是拒绝以这种简化的方式认同那个时代（就像我们将在博丹那里看到的一样）。在某种程度上，我认为，封建的法律编史学与过去所具有的矛盾关系，连同其参与确立主权理论的尝试，产生了"中世纪"的时间分界线，这种"中世纪"将会作为竞争的场域，其中，竞争只有对应于主权权力才能采取具体的形式。

野蛮的地位

在奥特蒙的著作中，这种法律研究所内涵的张力比比皆是。在《封地三论》的序言中，奥特蒙将封建法形容为"含糊不清、充满矛盾和杂乱无章"的东西，其书写"用语粗鄙野蛮"。然而，

---

① 参见 Harold J. Berman, *Law and Revolution II*, pp.104–8。

② 我在这里引述的是奥斯本对通常理解的中世纪/文艺复兴历史分期所做的表述，参见 Peter Osborne, *Politics of Time*, pp.9–10。另参见 Reinhart Koselleck, *Futures Past: On the Semantics of Historical Time*。

他所不屑的只是"纯正的文法学者"（grammariens purifiez），后者会将过去的法律和评注弃若敝屣（nec lex sed faex），这种立场不仅与那种粗鄙的隐喻（Augean metaphor）——奥特蒙将此运用于自己所致力的清理工作——有着尖锐的冲突，而且也令人直接想起基础（fundament）和根本（fundamental）之间不可避免的关系。[①]在这一点上，奥特蒙是作为法国的一位杰出的法学家、一名胡格诺教徒和一位支持反抗学说（在政治上反抗现有政权的正当理由）并主张对王权予以公共制约的法国爱国者来著述的。虽然他的政治观点有时非常极端，但在许多意义上，奥特蒙是一个典型的封建论者：一方面，他对封建编史学的研究有着政治上的动机；另一方面，这种研究是在更宽泛的人文主义方案内进行的，这一方案不仅要求系统化地整理法律，而且要求根据这些法律的历史特殊性对其加以考察，并进行比较研究，而其最终目的就是提取出普遍的正义（mens legum 或"法律精神"）原则。[②]正如吉西（Ralph E. Giesey）所说，在奥特蒙的思想中，"看待法律的那两种并存的态度之间始终存在着张力，法律不仅要从历史的角度来理解，还需要绝对价值的论证"。在《封地三论》的序言中，这种张力显而易见，而且对于封建论者的著作在政治上的应用，这种张力将会成为一个有利的因素。[③]在这里所研究的封建论者当中，奥特蒙是最晚近的一位，然而，之所以首先讨论他的文本，是因

[①] François Hotman, *De Feudis*, pp.1-2。奥特蒙关于文法纯正者的评论引自 Donald Kelley, "De Origine Feudorum"。

[②] 参见 Ralph E. Giesey, "Introduction", in Ralph E. Giesey, ed., François Hotman, *Francogallia*, pp.20-37；Donald Kelley, "Law", "De Origine Feudorum", *Foundation of Modern Historical Scholarship*；J. G. A. Pocock, *Ancient Constitution and the Feudal Law*, pp.1-29。关于"法律精神"层面的"旧式民法理念"的观念转型，参见 Donald Kelley, "Law", p.90。

[③] Ralph E. Giesey, "Introduction", p.32.

为这些文本特别明确地设定了这种早期封建话语的规范性特征和内涵。

在写作《封地三论》期间，奥特蒙正在布尔日（Bourges）教授法律，随后又迁到巴黎，并在第二次宗教战争期间的桑赛尔（Sancerre）围攻战中幸免于难。1573年，就在圣巴托罗缪大屠杀（他从中侥幸逃脱）刚刚过去几个月后，《封地三论》出版，与此同时，他的许多著作在他逃到日内瓦之后也陆续刊行。作为一名法国的民族主义者，奥特蒙主张《封地律书》所代表的封建法的"日耳曼"（法兰克，[32]而非罗马）根源，并诉诸这些法律来支持他反对强权君主制的观点。但他同时认为，《封地律书》就像罗马法一样，已经因数百年的繁复编纂而变得面目全非。他对《封地律书》进行解释和整理，一方面是为了教学，另一方面是为了推进一项法律改革方案，后者的目的是为法国创建一部国家法典，这部法典虽然基于历史分析和法国的公法（public law）根源，但仍然追求普遍的公平原则。①

这种法律方案的要点，在奥特蒙早年引起争议的《反特里伯尼安》（Antitribonian）中有着最为明确的表述。正如书名所示，《反特里伯尼安》抨击16世纪的查士丁尼《学说汇纂》的编订者——特里伯尼安，因为他误解和败坏了这部法典。②然而，该书

---

①　奥特蒙在《封地三论》（pp.1-6）和他写给塞德里茨（Caspar Sedlitz）的献辞中（页码不明）论述了封建法的日耳曼起源。奥特蒙的法律改革方案及其与封建法（正如《封地律书》中的相关内容和奥特蒙本人从历史文献中摘录的内容所作的证明）及法兰西习惯法的关系十分复杂，这里无法展开讨论。重点参见 Ralph E. Giesey, "When and Why Hotman Wrote the Francogallia"; J. G. A. Pocock, *Ancient Constitution and the Feudal Law*, pp.77–79; David Baird Smith, "François Hotman"; Donald Kelley, *François Hotman*。

②　特里伯尼安的工作属于复兴古典主义文化的早期尝试。查士丁尼于527年成为（东罗马帝国）皇帝时，立志恢复罗马帝国在古代的荣耀，而复兴古典的罗马法是其计划的一部分。查士丁尼的《学说汇纂》由五十部书汇

也认为，罗马法在法国毫无权威性，这一方面是由于罗马法针对的是古代罗马文化，另一方面则是因为奥特蒙维护法国（及其宣称的领土）相对于帝国和教宗的独立性。相比之下，"封建法必须予以研究，因为这种法律与法国的公法体制有着密切的关系，而罗马法却并没有直接应用于其中"。①不过，奥特蒙仍然坚持一种近乎理想化的方案，《反特里伯尼安》的结论就坚持认为，查士丁尼法典的原则仍然为某种法律改革方案提供了极其重要的指导原则。这样，奥特蒙便十分有力地描述了使相互冲突的法律实践服务于政治目的的过程，不过，对相关法律文本的清理仍然被保留下来，并被用于产生一种普遍的罗马精神。

《反特里伯尼安》很快就证明，法国习惯的这种普遍性和特殊性与殖民主义息息相关。为了展现罗马法应用于法国的荒谬性，奥特蒙设想了一个情景，在该情景中，殖民主义处在了这种法律话语的核心地位。他提出，一个熟稔罗马法但不了解法国习惯法的法学家，倘若出席"这个王国的法庭或别的审判席位"（en un palais ou autre siege de ce Royaume），那么他就像是走进了美洲的野蛮人中间：

> qui ne sçait qu'il y sera Presque aussi nouneau et aussi estrange, comme s'il estoit arriué aux terres neuues entre les sauuages de l' Amerique? Car là il n'orra jergonner que d'heritages cottiers ou surcottiers, des droits seigneuriaux, de iustice directe, censiue, recognoissance, de retraits lignagers

---

编而成。参见 P. G. Stein, "Roman Law," pp.42–47。《学说汇纂》于 1070 年在意大利被"重新发现"，推动了罗马民法的学术研究与法律实践。参见 D. E. Luscombe, G. R. Evans, "The Twelfth–Century Renaissance"，pp.310–316。

① Ralph E. Giesey, "When and Why Hotman Wrote the Francogallia"，p.608. 参见 Donald Kelley, *François Hotman*, pp.179–204。

ou feodaux...[①]

　　[谁不知道，这就像他走进美洲野蛮人当中的新世界一样近乎新颖和陌生？因为那里能听到的只有含混难懂的土语——佃农和自耕农（surcottar）的土地租用、领主权、直接裁判权、对免役税的裁判权、巡回审判、基于血亲关系或领主权的赎回优先权……]

　　法国的法庭几乎和新世界的居民一样怪异、新奇，并且"野蛮"气毕露，它与古典罗马的距离就如同美洲与16世纪的法国一样远。[33]通过被界定为教养和民法极其有限的异域特性，奥特蒙将"疏隔"（estrange）与"野蛮"（sauuages）结合了起来，这种做法充实了人文主义者给后古典法律所定性的"野蛮状态"的全部内涵。尽管法国的习惯用语与古典法律在这段话中存在隔阂，但在波考克看来，"这些根据所有人文主义的标准来看都算'野蛮的'粗俗词语，同罗马法的古典明晰性比起来显然毫不逊色"。[②]就像"高贵野蛮人"的一种早期说法，奥特蒙的法国法庭凭借自生的本土优势挑战了过时的古典文明传统，因为它无视后者在空间和时间上的普遍性，并取代了有关帝国的说法。

　　在奥特蒙写作《反特里伯尼安》的时候，为这种取代的合理性进行辩护，对于法国在欧洲和佛罗里达的发展极其重要，因为他们作为佛罗里达的新来者，需要为殖民统治想出一套无需罗马教宗认可的理由。事实上，奥特蒙与美洲"野蛮人"的关系可能更加特殊和复杂。在奥特蒙写作这部论著的时候，法国正在挑战

---

　　① François Hotman, *Antitribonian*, p.36. 感谢乔丹（Bill Jordan）在理解和翻译奥特蒙的专门术语方面提供的帮助。

　　② J. G. A. Pocock, *Ancient Constitution and the Feudal Law*, p.14.

西班牙的殖民领地，而该书在1567年出版时，西班牙在马坦萨斯湾（Matanzas Inlet，即现在的圣奥古斯丁）对法国胡格诺教徒的屠杀也刚刚过去了两年。拉巴萨（José Rabasa）已经表明，新教徒对这次屠杀做出的回应，是将西班牙对印第安人所犯下的种种众所周知且充满争议的暴行，与他们对法国殖民者的屠杀联系起来，而在1572年之后，新教殖民编史学又将西班牙的暴行与圣巴托罗缪大屠杀联系在一起。拉巴萨一针见血地指出，这两种情形都"否定印第安人的臣属地位以及他们融入欧洲共同体的可能性"。[①] 事实上，奥特蒙所设置的情境正是取决于美洲"野蛮人"的这种无法同化的状态，其目的在于想象一种法律史的内在局限，不过，他仍然将这种法律史严格限定为"欧洲的"法律史。

　　然而，这种对法律局限的说明，恰恰也是需要被绝对价值——mens legum或"法律精神"——废弃的东西。通过美洲野蛮人的中介作用，法国的野蛮就可以得到认可，并得以融入一种新的欧洲普遍性当中，而前者则因"奴隶"（presque）而继续保持着遥远的距离。正如华莱士（David Wallace）所说，"新世界"的"发现"与殖民化，始终是文艺复兴结构背后的一种首要的历史性决定因素。[②] 米诺洛（Walter Mignolo）进一步引用和深化了华莱士的观点，认为这种欧洲的"发现"促生了最终构成文艺复兴之普遍性的"一种古典传统的间断性"：

---

　　① José Rabasa, *Writing Violence on the Northern Frontier*, p.245. 关于大屠杀的编史学联想，参见该书第6章，特别是页230–234。关于法国与荷兰在佛罗里达的冲突，参见Paul E. Hoffman, *The Spanish Crown and the Defense of the Caribbean 1535–1585*。感谢拉巴萨（José Rabasa）在以上方面与笔者的慷慨交流，感谢帕特鲁克（Joseph Patrouch）提供的建议以及向笔者推荐霍夫曼（Paul E. Hoffman）的著作。

　　② David Wallace, "Carving up Time and the World: Medieval-Renaissance Turf Wars; Historiography and Personal History".

殖民地差异的基础在16世纪意味着古典传统的间断性：
美洲的原住民不可能被纳入始于希腊的世俗世界史。①

［34］米诺洛发现，这种裂痕迫使人们对普遍范畴予以重新审
视，并由此而产生了一种结合种族主义的新的人类定义。然而，
这种说法并不完善。新的人类定义对于殖民统治和帝国逻辑极其
重要，但这种定义同样取决于对欧洲"过去"的一种重新建构的、
陷入困境的认同，这种"过去"的细节虽然得到了极其详尽的说
明，但却被一种最终——可以说是在这种裂痕中——将"中世纪"
和殖民问题紧密联系在一起的编史学观念所取代。

因此，奥特蒙设定的三方关系情境，集中体现了法学家探讨
封建法之"野蛮性"的约束性旨趣和限定性范围，法学家在其中
有时会清理其令人烦恼的不连续性，但更多时候是为了进行恢复
而强调其"野蛮性"。这种最终的定位作为以民族主义和殖民主义
之名而有着漫长政治（更不用说文学和建筑）生命的"哥特"复
兴的开端之一，卷入了一场已经展开的争论，在这场争论中，ius
feudale［封建法］成了政治论争和领土要求的基础。同样明确的
是，奥特蒙的情境也集中体现了一种"封建的"（最终是"中世纪
的"）过去与殖民问题一并出现的过程，在这个过程中，它们彼
此使对方成为可能，同时又证明了彼此。

为了理解这种封建的过去如何成为如此重要的基础，我们需
要考察奥特蒙之前的几个封建论者的观点，他们的著作说明了这
种起源探寻的重要性以及这种探寻与主权的关系。

---

① Walter Mignolo, *The Darker Side of the Renaissance: Literacy, Territori-
ality, and Colonization*, 430–433；特别参见第20页和作者后记，页315–334。

野蛮的词源学

"封地起源"（de origine feudorum）这一题目源自14世纪法律评注家伊塞尔尼亚（Isernia），他提出的词源学观点是，封地（feudum)及其相关术语并不是古典的。伊塞尔尼亚这类14、15世纪评注家关心的是《封地律书》在罗马法体系中的真实性，以及这种真实性所要确保的帝国权威的连续性。[①]在16世纪早期，这种词源问题变成了一个起源问题，涉及特定国家的法律渊源以及它们对于最高权力（imperium）的主张，这个问题既可以从罗马权力转移的意义上说，也可以在权利所属的法律意义上来看待。[②]比如，区分法兰西立场和意大利立场的根本指向就是"法兰西的国王是否承认皇帝的至高无上"，这个问题的构成缘于一个更大的宣称，即"皇帝是全世界之主"（dominus totins orbis），这一宣称的提出设计1世纪到18世纪的帝国野心和殖民野心，并且备受争议。[③] [35] 支持或反对这个宣称需要历史证据和一种通行的主权学说，这两者在某种程度上都由封建法的编史学所提供。在整个16世纪，词源学始终是分析的焦点，并因此成为宣称帝国权力和主

---

　　① Donald Kelley, "De Origine Feudorum", pp.216–217. 我接下来的讨论极大受惠于已经引述过的那些凯利的著作，以及凯利所写的"Civil Science in the Renaissance"一文。

　　② 《封地律书》简要梳理了封建土地保有权的发展：封建土地的持有最初出于领主的意愿，后来是在封臣的有生之年为封臣所持有，最终变为可继承的财产。参见 J. G. A. Pocock, *Ancient Constitution and the Feudal Law*, pp.70–90中的相关讨论以及 Reynolds, *Fiefs and Vassals*, p.229。

　　③ Andreas Alciato, 引自 Donald Kelley, "Law", p.77。关于该词在殖民主义逻辑下的使用，参见 Anthony Pagden, *Lords of All the World*; José Rabasa, "Decolonizing Medieval Mexico"。

张地治理权的历史前沿。

法国语文学家比代（Guillaume Budé［1468—1540］）在其影响力巨大的《学说汇编注释》（*Annotations on the Pandects*［1508］）——关于《学说汇编》前24卷的一部庞大的注释集——中处理了封建法问题。[①]比代是法国最著名的早期人文主义者（时人认为他可与伊拉斯谟相提并论），一位高卢民族主义者和君主的职业官员（尽管并非职业法学家），同时也是一个咄咄逼人的法国文化独立性的拥护者。作为一个人文主义者，他致力于恢复被数百年的"野蛮"编纂和注释所歪曲的罗马法文本。与追随他的职业法学家相比，他更多献身于瓦拉的格言：学理（doctrine）与修辞不可分离。比代服膺于古代罗马至高无上的地位，这与他的高卢主义形成了某种张力，为了调和这种张力，比代采用了一种转移（translatio）的处理方式。换句话说，他认可封建法的罗马起源论，并支持至上权威向法国的转移，以使法国从过去的"野蛮阴影"中挣脱出来，实现文化上的优越性和独立性。[②]

因此，比代认可封地的罗马起源，他对封地的定义方式符合他所支持的绝对君主制，这种方式描绘了封建编史学用于论述主权和服从的过程。罗马的乡下人和同盟者经常将自己典押为罗马贵族的受庇护人（clients），在他看来，"这些受庇护人有义务使自己和自己的命运永远服从于庇护人（patron）的管制，并遵守他们的习惯"。通过着眼于将地方封建法恢复成古典修辞的状态，比代进行了一个反向的转换：

> 我认为，没有人可以无视这样的结论，即我们的封建习

[①] Donald Kelley, *Foundations of Modern Historical Scholarship*, pp.53–85; David O. McNeil, *Guillaume Budé and Humanism in the Reign of Francis I*.

[②] Donald Kelley, *Foundations of Modern Historical Scholarship*, pp.63, 60.

惯（nostram feudorum consuetudinem）来自庇护人－受庇护人
这一关系。因此，我通常将拉丁语"受庇护人"（clients）运
用于那些被称为封臣的人，用"庇护关系"（clientele）来指
称那种被称为"效忠"的关系和仪式。①

这种语言转换使法国的封地法律像法国的文化一样，被放置
到一个能够摆脱过去的野蛮阴影，并且能够声称罗马权力已向其
转移的处境中。因此，对于比代以及17世纪欧洲大陆和英格兰的
法学家而言，关于封地的语言在一种贯彻语文学原则的政治史中
起到了开拓性前沿的作用。对于追随比代的职业法学家来说，不
管是在各个国家内部的绝对主义斗争中，还是在皇帝是"全世界
之主"的宣称所引发的国际冲突中，这种前沿都会更加明确地与
imperium［统治］相对应。

　　［36］比代的同胞中很少有人会跟他一样主张封地的罗马起
源论。②然而，著名的德意志法学家查修斯（1461—1535）不仅
确立了比代的庇护人—受庇护人的学说，还树立了语词古典化
的原则，这既有利于他支持查理五世的霸权，也适用于他对"封
建习惯"进行充分论述的庞大计划。③当德意志"接受了"他所

---

　　①　Guillaume Budé，*Annotationes priores et posteriors... in pandectas*, fol.
192v，译文转引自Donald Kelley，"*De Origine Feudorum*"，p.218。

　　②　法兰西的一些封建论者，最著名的是居亚斯（Jacques Cujas），一再
重申罗马的"庇护人－被庇护人"理论，尽管这有些让人难以接受，而其他
的封建论者，比如勒杜阿伦（François Le Douaren），则坚称《封地律书》起
源于伦巴第，从而使它与帝国脱节——正如他们否认《封地律书》在法兰西
或相对于法兰西国王的权威。Donald Kelley，"De Origine Feudorum"，p.221；
Donald Kelley，*Foundations of Modern Historical Scholarship*, p.106, p.189。

　　③　查修斯、比代以及意大利学者阿尔恰托被称为率先修订民法的法
学家"三巨头"。他们的同时代人帕斯基（Étienne Pasquier）对当时的这种
自觉革新的方式和见解有充分的认识，见Étienne Pasquier，*Recherches sur*

写的罗马《民法》(*ius civile*) 后，他又强调封建习惯 (feudales consuetudines) 的核心重要性并开始撰写他的《封建习惯摘要》(*Usus feudorum epitome*)，他坚决要求自己的学生了解封建习惯，哪怕其 "粗鄙"、"野蛮" 的语言确实影响了他们敏锐的理解力。不过，他仍然希望改善这种法律粗野的语辞。① 查修斯采用了庇护—受庇护的学说 (Nos credimus feuda a vetustis Romanorum moribus orta [我们相信，feuda 起源于古代罗马人的习俗])，② 但他并没有像比代那样倾向于绝对主义，他讲述了一个不同的故事：征服了高卢、德意志等行省的罗马人留驻了大量的兵士 (militae)，他们征召了许多居民 (大部分是农民)，授予他们土地和财产，以此作为 "庇护关系"，使他们成为 "受庇护人"。此后

---

la France: "Le siècle de l'an mil cinq cens…nous apporta une nouvelle estude de loix qui fut de faire un marriage de l'estude du droict avec les letters humaines par un langage latin net et poly: et trouve trois premiers entrepreneurs de ce nouveau mesnage, Guillaume Budé, François enfant de Paris, André Alciat, Italien Milanois, Udaric Zaze, Alleman né en la ville de Constance [一千五百年的这个世纪…… 为我们带来了一种新的法律研究，这种研究通过一种清晰而多变的拉丁语使法律研究与人文主义的文字实现了联姻，而确立这种新的联姻关系的三位首要订约人是巴黎弗朗索瓦一世时期的纪尧姆·比代，意大利米兰的安德里亚斯·阿尔恰托，以及出生在德意志康斯坦茨的乌尔里希·查修斯]。帕斯基耶详细讲述了法兰西大学的历史，并在新的法律研究领域将他的同胞比代放在了最重要的地位，参 *Les oeuvres d'Estienne Pasquier*, 1:999。有关 "三巨头" 观念及其历史畸变，以及德意志对罗马法的 "接受"，参见 Steven Rowan, *Ulrich Zasius*, pp.206–213, pp.6–13。

　　① Ulrich Zasius, *Usus feudorum epitome*, vol. 4, col. 243；下文引用时仅标出卷及栏目编号。

　　② 同上，4:244. 然而，查修斯并未将此归功于比代。查修斯与比代的私人关系不睦，尽管查修斯推崇比代的罗马法研究。比代指责查修斯在另一个问题上剽窃他，查修斯则提醒比代，他不是欧洲唯一拥有拉丁文藏书的人。参见 Steven Rowan, *Ulrich Zasius*, pp.92–122，特别是 p.106。

便随着时间的推移，发展出了各种各样的封建习惯。[1]不过，在查修斯看来，这些封建习惯虽然可能继续发生变化，却证明了与欧洲的共同历史相联系的帝国所具有的延续性。

在有关封地的野蛮语言的古典化问题上，查修斯和比代也有着不同的动机（尽管他使用了庇护人－受庇护人的学说，但他通常不会用"受庇护人"来指代"封臣"），因为他不仅将罗马起源和当时的帝国乃至他的哈布斯堡庇护人联系起来，而且还希望将帝国过去和现在的封建习惯权威合法化，从而在此基础上确立一种契约性的主权学说（我会在下文予以讨论）。和比代一样，他理解那种规定学理与修辞不可分离的古典修辞观点。对于《封地律书》仅仅是一部私人法律汇编的说法，查修斯并不认同，他坚持强调封建习惯在世俗领域和教会领域的法律权威，因为在他看来，这种法律被纳入《民法大全》（*corpus Iuris Civilis*）并非没有理由。[2]与比代不同的是，查修斯反对瓦拉的"文法学"方法，他保留了阿库修斯注释，并维护了"巴托鲁斯式的"评注在法律史中的地位，尽管他承认并且试图清除它们的野蛮性缺陷。[3]在查修斯的《封建习惯摘要》中，《封地律书》及其注释被转译为古典用语，这就肯定了封建习惯在帝国历史中的根源和持续性的作用，而且这种语言转换最终会成为一种关于权力基础的声明。

著名的法国法学家迪穆兰（1500—1566）对上述做法的抨击正是出于这个原因。[37] 在《论封地》（*De fiefs*）这篇《巴黎习俗评注》（*Commentarii in Parisienses consuetudines*）的冗长开篇论述中，迪穆兰极力驳斥了比代将封地的野蛮用语转换成拉丁语（barbara feudorum vocabula latinis commutauit）的古典化策略的合理

---

① *Usus feudorum epitome*, 4:244.

② 同上，4:243–244。

③ Steven Rowan, *Ulrich Zasius*, pp.92–122.

性，并更加激烈地批评了查修斯对这种做法的效仿。①对迪穆兰而言，封建起源的差异会展现出封建法的基础，并允许基于封建法的术语对主权展开一种竞争性的叙述，但要强调这种差异，利用和接受野蛮的词源就是必需的。正如凯利所说：

> 迪穆兰坚持认为，他反对这类古典化并不是仅仅基于语言上的批评。关键的问题并不是用语上的变化，而是某种历史渊源的差异。②

迪穆兰成功地将封地的"野蛮"语言界定为一种特殊的术语，这种术语不仅揭示了种族的差异，还加强了对主权的领土要求。虽然查修斯的语言转换在他看来仅仅是对优雅措辞的喜好，但他的回应不仅表明了这种语言在有关欧洲制度和君主制性质的法律争论中日趋显著的重要性，也暗示了它在民族主义编史学和万民法当中将要发挥的作用。

迪穆兰对野蛮词源的接受蕴含了某种相应的革新和变化，其论述的第一句话声称：

> Merito priore loco ponitur hic materiae fedalis titulus, quum feuda sint proprium et peculiar inuentum veterum Francorum.③
> ［关于封地的主题在这里应当被置于首位，因为封地是古法兰克人自己的独特发明。］

---

① Charles du Moulin, *Commentarii in Parisienses . . . consuetudines* (Cologne, 1613), p.7.

② Donald Kelley, "De Origine Feudorum", p.224.

③ Charles du Moulin, *Comentarii*, p.3.

　　封地是法兰克人的发明，然后由此扩展到南方，首先波及高卢，随后是伦巴第（伦巴第人从法兰克人那里学习了封建惯例）、两西西里、阿普利亚（Apulia）和其他许多地区。[①]他拒绝接受那部完全属于伦巴第的，后来又完全被衍生性地——事实上只是意大利的地方法律——补充到罗马法（在迪穆兰看来，罗马法在任何情况下都对法兰西没有权威性）汇编之中的《封地律书》（同前注，页7、25）。通过推翻帝国转移（translatio imperii）的取向，迪穆兰将《封地律书》被编入罗马法典之后所形成的封建编史学作为文化资本，使其适用于法兰克人。他将法国对《封地律书》真实性（即该《律书》在法国的权威性）的既定否定与拒绝声称其历史首要性结合在一起，从而融合了封建编史学——此时已摆脱了《封地律书》——和逐渐发展壮大的高卢民族主义编史学传统。而通过将巴黎习惯诉诸为权威，他卓有成效地确立了一种基于封建习惯（能够与罗马民法［ius civile］相对等）的普通法（ius commune）。他的"日耳曼"命题很快就会与哥特复兴的方案联系起来，比如他的朋友奥特蒙所推动的方案，而奥特蒙将背负一项政治性指控——数百年"封建制度"的沙文主义旗手，因为这会在18、19世纪成为殖民事业的一种启发和工具。[②]

　　［38］因此，《论封地》不仅将封建习俗拓展成一种包容性

---

　　①　A quibus Francis primum inuectum est in Galliam. Deinde dimanauit in Insubres, et in utranque Siciliam, Apuliam, et plerasque alias regions. Verum est Longobardos Insubriam ingressos anno Christi 572［最初由法兰克人发明于法兰西，然后又扩展到意大利北部（内高卢），两西西里、阿普利亚和许多其他地区。伦巴第人事实上是在主历572年进入了意大利北部］（同上，p.5）。

　　②　然而，这两位好辩之人的友谊并没有在政治和宗教冲突中延续下去，而这样的冲突就是他们两人友谊的媒介。关于两人的关系及其政治上的意义，参见Ralph E. Giesey, "Introduction", pp.8–26; Donald Kelley, *François Hotman*。奥特蒙继承迪穆兰的思路，在《封地三论》中推进了关于封地起源的日耳曼论题。

很强的法律范畴和社会范畴，同时也将其稳固地确立为法国主权（不管是宣称法国相对于帝国的至上权威和独立地位，还是将帝国界定为国王的天赋特权，这种针对封建习俗的相互对立的争论已经由支持帝国的查修斯发展出来，尽管并不明确）的起源神话。迪穆兰坚持声称，只有本土习俗才能提供真正的（legitimate）法律基础（Ergo consueutudines nostrae sunt ius commune），[①] 而且内含于封地之中的主权关系在 ius gentium（万民法 [law of nations]）中有其基础，通过将这两个论点结合起来，迪穆兰和查修斯一样，确切地阐述了一种基于封地的主权学说。这种学说充满张力，或者再次用吉西的话说，"看待法律的那两种并存的态度之间始终存在着张力，法律不仅要从历史的角度来理解，还需要绝对价值的论证"。[②] 封地所隐含的这种普遍性可以让人联想到奥特蒙的野蛮人情景，一代人之后，这种普遍性将为博丹提出国际范围内的统治与服从关系的理论提供某种基础。

到目前为止，我主要关注了 16 世纪法学家在发展和论证历史和地理上的主权要求时，对封建法进行阐述的变化过程。然而，对历史分期的过程而言，更为重要的是这种叙述在争论主权与服从、奴役与自由的定义中所起到的作用，这是我现在将要讨论的问题。

封建主权与"万民法"

查修斯与迪穆兰在主权问题上截然对立的观点为法律史学家

---

① Charles du Moulin, *Comentarii*, p.26.

② Ralph E. Giesey, "Introduction", p.32.

所熟知，两种观点都是以封地的学说为依据。[1]正如罗恩（Steven Rowan）所说，查修斯始终坚信，"罗马的君主绝没有摆脱法律的约束，事实上，他作为个人同样要接受封建契约的制约（Princeps Romanus ligature contractibus sicut private persona）"。[2]就像封地的相互性契约同样约束领主与封臣一样，君主（或查修斯在某种特定情形下做出论断的皇帝）也受到宪法性协议（包括其法官做出的某些法律判决）的约束。[3]相反，在迪穆兰看来，封建契约不仅表明了君主在国家事务中的行政独立性，也奠定了这种独立性的基础，尽管他承认君主必须遵守私人契约。16世纪关于主权的争论，通常是用最终有权判处死刑的merum imperium——纯粹权力或"剑的权力"——来表达，这是一种具有古典根源的中世纪悠久传统的延续。merum或"纯粹的"imperium［统治权］是按职权所持有的权力，[39]其执行依据持有者的自行决断权而无须依赖于某个上级权威。相比之下，被授予的imperium［统治权］要服从于君主的支配，因此，这种权力被认为是一种服从的形式。王权支持者往往会把merum imperium界定为完全属于国王的不可分割的权力，其中的行政官员只持有国王授予的权力；那些反对绝

---

① 参见Myron Piper Gilmore, *Argument from Roman Law in Political Thought, 1200-1600*；Quentin Skinner, *Foundations of Modern Political Thought*, 2，页129-130（关于查修斯），页261-264（关于迪穆兰）。

② Steven Rowan, *Ulrich Zasius*, p.87. 罗恩引述的是《封建习惯摘要》（*Usus feudorum epitome*）的一个早期手稿。

③ Ulrich Zasius, *Usus feudorum epitome*, 4:278: Et certe quia obligatio feudalis vasalli ad dominum, et domini ad vasallum, est reciproca: unde ad ea quae iurat vasallus, et quae fidei sunt, securitatis et defensionis, ad ea etiam dominus vasallo tenebitur［封臣对领主、领主对封臣的封建义务是相互的，因此，对于封臣所宣誓的忠诚、安全和防卫，领主也对封臣负有同样的责任］。身为地方执法官的查修斯在一桩案件中作出决议，判定皇帝有能力逾越这种互惠的关系纽带，参见Steven Rowan, *Ulrich Zasius*, pp. 194-195。

对主义的人则主张权力的可分割性，要求将被授予的权力完全分配给国王与行政官员。①

在关于 merum imperium 的争论中，查修斯和迪穆兰就像他们的同时代人一样，也在努力解决主权的概念界限，悖谬的是——正如施米特所表述的那样——主权者"外在于正规有效的法律体系，［但］他仍然附属于这个体系"。②古典和中世纪的政治理论明确承认，帝国的准则非常典型地表达了这种悖论，即君主是立法者，同时又不受法律的约束（legibus solutus）。merum imperium 中所内含的那种"纯粹"持有的权力，其运用正是在这一点上：依据法律，权力的持有者处于法律所及范围之外，但反过来又规定了法律的界限。这就简明扼要地抓住了主权的基本含义：

> 主权者是暴力与法律之间的模糊性（indistinction）节点，在这个临界点，暴力变成了法律，法律变成了暴力。

我们会发现，迪穆兰、博丹以及下一章所讨论的17世纪历史学家的学说就展现了这种逻辑。③

在关于主权的争论中，16世纪的法律学者就主权（作为法律来行使但同时又取代了法律的"剑的权力"）的定位（location）

① 参见 Myron Piper Gilmore, *Argument from Roman Law*。这是关于 merum imperium 的经典之作。不过，吉尔摩主张一种持续稳步的目的论发展，中世纪的"封建"形式由此逐渐让位于私有财产和民族国家的观念。关于 merum imperium，另参见 Julian Franklin, *Jean Bodin and the Rise of Absolutist Theory*；Quentin Skinner, *Foundations of Modern Political Thought*；Howell Lloyd, "Constitutionalism", in Burns, ed., *Cambridge History of Political Thought: 1450-1700*, pp.292–297。

② Carl Schmitt, *Political Theology*, p.7.

③ Giorgio Agamben, *Homo Sacer: Sovereign Power and Bare Life*, p.32.

展开了激烈的论争。法学家试图去限制或赋予绝对权力，试图将民族主义议题和日益扩展的帝国议题合法化，这个时候，在与过去的关系中存在冲突并且以坚持本土特殊性和普遍性理念为特点的封建编史学，便成了协调主权悖论的一种手段。封建关系也相应地成了主权主体（subject）理论化的基础。

为了提出主权理论，查修斯将具有约束力的封建契约逻辑延伸到了关于 merum imperium［纯粹的统治权］的论点。尽管法律的制定受制于显赫的君主以及源自君主的司法管治权，但君主既不能取消其臣民的权利，也不能撤销法官的判决，法官虽然没有制定法律的权力，但在特定的司法领域却拥有 merum imperium。[①]这样，关于封地的契约关系就为查修斯限制和分割权力的意图奠定了基础，这个方案又为他的如下论点所推进，即封地起源于罗马法，因而在罗马法中具有真实的基础。然而，这种解决方案并没有考虑到君主不受法律约束的地位，因此，君主似乎要服从于民法就成了查修斯要面对的困难。查修斯绕过了这个问题，[40]他并没有将契约义务置于实定法之下，而是放在 ius gentium［万民法］之下。万民法被理解为直接源于公平与正义的普遍原则，而非实定法。因此，它作为一种道德力量，既可以用来保障每个国家的自治权利，又可以用来协调国家间的关系。换句话说，查修斯在封地的基础上创建了一种的社会契约理论，这种理论既有具体的地区性，同时又具有普遍的有效性。

ius gentium［万民法］是（仍然是）一种自我矛盾的范畴。就像今天的"人权"一样，该范畴在相互矛盾的要求中间反复辗转：

---

① Steven Rowan, *Ulrich Zasius*, pp.86–87, pp.100–101; Quentin Skinner, *Foundations of Modern Political Thought*, pp.129–130; Myron Piper Gilmore, *Argument from Roman Law*, pp.57–61. 罗恩与斯金纳均指出，查修斯关于限制皇帝权力和定位 merum imperium 的论点，都以他关于封地的契约关系理论为基础。

它既要求尊重各种独特的文化（比如 ius gentium 所涵盖的专制和奴役），同时又要求坚持基本的道德原则（比如人类自由），当然，它可以始终服务于政治。[1]查修斯将某种封建契约的义务放置到 ius gentium 的范畴之中，这样，他对 ius gentium 的定位就不仅超越了个别统治者的天赋特权，而且还将其置于新兴的殖民事业背景下迅速成为某种比较法学方法的法律领域中。用凯利那句未必委婉的话说，ius gentium "体现了现代政治和社会思想的扩展和超欧洲的视野"。[2]当我们考察作为 ius gentium 之一的"封建法"书写中所蕴含的本土习俗与普遍价值之间的张力时，绝不能忘掉法律与暴力（或同意与征服）不可避免的结合，以及殖民征服在欧洲的视野拓展中所发挥的显著作用。

当然，迪穆兰希望在国王那里找到主权，因此，在封地的契约关系与 ius gentium 问题上，他得出了不同于查修斯的结论。人们最为熟知的可能就是他在关于"忠诚"的一章中所做的绝对性声明，即所有的 merum imperium 完全归属于国王，领主的管治权是篡夺权力的行为。在这里，封建法是集权统治的基础：

> 在这个王国的一切方面和任何领域中都显而易见的是，习惯法将所有的管治权和 imperium 都赋予了国王，因为他是王国的最高统治者……他被授予这些权利乃是由于 ius gentium 的特定倾向……因而必须同意的是，那些认为国王只享有终审权或——如果可以用他们的话说——最后决定权的人都是愚蠢无知之人，因为正好相反，整个王国的每一种级

---

[1]　参见 Richard Tuck, *Natural Rights Theories: Their Origin and Development*；Donald Kelley, "Law"。关于查修斯对 ius gentium 的讨论，参见 Steven Rowan, *Ulrich Zasius*, pp.99–101。

[2]　Donald Kelley, "Law"，p.86，其中涉及 Jean Bodin, *Methodus ad facilem historiarum cognitionem*；Jean Bodin, *Les six livres de la République*。

别和类型的管治权当中都有国王的身影……因此，在这个王国，所有源于普通法和 ius gentium 的管治权都属于国王，即便最低的管治权也只能由他或以他的名义和权威来行使。①

以往的观点认为，迪穆兰此处的讨论意味着谴责或"抨击法国社会的封建图景"或"封建关系"，这种看法不仅与时代不符，[41] 而且完全忽视了封建编史学的建构性力量。②迪穆兰展开的是关于主权的论证，这种主权的基础是他所宣称的封建契约的实质，而封建契约反过来又支持了他关于 merum imperium 的王权学说。正如我在下文所做的说明，这种结合不仅为他提出绝对主权者与其臣民之间的关系理论提供了基础，也为自由与奴役的关系理论提供了基础。总之，迪穆兰的《论封地》确立了"日耳曼"叙事，这种叙事在很大程度上不仅会导致主导性的封建编史学脉络的形成，而且还将封建制演变为一种历史范畴。与此同时，这种叙事需要依靠封建关系的理念，才能在国家利益的立场上——这种立场在法学家当中风行了近一个世纪——提出"绝对主义"理论。③

对于封建理论在论证绝对主义问题上的这种核心地位，马克

---

① Charles du Moulin, *Commentarii*, p.144. 这一著名的段落出自 Charles du Moulin, *Opera Omnia*, 1681, p.128，《论封地》这本书最常被引用的版本就出自这个版本的《作品集》。笔者所引的该段译文出自 Myron Piper Gilmore, *Argument from Roman Law*, p.64。

② 以上例证引自 Quentin Skinner, *Foundations of Modern Political Thought*, pp.263-264。普遍来看，这些例证对迪穆兰及其他封建法学家著作的接受很有代表性。

③ 比如托马斯·克雷格（Thomas Craig）就建议詹姆斯六世（一世）采用封建法，并于1603年将他撰写的《封建法》（*Jus Feudale*）一书献给詹姆士六世，其中写道："因为，无论英格兰的土地被分割到什么程度，每一英亩都将无条件归陛下所有（用我们的法律表述），而每一份产权的持有都带有一位忠实仆从的义务。"Thomas Craig, *Jus Feudale*, I, p. x。

思主义的编史学在某种程度上提供了解释。比如在关于绝对主义和历史分期的讨论中，安德森（Perry Anderson）就特别强调，文艺复兴时期的罗马法复兴对于"西方绝对主义国家"的出现具有重要性。他十分谨慎地指出了这种复兴与12世纪开始的罗马法研究之间所存在的关系：

> 　　使欧洲文艺复兴时期的新君主制得以产生的双重力量有一个单一的法律凝聚点。作为当时的一场伟大的文化运动，罗马法的复兴隐约地对应于两个社会阶级的需要，这两个阶级不平等的权力和等级造就了西方绝对主义国家的结构。对罗马法学的重新理解本身可以追溯至中世纪盛期。习惯法的强劲发展从未能完全消除掉意大利半岛对于罗马民法的技艺与实践，在这个半岛，罗马法的传统最为悠久。12世纪以后，罗马法律概念逐渐从最初的重新发现之地意大利向外界传播。到中世纪末，西欧的主要国家都受到了这一过程的影响。不过，对罗马法的决定性"接受"——即法理上的全面胜利——出现在文艺复兴时期，即与绝对主义处于同一个时代。①

　　在安德森看来，对罗马法（其中所有的复杂性正是我们这里一直在考察的问题）的这种"接受"具有一种双重的、自相矛盾的激发性因素：这种因素既符合工商业资产阶级的财产利益，也适用于王权统治推进中央集权的努力。后者得到了旨在应对不断变化的社会经济状况的贵族式法律修订的支持，安德森认为，推进中央集权的努力并不是反对封建制的斗争，而是"封建统治机制的一种改组和完善"，这种统治机制虽然有所调整，但却维系了

---

①　Perry Anderson, *Lineages of the Absolutist State*, 24.

贵族的统治。因此，安德森以一对取自马克思的词组表明，罗马法的复兴加强了"封建的绝对主义"。①

[42] 这种说法不仅颇为有效地将中世纪/现代这一历史分期的政治问题变得更加复杂，还合理地解释了迪穆兰在封建关系的基础上所提出的中央集权理论。它虽然忽视了内在于罗马法传统并与该传统相对的《封地律书》及其评注传统，却也给这种传统的重要性提供了一种解释。12世纪到15世纪，附加于罗马法并借助罗马法来加以注解的《封地律书》引导了专业化执行的贵族封地法的走向，16世纪时，它又被假定为欧洲主权的起源神话，这种假设划定了一个封建的过去，进而又规定了服务于国家的历史内容。然而，就实现"封建制"的目的而言，这并不能说明封建编史学在其中所展现的作用，换句话说，封建史书写的自我消解过程不仅使"封建制"有可能作为一种概念而存在，也确立了它在这段历史中的支配性地位。与此相反的是，安德森不仅取消了基于封建制的历史分期，而且还在"绝对主义"的基础上对其进行了重新论述。然而，这些交织在一起的历史分期范式都产生于封建编史学对自身的双重返归，这种返归是为了将主权的边界对应于一种普遍化的年代顺序。中世纪/现代的划分之所以如此棘手，就是因为它描述的不是一个阶段，而是一种困境（aporia）。

这种困境解释了封建编史学从服从问题（subjection）的时间化中消失的原因，这种服从问题永远不可能仅仅扎根于吞噬古代之光的那种彼特拉克式的"黑暗时代"，也不可能立足于宣告一个新时代的文学方案和历史方案。②在我看来，"黑暗时代"的出现，

---

①　同前，pp.18-29。原文中作了强调标注。尽管安德森从《共产主义宣言》中引用了"封建绝对主义"（feudal Absolutism）一词，但他发现，一般来讲，马克思和恩格斯可能并未完全把握绝对主义国家的封建性质所内含的逻辑。

②　在这一问题上对彼特拉克及其同时代人的敏锐洞见和经典讨论，参

很大程度上是因为封建编史学与法律教学和政治实践的相互配合，同时也是因为主权与服从问题在封建法基础上的理论化迅速地适应了一种有关奴隶制的话语，并使之转移到过去。一旦"封建的"主权获得一种概念上的地位，且产生出这一概念的冲突性叙事消失，"中世纪"就可以被归结为一个独特的时代，服从关系就可以被叙述成属于过去和其他地方的问题。最终，历史分期的切割行为将抹去这段历史，并跨越中世纪/现代划分的鸿沟而重新分配其话语——臣服者与主权者、被奴役者与自由人。

封建法与奴隶制

封建法特别适合关于奴隶制的论述，因为在迪穆兰这样的王权支持者那里——迪穆兰大体上倾向现在所谓的绝对主义（absolutism）——封建法对主权悖论（主权是暴力与法律、强力与同意之间的模糊性节点）的调解，[43] 使它与奴隶制的逻辑具有了外在结构上的一致性。正如帕特森（Orlando Patterson）在其目前颇为著名的《奴隶制与社会死亡》（*Slavery and Social Death*）一书中所表明的，主人在奴隶身上的全部权力或财产，要求排除他人对这位奴隶的索取和权力，该奴隶在其他人当中就是社会死亡的状态。① 然而，不管是从制度的意义上说，还是从我们通常由奴隶这个词所联想到的诸种状况而言，我都不认为16世纪之前或

见 Theodor Mommsen, "Petrarch's Conception of the 'Dark Ages'"。勒高夫梳理了 antique、modern 这两个术语及其变化形式的历史，见 Jacques Le Goff, in "Antique (Ancient) / Modern"。另参见 Wallace Ferguson, *The Renaissance in Historical Thought: Five Centuries of Interpretation*，这本书也提供了有益的探讨（尽管存在明显的历史分期倾向）。

① Orlando Patterson, *Slavery and Social Death: A Comparative Study*.

16世纪的封建封臣（即处于持有封地的正式关系当中的封臣）是
一种奴隶制。相反，以迪穆兰为例，当他把作为merum imperium
［纯粹统治权］唯一持有人的国王孤立出来的时候，政治主体同样
从所有与国王无关的政治依附纽带中被隔离了出来。就像黑格尔
的领主/仆属（或主/奴）的辩证关系所表明的那样，"纯粹的"主
权和奴隶制形影不离地纠缠在了一起。

在封建编史学中，这种讨论主要出现在"效忠"的名目之下。
迪穆兰在关于servitus［奴隶身份］的一个讨论中提出了他关于
merum imperium的主张，他将servitus界定为"真正"（与隐喻性相
对）意义上的"效忠"。[①]在他的解释中，servitus既可以是"人身
性的"，也可以是"实际性的"（指实际财产），依据前者，一个人
受到的是人身役务/奴役的约束，根据后者，一个人要通过交纳土
地租金来换取保护和自由（liberi）。在他看来，效忠行为只应适用
于约束性的人身役务，但在最近的做法中却被应用于上述两种情
形。正是借助奴役与自由在效忠行为中难以区别的模糊性，迪穆
兰才发展了他关于merum imperium的观点。

在讨论效忠的两种隐喻性或"非正式"的运用（以管治权和
持有封地为理由）时，迪穆兰明确指出，效忠行为作为服从誓约
和自我臣服的一种形式，必然会导致约束性的人身役务关系。因
此，将效忠应用于自由佃户及其领主之间可能并不恰当，他坚持
认为（此举将经济问题和政治问题区分开来），自由佃户与其领主

---

① Charles du Moulin, *Commentarii*, pp.142–143：homagium tripliciter
accipitur, primo ratione servitutis, vel quasi ipsiusmet personae. Secundo, ratione
simplicis iurisdictionis. Tertio, ratione feudi. Primo modo proprie dicitur, secundo et
tertio modis improprie et metaphorice［效忠被承认的方式有三种：其一，通过
奴役的方式，或事实上通过自己的个人地位；其二，通过简单的管辖权。其
三，通过封地的方式。对第一种方式的描述是真正意义上的描述，后两种是
不恰当的描述或隐喻性质的描述］。

之间的关系仅仅是一种地产交易：一种自由交换的形式。所以，隐喻性地或"非正式"地使用效忠是不正当的。通过援引法兰克历史、罗马历史以及《封地律书》的老派注释家，他认为这是属于自然、国家和民法的准则。就这种理论与奴隶制——奴隶制传统上属于自然法和万民法的范畴——在未来的关系而言，这个扩展非常重要，它会有助于博丹将效忠顺从作为奴隶制，延伸到国际政治。[①]

迪穆兰始终在根本上认为，唯一正当的约束性关系，是国王与臣民之间的关系，而领主要求其封地持有人或辖属民对其进行效忠的行为，实与僭越者无异。[44]因为国王对整个王国具有直接的统治权力（dominium directum），官员和领主拥有的只是行使权力（dominium utile），领主与他的封地持有人及辖属民之间不存在约束关系，领主使后者臣服于自己是不正当的，是滥用源于国王的权力。人们只能臣服于国王，因而只能在宣誓绝对忠诚（fidelitas absoluta）的意义上效忠于国王。[②]迪穆兰由此消除了臣民之间出于不正当的"效忠"之举而产生政治上相互依附的可能性，并将自由与约束的关系完全转变成国王与臣民之间的关系。换句话说，迪穆兰强调的是一种社会死亡（social death）的形式，国王的全部权力不仅要消除其他人对臣民的权力主张，同时也要杜绝臣民为获得政治上的能力而依附于他人。到了下一代人之后，博丹就会把臣属身份描述成"一种十足的奴隶地位"（une vraie servitude d'esclave），从而将类似于迪穆兰的学说引入奴隶制的逻

---

① Richard Tuck, *Natural Rights Theories*; Anthony Pagden, *Lords of All the World*.

② Charles du Moulin, *Commentarii*, pp.143-146. 迪穆兰举例说明，神职人员不得宣誓效忠，因为效忠具有排他性，是忠于某一个人而不是所有其他人的誓言，因而神职人员若宣誓效忠将会违背他们的宗教誓约。

辑当中。①

因此，迪穆兰可以说勾勒出了一种法律主体性的学说，这种学说假定了主权主体的构成，其中，主权主体与臣属主体（subjected subject）之间的总体性关系，决定了主权主体的言说（拥有 merum imperium［纯粹统治权］）具有践行其确切言说之事的自由权力，而臣属主体在效忠行为中的言说则看似矛盾地宣称，自己不能做这种主权者的言说行为。通过接受这种关系的相互性，迪穆兰又基于封地的相互性，给国王施加了某种限制。与查修斯一样，迪穆兰也坚持认为，不管是领主还是封臣，双方都不可以违背领主和封臣之间的契约所赋予的权利。②因此，即便国王拥有支配所有荣誉和管辖权的 merum imperium，他也不能使这些权力脱离于王国，否则他就在事实上废弃了自己的国王身份。③

迪穆兰的封建主权学说，以及后来博丹关于臣属身份作为"一种十足的奴隶地位"的表述，意味着封建编史学与黑格尔《精神现象学》中的承认辩证法（dialect of recognition）之间，既可能存在历史性的关联，也可能存在逻辑上的联系。对于这个问题，此处需要做一个简要的说明，因为这种关系揭示了封建编史学与殖民主义之间的纠葛所产生的复杂影响，以及这种纠葛后来的转向——转向历史的时间政治（history's temporal politics）。这里无意于回答那个经常被提及的问题：黑格尔所谓的主奴（lordship/bondsman）关系源于何处？因为在我看来，这个问题并没有唯一的答案。我想强调的是，在黑格尔撰写《精神现象学》的时代，

① 有关该段落的讨论详见下文对博丹的论述。

② Charles du Moulin, *Commentarri*, p.60. 迪穆兰认为国王是所辖区域的管理者，而不是所有者，关于迪穆兰这种观点的讨论，参见 Howell Lloyd, "Constitutionalism", in Burns, ed., *Cambridge History of Political Thought: 1450-1700*, pp.292–297。

③ Charles du Moulin, *Commentarii*, p.90.

他所使用的术语和概念有着漫长的历史，这段历史随着黑格尔时代的人攻占巴士底狱并掀起反抗海地奴隶主的叛乱，在那一代人的词汇中逐渐展开，不仅深嵌于哲学之中，同时也深植于法律解释和法律实践当中。① 对于黑格尔的抽象性或"寓言性"的自我意识辩证法，我们的理解需要脱离文字上的情境，然而，这一需要注意的问题，[45]既会在我们想到历史已经在黑格尔那里产生影响的时候，遭到或多或少的质疑，同时也会在黑格尔著述之前和著述期间，转变成奴隶制语境中的主权议题。

对于这个问题，我们可以通过一个具体的翻译争论来理解。这一争论由科耶夫（Alexandre Kojève）挑起，他对黑格尔的 Herrschaft und Knechtschaft［主和奴］被翻译成 maîtrise et esclavage［支配权与受奴役状态］进行了大量讨论，这样的译法后来又再次出现在依波利特（Jean Hyppolite）于1939年翻译的《精神现象学》法文本当中。② 对于这种译法及其后果，奥斯本曾作出如下评论：

> 这种译法，以一种体现古希腊世界和欧洲殖民主义遗产的奴隶制概念，取代了黑格尔分析中的封建术语（英语中的 serfdom［农奴制］适用于黑格尔的分析）。就像占领让位于解放和去殖民化一样，这种译法就像萨特和法农（Frantz Fanon）的做法所表明的那样，以一种迄今无法预知的方式使黑格尔的文本获得了新生。因此，这种译法注定会在"二战"期间和"二战"结束后的几年里，成为一种明智之举。然而，正是这种译法的当代性（contemporaneity），致使人们严重地误解了这种特殊的辩证关系在黑格尔文本及其与马克思著作

① 参见 Susan Buck-Morss, "Hegel and Haiti"。接下来我会进一步讨论这篇文章。

② 参见 Peter Osborne, *Politics of Time*, 70–81；Andrew Cole, "What Hegel's Master/Slave Dialectic Really Means"。

之间的关系中所具有的地位。①

　　这种接受史看起来非常复杂，但也只是其中的一个方面。事实上，封建编史学所使用的领主权和奴役（lordship/bondage）与主宰者和奴隶身份（mastery/slavery）之间，至少从16世纪中期开始，就已经在博丹等人的著作中——尤其是在殖民语境中——出现了换用，而黑格尔本人也对博丹的著作有所了解。农奴制也是如此，尽管黑格尔和博丹都没有将农奴和封建法混为一谈。②如果我们将黑格尔的Herrschaft und Knechtschaft假定为"封建"术语，那么我们同样有必要承认，黑格尔使用的这些术语，已经在《精神现象学》撰写期间和撰写之后，充满了关于主权及其奴隶制时间化的历史主义议题。③

　　莫尔斯（Susan Buck-Morss）已经表明，在黑格尔那里，关于Herrschaft und Knechtschaft辩证法的表述，关系到海地奴隶起义的日常事件，这场起义就发生在黑格尔撰写《精神现象学》之前，

---

　　①　Peter Osborne, *Politics of Time*, p.72.

　　②　在《历史哲学》中，黑格尔讨论了一种封建制度（Feudal System），他和封建法学家一样，从权利/权力（rights/power）分配的角度来认定封建制。私人权力实际上是"最严苛的束缚"，它阻碍了"普遍性意识"（因而也有碍于国家）（页344）。当黑格尔将农奴说成是奴隶时，其语境并不是"封建制"，尽管黑格尔将整个时期（9至15世纪）与"奴隶制的可怕斗争与规训"——人性也由此得到解放，进入了自我意识的第三阶段——联系在了一起（页405-407）。黑格尔经由这样的方式证实了16世纪对其普遍化的、更替代谢的意识。关于黑格尔在封建主义概念史当中的地位，参见Otto Brunner, "Feudalism: The History of a Concept"。

　　③　Andrew Cole, "What Hegel's Master/Slave Dialectic Really Means". 感谢科尔教授在论文正式发表前允许笔者阅读。在笔者看来，这些术语与"封建"的关联主要源于它们在法律和哲学中的悠久历史，我这里所追述的是其中的一部分。

而黑格尔也密切关注着这一事件。莫尔斯认为，海地奴隶起义，响应了法国大革命反对"古代奴隶制"（与反对"封建制"的要求形成了共鸣）的强烈要求，而黑格尔则呼应了这场起义的政治语言。莫尔斯指责学界没能意识到"实际存在的奴隶制"对于黑格尔的承认辩证法所具有的重要性，在她看来：

> （纯粹的）马克思主义者和其中的所有读者，至少可能意识到实际存在的奴隶制所具有的重要性，因为在他们对历史的阶段式（stagist）理解中，奴隶制无论多么当代，都被视为一种前现代的制度，[46]关于这种制度的叙事不仅应该被禁止，而且应该被贬黜到过去。然而，只有当我们认为黑格尔讲述的是一种自足独立的欧洲故事，而其中的"奴隶制"是一种早已被抛弃的古代地中海制度，这种解读才会看起来略微可信——略微可信的原因在于，即便在1806年的欧洲内部，契约奴役和农奴制也依然没有消失，而且对于是否容许事实上的奴隶制，法律仍然存在着争议。①

莫尔斯无疑是对的，对这种重要性的拒斥，显示出在"现代"欧洲兴起政治自由的叙述中对奴隶制的一再否认——这是对欧洲文明叙事而言至关重要的一种遗忘形式。②然而，"实际存在的奴隶制"及其与过去的关系，已经在黑格尔辩证法的"封建"术语中得到转译，尽管这些转译在其中也并不可见。

因此，黑格尔的 Herrschaft und Knechtschaft 既不能译成"领主/农奴"（lord/bondsman），也不能译为"主人/奴隶"（master/

---

① Susan Buck-Morss, "Hegel and Haiti," p.850.

② 关于自由与奴隶制在民主兴起中的相互关系，参见 Eduardo Cadava, "The Monstrosity of Human Rights"；Werner Hamacher, "One 2 Many Multiculturalisms"。

slave）。在这种情况下，特别是如果我们承认这种辩证法在黑格尔那里使人联想到"封建"用语，这种非比即彼的选择，就会掩盖已经影响到这些术语的历史。封建编史学的书写对主权悖论的协调基于一种被取代的过去，由此产生了一种普遍的"法律精神"，只要这种编史学的书写仍然保持闭塞状态，那么这种协调就会继续调节历史的脉搏，并延续同样的遗忘模式。在这一点上，科耶夫以 maîtrise et esclavage 来翻译 Herrschaft und Knechtschaft 的做法可能是最可信的，因为这种译法正视了封建叙述对主权的调解中反复出现的那种关于奴隶制的历史逻辑。

奴隶制的时间界定

在《国家六书》（*Les six livres de la République*）中，博丹明确将主权悖论的封建协调与奴隶制和国际奴隶贸易的问题关联到一起。他在第一卷第八章中对于主权的著名讨论就像迪穆兰的讨论一样，依赖于封建关系。对博丹而言，封建关系既体现了一个真正的主权者不受约束的权力，同时也显示了臣民对主权君主的绝对服从。[①]在解释宣誓与真正主权的相互排斥时，对封建评注的

---

① Jean Bodin, *Les six livres de la République*, trans. Richard Knolles, *The Six Bookes of a Commonweale*, pp.99, 106. 引文均出自该译本。富兰克林（Julian Franklin）在《论主权》的导论中解释道，博丹撰写了法文版的《国家六书》（1576），并有数次修订，之后又提供了一个拉丁文版本（1586年），后者在很多方面不同于法文版。兼顾法文版和拉丁文版的版本是没有的，但是，诺尔斯（Richard Knolles）在其1606年的译本中参考了《国家六书》的法文修订版和拉丁语文本，而且富兰克林也指出，"他的判断通常不错"（*On Sovereignty*, xxxvii）。富兰克林的译本更出色，其中汲取了关于博丹的最新研究成果，但富兰克林只翻译了若干章节。博丹经常引述迪穆兰，但几乎总是

这种依赖，将是博丹在很少有人注意到的第一卷第九章中分析统治者及其奴隶制之间关系的关键。

第九章论述了封地君主（feudatory princes）的地位。其开篇依据封建法划分了空间和时间：封地的问题"本身就应该有专门的一章，因为这与古老的主权（Soueraignitie）标识毫无共同之处，主权的标识出现在封地权利之前，封地权利流行于整个欧洲和亚洲，［47］但相比于世界上的其他地方，这种权利更多通行于土耳其"。①这种空间与时间层面的主张使博丹能够就欧洲诸国从发端之时到他所处时代的政治关系提出论据，而"封地"的区域被拓展到整个欧洲和亚洲，又使博丹能够证实他的证据，这种证据并不符合公认的尺度，特别是"土耳其"的证据。专横的土耳其人形象在博丹写作之时就已完全确立，比如奥特蒙就利用这种形象来比较法兰西的自由与土耳其统治方式——在土耳其的政体中，统治者支配着像牛一般的人。②然而，博丹很少在主权悖论的含义上畏缩不前，就像在其他地方一样，他在这个问题上也将土耳其的形象作为他主张强有力的君主保护而不是限制其公民自由的特定情形。自由是这一章的重点，其中探讨了附庸和封地君主是否

声称要反驳他。正如富兰克林所指出的："博丹或许对迪穆兰有失公允，尽管他称后者为'我的同行，所有法学家的荣光'……在对罗马法的运用上，迪穆兰的地位与博丹相当。"见 Julian Franklin, in Bodin, *On Sovereignty: Four Chapters from The Six Books of the Commenwealth*, p.132, n.55。不过，在关于封建誓约的排他性（exclusiveness）问题上，迪穆兰与博丹的观点截然相左。

① *Six Bookes of a Commonweale*, 114; *Six livres de la République*, 1:299: "le droit des fiefs, usitez par toute l'Europe et l'Asie, et plus encor en Turquie qu'en lieu du monde."

② François Hotman, *Francogallia*, p.297. 有学者指出，对大多数与博丹同时代的法国人来说，土耳其人是暴政和压迫的负面象征，是强大君主制的一个东方主义的反例，参见 Henry Heller, "Bodin on Slavery and Primitive Accumulation"。

可能拥有主权，并且通过引用马提亚尔（Martial）的一句话直接提出了奴隶制的问题：

esse sat est servum, jam nolo vicarius esse: /Qui Rex est, Regem Maxime non habeat.

［做奴隶就够了，我不要成为奴隶的奴隶：/马克西姆斯，一位君王不该有其他的君王。］①

换句话说，一位封地的君主是奴隶一般的君主，他的臣民不比代奴（vicarii）——奴隶的奴隶——好多少。

博丹在第五章中已经详细论述了奴隶制，而他在这一章中对奴隶制和国家治理的讨论无疑表明，西班牙和葡萄牙在当时的威胁——表现在侵略性和破坏性地重新引入奴隶制——揭示了第九章中封建法和奴隶制的结合。这两章结合在一起，为编史学和殖民主义相互交织的政治同时划定时间边界和区域边界的过程提供了一个范例。②

奴隶制在第五章中既是过去的，也是迫在眉睫的，既是记忆，也是威胁。博丹将奴隶制谴责为有悖道义且危害国家政治稳定的制度。这种违背自然的制度在欧洲已经被抛弃，而且近乎被遗忘，

① *Six Bookes of a Commonweale*, p.144; *Six livres de la République*, 1:230: Parquoy il est besoin d'esclaircir ceste question, qui tire apres soy le poinct principal de la souveraineté. 诺尔斯在其旁注中明确指出："这些 Vicarii［代奴］是由其他奴隶指挥的奴隶。"参见 McRae 对该条的评注，*Six Bookes of a Commonweale*, 114 nn.；另参见 Orlando Patterson, *Slavery and Social Death*, p.300。联句出自 Martial, *Epigrams* II, p.18。

② David Wallace, *Premodern Places: Calais to Surinam, Chaucer to Aphra Behn*. 对于中世纪/现代分期、奴隶制与殖民主义的关系，华莱士提供了另一个视角，特别参见页 239-302。

但是现在，随着葡萄牙人和法兰西的主要竞争对手西班牙在非洲和印度群岛奴隶贩运的泛滥，奴隶制又蔓延而入。博丹的叙述表明，欧洲国家，特别是法国的道德健全和领土完整是随着奴隶制的根除而得到了巩固，这种根除首先是指（12世纪左右）解放"真正的奴隶"（true slaues），然后是仍然生活在某种"奴役束缚"（bond of seruitude）之下的被奴役之人越来越多地获得公民权。①因此，博丹区分了"真正的奴隶"地位与通常所说的中世纪农奴身份，但尽管如此，博丹仍然认为后者是一种不利于国家自由的奴隶制形式。博丹是以家庭为样式对国家作出了理论化的界定，奴隶构成了家庭的一部分，因而奴隶制必然意味着一个被分割的家庭。②这样一来,［48］博丹就将蓄奴与内战——无论是在法兰西的过去还是在他自己的时代——关联在了一起，并且也将授予奴隶公民权同"自由"和国家力量联系在了一起。③

在这一章的开头部分，博丹声称，"除了欧洲的某些国家"，全世界都存在奴隶制（同前注，页34）。不过，他发现，最近通过葡萄牙人在欧洲范围内的行为和示范，奴隶制的侵蚀有可能通过扰乱世道（time）来抹除这种区域上的差别。他写道，奴隶制正在回归"到对葡萄牙人的效仿，他们首先又召回了多年来一直

---

① 特别参见 *Six Bookes of a Commonweale*, p.40–41。博丹认为，缺乏婚姻自由及离开领主领地的自由都是这种束缚的典型表现。

② 博丹通过讲述一个奴隶的故事来形象地论证其观点：奴隶强暴了主人的妻子，将主人的孩子从房子二楼掷下致其死亡，并导致其主人割掉自己的鼻子，从而完全、永久地丧失了他的名誉（同前注，p.45）。

③ 博丹称，在8、9世纪，法兰克人的奴隶得知阿拉伯奴隶参军打仗可获自由后，发生了叛乱。洛泰尔做法相似，"号召奴隶应征并允诺给他们自由"（同前，p.39）。因此，奴隶制与内乱相一致，而解放则与民族力量并行。亨利二世于1549年向被解放者授予权利是"凭借其施予自由的巨大恩惠"（p.41）。博丹在第三卷中提出，奴隶制随着他那个时代的内乱而回归（参见p.387–388）。

在欧洲湮没于遗忘之中的奴役，并且在很短时间内就足以同样散布于我们整个欧洲，就像在意大利已经开始的那样"（同前注，页43-44）。恢复奴隶制将挖掘出过去，并逆转遗忘的过程，这个过程就像勒南（Ernst Renan）早已注意到的那样，是"建立一个国家"所必需的。[1] 只有忘记过去的差别所构成的暴力，统一联合才有可能，这一点符合博丹对奴隶制的描述，即奴隶制是家庭内部的暴力划分，它的消失也构成了法兰西成为一个实现自由的统一国家的故事情节。

由于对过去的挖掘乃是来自外部的强加，因而它也有可能造成欧洲与其他地区之间的边界出现剧烈的瓦解，甚至基督徒也有可能被运离本土和遭受囚禁：

> 很久之前，非洲、亚洲和欧洲东部地区也习惯于在各个城市畜养大量的奴隶，就像饲养牲畜一样，并利用他们进行大量商品交易，获取巨额收益。因为在这一百年之内，大量的鞑靼人（斯基泰人中的一支）烧杀肆虐，涌入莫斯科、立陶宛和波兰边界地区，掳走了三百万基督徒。[2]

博丹关于奴隶制重新进入欧洲的叙述，描绘了对空间－时间这两重边界的侵犯。对欧洲来说，特别是对法国而言，奴隶制已经是过去的，通过加密和遗忘，奴隶制也被严密地遮闭起来，从而确立了公民国家统一与领土完整和道德健全的可能性。对于世界的其他地区来说，奴隶制则一直延续到现在，这种政治、道德和时间上的差别标识着这些地区与欧洲的分界线。作为欧洲国家的葡萄牙与西班牙开始在其他地方实行奴隶制，然后又把奴隶制

---

[1]　Ernst Renan, "What Is a Nation?"

[2]　*Six Bookes of a Commonweale*, p.44.

重新引入欧洲，由此从内部和外部扰乱了这些边界。这两个国家由于欧洲自身的统一基础受到抑制而侵扰了欧洲，并以具体示例说明了欧洲的自我差异，这种差异混淆了欧洲的区域界定，并将分裂的过去从墓穴中唤醒，从而消除了界定主权领土且能够使真正主权的行使成为可能的区别。

第五章并没有提到封建法，对博丹而言，[49]封建法涉及财产持有人——而不是他从历史的角度进行考察的农奴或奴隶——之间的关系。博丹将奴隶制与封建关系联系在一起，这种关联源于对主权逻辑的一种决定性分析，他从中得出了这样的结论，即任何通过效忠宣誓而拥有某种事物的君主都不是主权者。就像迪穆兰一样，博丹也发现，效忠总是伴随着人身的服务和服从：

> 我们因此而得出结论，他只能是一位绝对的君主，他并不持有别人的任何事物，因为任何封地的封臣，无论是教宗还是皇帝，都因其所拥有的封地而要提供人身的服务。虽然**服务（Seuice）**这个词并不损害封臣的自然自由，但事实上，服务意味着封臣应当给予封地领主的某种权利、职责、尊敬和敬畏。这并不是真正的奴役，但与封臣的人身密不可分，封臣无法由此获得自由，除非他放弃自己的封地。①

---

① *Six Bookes of a Commonweale*, p.119; *Six livres de la République*, 1:238: Par ainsi nous conclurons, qu'il n'y a que celuy absoluëment souverain qui ne tient rien d'autruy: attendu que le vassal pour quelque fief que ce soit, fust-il Pape ou Empereur, soit service personnell à cause du fief qu'il tient. Car combien que ce mot de Service en matiere des fiefs, et en toutes les coustumes, ne face aucun prejudice à la liberté naturelle du vassal, si est-ce qu'il emporte droits, devours, honneur et reverence, au seigneur feodal, qui n'est point une servitude realle, ains elle est annexee, et inseparable de la personne, et n'en peut estre affranchi sinon en quittant le fief.

　　因此，对封地的占有就造成了服从关系。与迪穆兰截然不同的是，博丹区分了封臣与国王的自然臣民（natural subject），国王的自然臣民始终受其君主的约束，无论是否拥有封地，他们都无法解除对国王的誓约。换句话说，基于封建编史学中对于誓约、服务和忠诚的定义，博丹创立了一种区分，这种区分使效忠脱离封地占有的可能性，从而巩固了国家，同时也将这种可能性转移到了国家之间的主权边界问题上。因此，只需很小的一个步骤就可以证明，一位君王若以封臣身份占有他人的领地，这位君王便丧失了他的主权。为了强调这种丧失的整体性（totality），博丹以鲜活尖锐的屈辱事例——这些事例让人想起了黑格尔的为承认而斗争的细节——证明了效忠中所隐含的屈辱。他最终的结论是，通过效忠而服从于他人的主权与奴隶状态——"真正奴隶式的奴役"（une vraye servitude d'esclave），这是土耳其人所认定的尺度——无法区分。①

　　为了拯救历史悠久的法国自由，博丹的比较历史最终所描绘的世界将会成为或者已经成为一堆错综复杂的依赖关系（dependencies）。在《国家六书》的第二卷当中，博丹继续探讨了封建法和奴隶制的混杂交织，他认为封建关系与效忠不能再成为治理得当的欧洲国家的基础，它们在其他地方无论恰当与否，都提供了领地服从、奴役和贡赋的手段。②在博丹看来，奴隶制（在

---

　　①　参见 *Six livres de la République*, 1:243，比较 1:240–241；*Six Bookes of a Commonweale*, pp.120–121。"封建主义"中的这一东方主义倾向将会延续下去（比如在伏尔泰那里），并将成为（特别是在印度）殖民逻辑中的一个因素。关于 15、16 世纪对土耳其人的概念重建（reconceptualization），参见 Nancy Bisha, *Creating East and West: Renaissance Humanists and the Ottoman Turks*。

　　②　对博丹及后来的主权理论家的讨论，参见 Blandine Kriegel, "The Rule of the State and Natural Law"。

历史上和道义上）属于欧洲的过去，他将臣民的效忠从财产关系中分离出来，以及他将效忠定位为领地奴役的条件，[50] 这些都取决于——即便他们否认——早期封建论者在提出关于主权和服从的理论斗争中所巩固的"封建"欧洲的过去。

最终，博丹的方案将封建关系同欧洲的过去和现在的奴隶制关联在了一起，根据博丹关于欧洲兴起政治自由的叙述，现在的奴隶制必须被安置于别处。尽管博丹谴责奴隶制，但他的论点仍然以帝国中心的奴隶制——就像莫尔斯所说的那样——"被禁止出现在叙事中并且被贬斥到过去"的方式，将支配与服从的坐标投射到了空间和时间之上。这足够准确地描述了封建形象与封建法应用在接下来几个世纪中的轨迹——当然，原因并非在于博丹预言了这一点，而在于他是在某种法律实施的传统之内著书写作，该传统在与过去的关系中存在分歧与争论，并且力图为相互交战的国家总结出普遍原则。而这些相互交战的国家同时也在巩固它们的统治并通过一种时空逻辑扩展它们的视野，这种时空逻辑最终标明了各种类别范畴，它将引出"中世纪"和"第三世界"的名称。

第二章　封建法与殖民地产

不完整的所有权

［51］据说，所有岛屿和大陆（确切地说，大陆只是更大的岛屿）都是这样分布的，即只能从岛屿或大陆的某个海岸出发，找到另一块陆地。有人认为，这是自然在邀请人类自一方土地向另一方不断殖民。也有人指出，商业往来的公共权利，似乎也是由此设计出来的。当然，分为若干部分的优良艺术与知识，同样有类似的安排。①

《门多萨抄本》（*Codex Mendoza*）第一页的右上角有一句塞尔登的格言："自由胜过一切。"该抄本是受查理五世的委托，在西班牙修士的监督之下，由墨西哥当地的抄写员和翻译员于墨西哥城编纂而成，其中有大量关于墨西哥生活和历史的图像和文本记录。1541年，这部抄本随西班牙运宝舰队从韦拉克鲁斯（Veracruz）启航，途中落入了劫掠西班牙舰船的法兰西海盗之

---

① John Selden, *Titles of Honor*, 2nd ed. (1631)，致海沃德（Edward Heyward）的献辞，未标页。

手，随后又连同其他财宝一起，进了法兰西亨利二世的金库。法兰西国王的宇宙志学者杜韦（André Thevet）就是从那里获得了这部抄本。在此之后，这部抄本被先后卖给英格兰驻法大使哈克路特（Rickard Hakluyt）牧师和珀切斯（Samuel Purchas），最后又流落到了英格兰法学家和历史学家塞尔登的手中。① 可以说，《门多萨抄本》的历史，恰好体现了塞尔登在上面那段引文中关于殖民地理学、商业地理学和认识论地理学的说法和表述。塞尔登的这段话出自其《爵位封号》（*Titles of Honor*）的第二版献词，这本书包含了大量关于欧洲政治制度和社会制度的文献和论述。塞尔登在议会任职期间一直致力于反对绝对君主制的主张，并竭力捍卫保护臣民的普通法，如今，《门多萨抄本》作为塞尔登档案的一部分（Ms. Arch. Selden.A.1），典藏在牛津大学的博德莱（Bodleian）图书馆，塞尔登的格言也令抄本增色不少——这是一个更加令人唏嘘不已的事实。

这一颇具讽刺意味的事实，最终也会萦绕于《爵位封号》的命运之中。《爵位封号》的触手伸向了"艺术与知识"的异域海岸，其部分意图是要让英格兰和塞尔登本人在欧洲人文主义学术的地图上据有一席之地，不过，为了声援反对帝国和专制主义的宪法而编撰一部详尽的欧洲历史和英格兰历史，才是这本书更为特殊的目的。[52] 就像欧洲大陆已经展开的争论一样，塞尔登

---

① 参见 *The Essential Codex Mendoza*, ed. Berdan and Anawalt, xi-xii。这部抄本记录的对象自称为"墨西加人"（Mexica），现在一般被称为"阿兹特克人"（Aztec）。抄本是以西班牙总督安东尼奥·德·门多萨的名字命名的，门多萨根据国王的要求委托编纂了该抄本。彼得·梅森（Peter Mason）在"偷来的抄本"（"The Purloined Codex"）中认为，这部抄本可能不是门多萨为查理五世委托编纂的那部抄本。关于该抄本的其他历史问题是没有争议的。珀切斯（Purchas）的《珀切斯，他的朝圣之旅》（*Purchas, his Pilgrimes*, 1625）中使用了这部抄本中的木刻画。

的核心论点同样是有关封建法的论述，对于后者，笔者已在前一章中进行了考察。塞尔登熟谙封建论者的著述，他还研究了这些封建论者如何在宪法辩论中运用封建编史学，他在1610年撰写的《英格兰雅努斯的两幅面孔》（*Jani Anglorum Facies Altera*）中，开始用封建术语讲述英格兰的历史，之后又在第一版《爵位封号》（1614）中更加广泛地运用了封建的术语。① 塞尔登是第一个将欧洲大陆的封建编史学及其对主权问题的探讨引入英格兰政治的学者，这在很大程度上受惠于胡格诺教派的宪法论者奥特蒙。② 在此之后，英格兰的法学家便开始"发现"，英格兰一直以来就是"封建的"，而且还会更加清楚的是，这种"封建"是通过"殖民于"另一个岛屿的方式确立的。

　　紧随塞尔登之后的是塞尔登的同侪，古文物学者斯佩尔曼，后者注意到了英格兰法律编史学与大陆法律编史学之间的裂痕，以及这种裂痕引发的争执。争执最初始于奥特蒙在《封地语汇》（*De Verbis Feudalibis*）中对利特尔顿（Thomas Littleton）的《保有权》（*Tenures*）——柯克（Edward Cooke）在此基础上撰写了那部颇具权威性的《英格兰法总论》（*Institutes of the Laws of England*）——所提出的著名批评：《保有权》是一部"毫无条理、

---

　　① 关于塞尔登的《英格兰雅努斯的两幅面孔》及其在立宪争论中的地位，以及塞尔登将英格兰主权论辩置于欧洲大陆流行术语之中的新做法，参见Paul Christianson, *Discourse on History*，特别是第一章。就我所知，在塞尔登于1610年撰写《英格兰雅努斯的两幅面孔》之前，英国文献中并没有出现有关"封建法"的讨论。

　　② 塞尔登的早年作品《盎格鲁不列颠论》（*Analection Anglobritannicon*）是"一部关于古代不列颠和英格兰统治方式的历史叙述"，该书就是以奥特蒙的《法兰克高卢》（*Francogallia*）为模本。参见Paul Christianson, *Discourse on History*, pp.13–14。塞尔登的整个写作生涯都受惠于奥特蒙、博丹以及法国的其他封建论者。

不合逻辑的愚蠢之作"。①事实上，正是这个裂痕所带来的问题，促使斯佩尔曼致力于封建法的研究，在这个方面，斯佩尔曼的工作与塞尔登关于地理学和商业的隐喻相对应：

> 我真的时常感到惊讶，尊敬的柯克爵士在古代和外来的知识中撷取了很多精华荟萃来修饰我们的法律，但（据我推测）他并没有转入（封建法）这个领域，而我们法律的很多根底，自古以来就是从这个领域中汲取和引入的……对于封建法这种法律，海外的人们不但勤于了解，而且充满好奇，但我们却为了利润和"混口饭吃"，取走了我们在市场上见到的东西，而不去追问这个东西从何而来。②

时下的知识政治——我们随后会看到，斯佩尔曼非常敏锐地看出，知识政治乃是关乎利润和商业的问题——需要一种精心编

---

① François Hotman, *De Feudis Commentatio Tripartita*, p.661.《封地语汇》这部术语汇编是奥特蒙关于封地评注的三个构成部分之一。奥特蒙在 feodum 词条下讨论利特尔顿的《保有权》，或许是为了回应利特尔顿的定义："feodum 即遗产继承"（feodum idem est quod haereditas）。相关的引文和翻译见于 Edward Coke, *The First Part of the Institutes of the Laws of England*, book 1, chapter 1, 1a。奥特蒙的 inconcinnè scriptum 无疑指的是利特尔顿所用的古法律法语。奥特蒙的批评多次被重印，并且在法学家当中广为人知。这也引发了柯克的不满。参见 Charles Butter' preface, in Edward Coke, *Institutes of the Laws of England*, reprinted in the fifteenth edition, pp.xiii–xv。

② Henry Spelman, "The Original of the Four Terms of the Year," in *Reliquiae Spelmannianae*, p.99. 长期以来，人们一直根据英格兰"普通法"思想的孤岛性（比如波考克的讨论），并根据法庭律师学院在日常法律事务方面对大学的主导地位，来描述英格兰法律传统与欧陆法律传统之间的差异。学者们仍在重新审视这段历史。参见 Ian Maclean, *Interpretation and Meaning in the Renaissance*, pp.181–186。

排、客观公正的英格兰法律编史学，这种编史学需用拉丁语撰写，而且还要符合学术规范，获得欧洲的普遍认可。为此，斯佩尔曼打算以奥特蒙的《封地语汇》为模版，编撰一部《考古释义》（*Archaeologus*），从而提供一种这样的编史学。

在英格兰的编史学当中，封建法的根基最初是非常薄弱的。在《爵位封号》中，塞尔登以一种宏大的世界性历史（始于圣经的大洪水）表达了自己谨小慎微的论点。这个历史故事沿着迪穆兰和奥特蒙的路线，追溯了封地的传承谱系，它将英格兰的历史纳入这个故事当中，同时还关注了塞尔登本人所关心的宪法问题。[①]斯佩尔曼用拉丁语撰写的《考古释义》（1626）数十年来一直没有付梓成书，但塞尔登却在1631年版的《爵位封号》中参考了这部著作。随着国王与议会之间的斗争具有了愈加强烈的历史意涵，封建法也就变得越来越重要。争论的焦点集中在诺曼征服，而且日趋明显的是，一种始于盎格鲁－撒克逊人的封建法历史，[53]将会强化关于"古代宪法"的论证。封建法是由威廉一世引入的，因而也是通过征服引入的——这种封建法的历史将会有利于国王。

当然，这些争论与当时的政治斗争和意识形态斗争——特别是宗教斗争——密不可分，因而也与本书第三章和第四章所讨论的"世俗化"问题相互关联。加尼姆指出，塞尔登受教并且受雇于科顿爵士（Sir Robert Cotton），他之所以能够进行自己的宪

---

① 塞尔登在《爵位封号》的第一版中提出："（加洛林）帝国以降，欧洲大部分地区似乎通过效仿，或经由各民族的普遍认同，采取了各自的封建占有形式"。见John Selden, *Titles of Honor*, 1st ed. (1614), p.297。在1631年的版本中，塞尔登的语气更加确定："将整个西欧和南欧普遍使用封地的起源归因于……帝国衰落之际席卷欧洲大部分地区的北方各族可能更加合适"。见 *Titles of Honor*, 2nd ed., p.274。对比奥特蒙和迪穆兰在本书第三章的相关论述。

法研究工作，很大程度上就是缘于后者收藏的手稿。不过，借助塞尔登的工作，科顿也"试图为初创的英格兰教会确立一套相对独立的传承谱系"。[1]另外，这种早期学术还参与了东方学的文本编纂，本章一开始从塞尔登的序言中摘引的那段话，以及塞尔登购买《门多萨抄本》这一事实本身就表明，塞尔登是这个领域极具雄心的一位早期参与者。[2]斯佩尔曼为保卫教会财产不受国家的侵犯，倾注了很大的精力，弗兰岑也曾指出，斯佩尔曼资助了剑桥的盎格鲁-撒克逊教席，第一位出任该教席的人是韦洛克（John Wheelock），此人同时也出任了阿拉伯教席。弗兰岑注意到，韦洛克不仅认同盎格鲁-撒克逊主义与东方学之间的联系，而且还"在他编订的比德（教会史）的序言中利用了这种联系，他在其中将'撒克逊女神'和'阿拉伯姐妹'等同于他的赞助人"。[3]然而，这些与宗教斗争和东方学话语的纠葛，仅仅暗示性地说明，英格兰的封建叙事，就像之前欧洲大陆的封建叙事一样，在主要涉及主权、奴隶制和殖民主义问题的国家政治斗争和国际政治的角逐中，在何种程度上是作为一种政治争论而出现的。

从根本上讲，明确为英格兰的封建法问题撰写专题论著的人并不是塞尔登，而是斯佩尔曼。后者的《封地与保有权》（*Feuds and Tenures*, 1639）为英格兰的"封建制"编史学和英格兰的财产法奠定了数百年的基础。在布莱克斯通——他的《英格兰法律阐

---

[1]　John Ganim, *Medievalism and Orientalism*, p.64. 有关塞尔登和科顿的详尽讨论，参见 David Berkowitz, *John Selden's Formative Years: Politics and Society in Early Seventeenth-Century England*。

[2]　塞尔登后期的一些作品在关注视野上极为宏大，这些文本尚需更多的研究，但在关于社会的比较研究方面，这些作品看起来相当公正。关于其全部作品的讨论，参见 David Berkowitz, *John Selden's Formative Years*。

[3]　Allen Frantzen, *Desire for Origins*, pp.151–52.

释》(*Commentaries on the Laws England*)深受《封地与保有权》的影响——看来,《封地与保有权》就是英格兰财产法的"基石";对波考克来说,斯佩尔曼则是"英格兰编史学中的封建革命"的"首要建筑师"。[①]《封地与保有权》不同于《考古释义》,后者是一部古文物研究色彩更为浓厚的著作,前者则具有强烈的政治色彩。不过,这并不是因为斯佩尔曼有意介入议会斗争,而是因为他早年撰写的《考古释义》所阐述的封建术语,在一个涉及查理一世借口封建历史的先例而攫取殖民地财产的案件中,遭到了法庭的轻视。有一点无论怎么强调都不过分:《封地与保有权》不但出现在殖民话语中,而且也是作为这种话语而出现的。斯佩尔曼似乎理解其中的意涵,在《封地与保有权》中,他对法庭判决的回应也非常清楚地表明,关于"封建法"的书写所施加的政治力量,[54]在整个历史时期中划定的界线,相当切实地标示了当时的领土边界和种族臣属。

　　因此,17世纪英格兰的"封建法"编史学,始终固守着上一章追溯的16世纪欧洲大陆的编史学遗产。本章的两个部分将继续讨论封建制的"形成",第一部分首先考察塞尔登、斯佩尔曼,以及关于主权和征服的政治斗争在17世纪的历史,第二部分则进入"封建法"传入印度的18世纪,进而探讨布莱克斯通的《英格兰法律阐释》。

---

　　① 从布莱克斯通到波考克的历史学家均引用过斯佩尔曼的著作,特别是他的《封地与保有权》。斯佩尔曼的著作为人们理解英格兰封建法的编史学奠定了基础。布莱克斯通的研究深受斯佩尔曼的影响,他在《英格兰法律阐释》中多处引用斯佩尔曼。参见布莱克斯通在第一卷撰写的引言。关于波考克,参见 J. G. A. Pocock, *The Ancient Constitution and the Feudal Law*, p.119,以及该书第5章(章节标题为 "The Discovery of Feudalism: Sir Henry Spelman")。

示播列

这些果实的名称完全不像撒克逊语中的古老名称，就像以法莲人（Ephramites）的言语暴露出自己所属的族群一样，这些果实也通过这些名称而发现，它们乃是诺曼人后裔培育的果实。[1]

上面这段话摘自《封地与保有权》，在这段文字中，暴露出自己来历的法语名称被斯佩尔曼界定为封建法的术语，比如"监护"（Wardship）、"救济"（Relief）和"侍从"（Livery），这些术语在斯佩尔曼时代的英国法学中颇为常见。斯佩尔曼援引旧约圣经《士师记》（12:1–15）当中示播列的故事，以澄清两种界限。一个是族群之间的界限，因为这些术语暴露出的是诺曼人的族源，而不是撒克逊人的族源；另一种则是时间上的界限划分，对斯佩尔曼来说，1066年的征服在英格兰封建法和欧洲权力格局之间划出了一条时间上的界限。在斯佩尔曼看来，撒克逊人施行的封建法是关乎"封地"和军役的法律，遵循的是"日耳曼人的古老方式"。但从历史上看，诺曼人引入的封建法主要是后来法兰西人处理封建贡赋（feudal aids）或封建"申诉"（grievances）的法律习惯，这种法律被法兰西人传布到"他们众多的殖民地"。[2]斯佩尔曼提及的示播列就如同《士师记》（12）中的故事，因而势必涉及（语言和地域的）边界跨越、部族暴力与主权征服。他从16世纪的法学家那里清楚地了解到，封建语源学处于最前沿。

然而，《封地与保有权》背后的故事关系到另一种征服——

---

[1] Henry Spelman, *Feuds and Tenures*, in *Reliquiae Spelmannianae*, p.24.

[2] Henry Spelman, *Feuds and Tenures*, p.5. 斯佩尔曼认为，这些法律习惯随着诺曼人在"他们的众多殖民地"中"植入"而传播开来，同上。

对爱尔兰的征服。《封地与保有权》直接回应了1637年发生的一个著名的法庭案件，即引起全体爱尔兰法官争论的不完整所有权委员会（ *the Commission of Defective Titles* ）所产生的保有权案件，其内容关乎查理一世统治下的英格兰对于爱尔兰土地的重新分配和殖民控制。[①]成立不完整所有权委员会的目的，本是重新审查爱尔兰土地所有者的土地保有权，该委员会在查理一世的统领下又重新设立起来，目的则是从主要由天主教的"古英格兰人"所持有的爱尔兰土地中攫取或征收更多的资产收入。[②] [55] 到1637年，该委员会在温特沃斯爵士（Sir Thomas Wentworth）的监管下为国王增加了超过3000英镑的年收入。[③]在"保有权案件"中，法庭援引了封建术语的历史，但为了撤销土地持有证并作出有利于王权的判决，法庭拒绝接受斯佩尔曼在《考古释义》中讲述的封建术语的历史，取而代之的是塞尔登在1631年的《爵位封号》中讲述的历史。斯佩尔曼的《封地与保有权》本身回应了这种挑战，该书结合语文学的精彩技艺，极力强调了"封地"历史上至关重要的领地暴力和领地征服。

---

①　关于当时对斯佩尔曼回应该案件的讨论，参见Gibson'preface, in *Reliquiae Spelmannianae*；关于该案件的背景与政治动机，即试图削弱爱尔兰土地保有权所得到的保障，而非最大限度地有利于王室，参见Paul Christianson, *Discourse on History, Law and Governance in the Public Career of John Selden, 1610-1635*, pp.297-298。关于不完整所有权委员会以及该委员会在政治和经济上追求的目标，参见Aidan Clarke, *The Old English in Ireland, 1625-42*, pp.111-124。

②　正如克拉克的解释："old English或sean-Ghaill一词在17世纪早期通常用于描述从诺曼人入侵时期至宗教改革前后殖民爱尔兰的那些殖民者的后裔；new English一词则指后来的殖民者及其后裔，他们与其先祖的主要区别在于他们那些新教形式的信仰"。见Aidan Clarke, *The Old English in Ireland*, p.15。

③　Aidan Clarke, *The Old English in Ireland*, p.113.

在"保有权案件"中，法庭为作出有利于国王的判决，依靠了不久之前由塞尔登和斯佩尔曼所阐述的法律起源的故事。法庭拒绝接受斯佩尔曼的学说，即封建法是随着诺曼征服传入英格兰的，他们接受了塞尔登在1631年版的《爵位封号》中所表达的观点：封建法自盎格鲁-撒克逊人的时代起就一直延绵至今。在讨论这些叙事的过程中，法庭不但明确排除了许多支持英格兰保有权早于新的"封建法"叙事的法律材料，比如布拉克顿（Henry Bracton）的《英格兰法律与习惯》（*De Legibus et Consuetudinibus Angliae*），而且还严格按照这种新近的封建编史学来判断相关土地专利权的有效性。[①]法庭明确承认"封建法"是关于主权的讨论，而且也是一种可能有利可图的财产学说。苏格兰作家克雷格（Thomas Craig）在建议詹姆斯一世采纳这种法律的时候就专门强调了这一点，他在1603年把自己所写的《封建法》（*Jus Feudale*）一书献给了詹姆斯一世：

> 不管不列颠的土地被划分到什么程度，每英亩的土地都应该无条件地归陛下所保有（用我们的法律表述），而且每一块土地的所有权都应该承担一位忠实仆从的义务。[②]

---

① 塞尔登关于英国封建法自撒克逊时代以来就存在的历史论断，使法官能够推翻相关的土地授予可与土地保有权（已被判定为"不完整的"）相分离的论点，从而完全废止土地持有人的专利权，"包括土地的专利权和保有权的专利权"。"The Case of Tenures Upon the Commission of Defective Titles," in William Molyneux, *The Case of Ireland*'s *Being Bound by Acts of Parliament in England, Stated*, p.228。委员会一开始的前提假定是，詹姆斯一世最初授予的土地需要的是直属王室的土地保有权（tenure-in-capite，这是对国王最有利的保有权），而不是通过保有制（socage）持有的普通保有权。因此，该专利权在保有权方面被认为是不完整的，问题于是也就变成了土地的授予是否能与由此持有土地的保有权相分离。

② Sir Thomas Craig, *Jus Feudale*, I, p.x. Nam si tota Britannia in partes

　　正是本着这样的精神，法庭借用了塞尔登和斯佩尔曼的封建编史学，其目的不但是撤销这个案件中存疑的土地持有证，还要像克里斯蒂安松（Paul Christianson）所说的那样，"为王室扩大土地所有权的权利主张提供支撑，这种主张会严重破坏先前稳固的土地保有权"。[①] 在这一点上，法庭具有了双重的讽刺意味，因为塞尔登对抗王权的斗争已经促使他改变了自己在 1614 年版的《爵位封号》中所持有的立场，那一版的《爵位封号》认为，封建法是诺曼人引进的法律。塞尔登反对绝对专制的主张，以及他要从撒克逊人时代以来的历史中寻找证据证明一种"古代宪法"的意愿，都促使他改变了自己的观点，因而在 1631 年版的《爵位封号》中，他又提出了封建延续性的观点。[②] 塞尔登并没有意识到的是，被我用来作本章开篇引言的那段献词中的地理想象，其实已经明确界定了他的主题。

奴隶制与示播列

　　斯佩尔曼撰写《封地与保有权》是为了回应法庭的判决词：

---

vel minutisisimas secetur, nulla erit, quae non in Feudo de M.T. teneatur (ut in foro loqui solemus) nulla quae non fidem debeat. Epistola Nuncupatoria, *Jus Feudale*, ed. Luther Mencken (Leipzig: Johan Gleditsch, 1716)，序言，无页码标注。克雷格曾在巴黎做封建法研究，他在献给苏格兰王詹姆斯六世（即英王詹姆斯一世）的序言中鼓吹了英格兰法律和苏格兰法律的统一。笔者在第一章提及，克雷格认为封建法具有君主制和中央集权的特征。这一观点今天看来有些奇怪，但在当时却是一种普遍的观点。

① 　Paul Christianson, *Discourse on History*, p.297.

② 　参见 Paul Christianson（同上）。对塞尔登试图限制王权的讨论散见于全书，第二章讨论了他在关于权利请愿书的论辩中起到的积极作用。另参见 Berkowitz, *John Selden's Formative Years*。

> 亨利·斯佩尔曼爵士弄错了，他在他的《封地术语释义》（Glossary verbo Feudum）中将英格兰的封地起源归为诺曼征服。[56]事实清楚表明，直属于国王的保有权（Capite Tenures）、通过骑士效劳获得的保有权，以及农役租佃（Socage）保有权、自由教役保有权（Frankalmoigne），等等，都是撒克逊时代很常见的保有权。①

斯佩尔曼用示播列的故事反驳了这个判决，他藉此阐明了封建编史学的领土主张在政治上的利害关系，同时也表明，法庭虽然为了作出有利于国王的判决，拒绝了他对封建起源的看法，但却某种程度上更加准确地诠释了封建的逻辑。对于斯佩尔曼回应的结论，我会在下文讨论，这个结论将诺曼人的"封地"界定为"实际上从农奴租地法衍生出来的"地役（servitude），从而强调了这种逻辑的含义。这个观点让人想起了上一章探讨过的一个议题：迪穆兰和博丹对主权和奴隶制的分析。斯佩尔曼也由此揭示出关于"封建法"的主权话语通常在多大程度上与奴隶制相关。

到"保有权案件"发生的时候，诺曼征服之于英格兰主权的意义，对于国王和议会之间数十年的争论而言已经变得至关重要。议会就1628年呈交给查理一世的权利请愿书所进行的辩论，明显集中于如下问题：如果威廉一世利用征服权利强制推行了法律，那么英格兰法律确立的基础就是不受限制的君主权力，而且，这种法律本身也会是绝对君主制的论据。因此，下议院费尽心思，执意坚称，威廉已经与英格兰达成契约，明确肯定了他们现存的法律；或者说他们坚持认为，《大宪章》已经借助一份君主协定依法限制了国王的权力。②当然，这并不是一场孤立的争论。它

---

① "The Case of Tenures", p.201.

② Corinne C. Weston, "England: Ancient Constitution and Common Law",

涉入了整个欧洲围绕主权问题所展开的激烈斗争，而同样提出合法性问题和征服问题的宗教战争与争夺殖民地的战争，又进一步加剧了这场激烈的斗争。比如说，法学理论家和神学家苏亚雷斯（Francisco Suárez）所写的《论法律》（De Legibus［1612］）就是很多议会讨论的焦点，苏亚雷斯曾用他的《捍卫天主教和使徒信仰》（Defence of Catholic and Apostolic Faith）一书驳斥了詹姆斯一世的忠诚宣誓，其著作主要以自然法为依据，在国际法讨论中具有举足轻重的地位。①

　　用明显具有施米特色彩的话说，对主权的定位至关重要。举例来说，在争论权利请愿书是否应该包含对国王绝对权力的"保留"时，上议院的梅恩华（Philip Maynwarning）和下议院的梅森（Robert Mason）从苏亚雷斯的著作中引用了同一个章节，以论证国王是否不受法律约束——特别是确定英格兰国王是否可以被《大宪章》这类限制"征服者拥有绝对权力"的法规所制约。②下议

pp.379–385; J. G. A. Pocock, *The Ancient Constitution and the Feudal Law*, pp.299–302.

　　①　对苏亚雷斯的讨论，参见 Richard Tuck, *Natural Rights Theories: Their Origin and Development*, pp.54–57；Anthony Pagden, *Lords of All the World: Ideologies of Empires in Spain, Britain and France, c. 1500-1800*, pp.97–100；James Tully, *A Discourse on Property: John Locke and His Adversaries*；Quentin Skinner, *The Foundations of Modern Political Thought*, vol. 2, chapter 6；Howell A. Lloyd, "Constitutionalism", pp.292–297。

　　②　梅森引用苏亚雷斯来支持国王受先前成文法及执政协议约束的观点："我希望引用一个耶稣会士的观点，这与梅恩华博士歪曲这位耶稣会士的观点一样是合法的。"苏亚雷斯在其首部著作《论法》（De Legibus）的第17章以下述文字表达了其观点："在那些本身既非邪恶又非不公的事情上，国王权力的广度与限度取决于人的判断，以及国王与王国间达成的古老协议或契约"（Amplitudo et restriction potestatis regum circa e aquae per se mala vel injusta non sunt... pendet ex arbitrio hominis et ex antiqua conventione vel pacto inter reges et regnum）。*Commons Debates* 1628, ed. Robert C. Johnson et al., vol.

院的议员是要努力克服主权概念的局限性，即主权者外在于法律秩序同时又内在于法律秩序的悖论，对于这种局限，苏亚雷斯也提供了更加详尽的讨论。[①]梅森也因此而承认："征服者不受法律约束，但拥有发布法律的权力。他的意志就是一种法律。"[②]［57］梅森的假定简明扼要地抓住了基本的政治问题，该问题由阿甘本重新进行了表述：

> 主权者是区分暴力和法律的模糊点，是暴力转变为法律和法律转变为暴力的出发点。[③]

苏亚雷斯思考了国王可以正当接掌权力的各种方式，由此引出这样的悖论：真正的权力并不是天然即有的，也不是自然法所规定的，它一定最终源于共同体的同意；然而，当王权基于战争而产生时，登基为王"这样的方式"就像集体选择和世袭继承一样，"某种意义上也包含了国家的同意，不管这种同意出于明示还是［不言明的］适时认可"。[④]这种矛盾总是徘徊在"国内"和"国外"的国家事务中（就像今天一样）。

3, p.528。根据编者的标注，引文出自第五卷，第17章。另参见页536、540、549及550。

①　Carl Schmitt, *Political Theology*, 7.

②　*Commons Debates 1628*, ed. Johnson, vol. 3, 528.

③　Giorgio Agamben, *Homo Sacer: Sovereign Power and Bare Life*, 32.

④　atque ita etiam ille modus quodamodo includit consensum reipublicae, vel exhibitum, vel debitum. Francisco Suárez, *De Legibus ac Deo legislatore*, vol. 1, p.207; trans. Gladys L. Williams et al., vol. 2, p.385. 苏亚雷斯认为，惟有"正义之战"才能赋予正当的统治权，但是，在他看来，成功的正义之战是对国家错误行径的惩罚，战争能够以溯及既往的方式证明自身——特别是为了一种基督教事业而发动的战争。因此，被征服的国家"势必服从和默认这种征服"。同上。

英格兰法学家接受"封建法"叙事及其与奴隶制的关系时，恰逢国王在美洲开始用将被整合到封建编史学当中的保有权术语——就像在"保有权案件"中那样——发布公地持有证，在我看来，这并不是巧合。我在这里无法充分探讨这个问题，但我想指出的是，英格兰进入"封建法"的那种有意识的姗姗来迟，与它在欧洲殖民地争夺中自认为迟误，以及与它努力通过统治爱尔兰来弥补这种滞后之间，存在某种关联。①

当然，苏亚雷斯是在西班牙奴隶贸易和征服美洲的大背景下写作的，关于征服者和人民之间的契约所具有的合法性，他所提出的论点也与奴隶制得到的某种认可有关（人人生而自由，但一个人可以通过契约放弃他的自由）。事实上，通过以奴隶制的例子来说明主权者的权力，苏亚雷斯揭示了奴隶制与主权之间的关系：

----

①　早在1901年，梅特兰就注意到英格兰法律传统与大陆法律传统及殖民地宪章的颁布之间的复杂关联，尽管这个问题并不是我讨论的重点所在。梅特兰指出，马里兰于1632年被封授给巴尔的摩领主，这与宾夕法尼亚被封授给威廉·佩恩（William Penn）一样，都"拥有并保有自由永佃权"；1620年，新英格兰议会被授予特权，东印度公司在1669年被授予孟买港口和岛屿的特权，到1670年，哈德逊湾公司也被授予一种特权，这种特权"就如同肯特郡东格林威治庄园的特许权一样，既非直接从王室获得，也不是通过提供骑士效劳来获得"。F. W. Maitland, *English Law and the Renaissance*, pp.32, 93, 94 (n.68–70)。关于这些保有权及其法律史的详实讨论，参见 Viola Florence Barnes, "Land Tenure in English Colonial Charters of the Seventeenth Century", pp.4–40。帕格登简要探讨了18世纪殖民者对这种封建地位的争论，Anthony Pagden, *Lords of All the World*, pp.132–136。塞尔登对封建编史学的敏锐运用与他其他作品——特别是《海洋封闭论》（*Mare Clausum*）这部捍卫英格兰"海洋所有权"的自然法专著——之间的关系，尚需更多的研究。尼德汉姆（Marchamont Nedham）在其翻译的《海洋封闭论》一书中附了一首诗，题为"海神致英联邦"（Neptune to the Common-Wealth of England），诗中提及英格兰在东印度群岛落后于西班牙和比利时人的状况，并期待英格兰能够借助"西北方向的发现"，获得荣耀与财富，*Ownership of the Sea*。

　　一旦权力移交给国王，国王就经由这样的权力，展现出甚至比授予其权力的王国更高的地位。因为通过这样的授予，王国已经臣服于国王，并丧失了之前的自由。奴隶的情形显然在某种程度上也是如此，我们以举例的方式提到过这一点。此外，根据同样的论证，国王不可能被剥夺这种权力，因为国王是这种权力真正的所有人。①

　　正如前一章所述，斯佩尔曼和塞尔登所援引的封建论者，在整个16世纪，都是在关于"封建法"之"起源"的编史学话语中，以这些术语来讨论主权和奴隶制的定义。

　　在"保有权案件"中存疑的土地持有证，已经在笔者这里所考察的术语中得到正式的制度性界定：法律与政府、主权与臣服。在《爱尔兰从未被完全征服的真正原因》(*A Discovery of the True Causes Why Ireland Was Never Entirely Subdued*)中，[58]詹姆斯一世的爱尔兰首席检察官戴维斯(John Davies)讨论了英格兰人在爱尔兰的土地改革，并批评了从亨利二世到亨利三世的英格兰国王，因为这些国王都没有完成征服的任务。然后，戴维斯又赞扬了詹姆斯一世，因为后者的军事行动十分彻底，而且还通过确立英格兰的法律，巩固了对爱尔兰的征服：

　　　　在此之前，对法律的忽视令[爱尔兰的]英格兰人堕落成了爱尔兰人；另一方面，对法律的执行现在又使爱尔兰人

---

　　① translata potestate in regem, per illam efficitur superior etiam regno, quod illam dedit, quia dando illam se subiecit, et priori libertate privavit, ut in exemplo de servo, servata proportione, constat. Et eadem ratione non potest rex illa potestate privari, quia verum illius dominium acquisivit. *De Legibus*, vol. 1, 208; tr. vol. 2, 387.

变成了文明的英格兰人。①

这种征服的关键因素，是通过两个委员会彻底改革土地的所有权，其中一个委员会就是在"保有权案件"的争议中授予土地持有证的不完整所有权委员会：

> 但是现在，自从陛下加冕为王以后，英格兰已经派出两个特别委员会，负责解决和确定爱尔兰的一切所有权：一个负责接受降服的爱尔兰人和堕落的英格兰人，并负责根据普通法程序向他们重新授予产权；另一个则负责巩固不当权益——委员会在执行过程中曾对解决并确定承租人的权益给予特别关注，最后可能安置并确立了整个王国内的所有臣民的产权，包括领主与佃农、自由保有者和农民。②

戴维斯很清楚自己的观点：整个不列颠岛"都被归为陛下的和平占有，而且全岛各个角落的所有居住民也都直接臣服于陛下"——这恰恰是克雷格用来向詹姆斯一世和詹姆斯六世推荐封建法的说法，也是苏亚雷斯用来描述经过"同意"的主权者权力的说法。③通过将军事征服和制定法律改述为"和平占有"和"直

---

① Sir John Davies, *A Discovery of the True Causes Why Ireland Was Never Entirely Subdued*, p.217. 关于戴维斯和不完整所有权委员会的成立，参见 Hans S. Pawlisch, *Sir John Davies and the Conquest of Ireland: A Study in Legal Imperialism*。斯宾塞（Edmund Spenser）已经在英格兰的诺曼征服与英格兰对爱尔兰的征服之间建立了概念上的联系，斯宾塞主张通过基于诺曼先例的征服权在爱尔兰实施英格兰的普通法，见 Edmund Spenser, *View of the State of Ireland*, 1596。

② Sir John Davies, *A Discovery of the True Causes*, p.219.

③ Sir John Davies, *A Discovery of the True Causes*, p.224.

接臣服"，戴维斯揭示了法律与构成"文明"秩序的暴力之间所具有的模糊性（"爱尔兰人成为文明的英格兰人"），当然，"文明化"的逻辑总是萦绕着这样的模糊性。

斯佩尔曼对封建用语所做的时间划分，恰恰是在法律与暴力、自由与奴役之间的模糊之处分隔了英格兰的历史与封建法。他始终认为，法庭误解了他早年所写的《封地与保有权》，这部作品区分了撒克逊人的封地与"英格兰法律今天所注意到的这类封地"——也就是说，为了做出有利于国王的判决，法庭需要一种说法，以表明封建法起源于征服之前。最后，斯佩尔曼用一段历史反驳了法庭判决的正当性，并阐述了这种反驳的合理性依据：

> 我并没有说过，是他［威廉一世］在一般意义上首次将封地或军事役务带入了英格兰，这并不是我的意思，我只是说他带来了役权（Servitudes）和封地申诉（Grievances of Feuds），即监护、婚姻等诸如此类的事宜，［59］这些对于受封建法（Feodal Law）治理的其他民族来说直到今天也是闻所未闻。军事役务（servitia Militaria）和兵役负担（servitudes Militares）之间有很大不同。一个是英雄的、高贵的，具有很高的荣誉，因而在过去，任何非自由人出身的人都没有承担这种役务的资格，国王的儿子也不可以（就像维吉尔诗歌中出现的那样）。在这个方面，我们撒克逊人同样是非常谨慎的，他们认为战士的护盾是**自由的象征**（insigne libertatis）。另一个不仅仅是卑贱的、仆从性质的，而且甚至源自奴役。但愿这些话不会冒犯了谁，我也不会再说什么了。①

通过这种语言上的决定性区分，斯佩尔曼径直切入了法庭援

---

① Henry Spelman, *Feuds and Tenures*, p.38, p.46.

用封建编史学的逻辑，并给出了他的用语"示播列"（shibboleth）
含义：要详细论述的差别是军事役务与兵役负担的差别，这是自
由与奴役之间的区分。以德语口音或法语口音说出来的封建法
（Foedal Law）就是示播列。就像shibboleth这个单词会显示出强烈
的差异一样，"封建法"本身没有对自由与奴役进行纯粹的区分，
它在主权话语中的界线是模糊的，在苏亚雷斯讨论的主权者权力
中，这种悖论显而易见，并且很快就被霍布斯和洛克所接受。由
于"封建法"的编史学概念是作为协调主权悖论的一种手段而出
现的，所以，这个概念就像很快与之紧密相连的"中世纪"一样，
始终是特权的根源和被谴责的过去——这是一种两难境地，同时
也是作出区分的用语（shibboleth）。

时间与示播列

17世纪英格兰关于诺曼征服和封建法的争论，就像之前欧洲
大陆的争执一样，实质上是在争辩如何定位主权的非常状态，也
就是merum imperium——纯粹权力或"剑的权力"，现在，这种权
力在征服者威廉的形象中已经表现得非常文学化。就像欧洲大陆
的法学家一样，英格兰的法学家在历史分期领域和关于法律起源
或法律基础的叙述空间内展开了斗争。塞尔登和斯佩尔曼试图主
导"封建法"叙事的努力清楚地表明，以何种形式来追溯这种叙
事——就像先前它在欧洲大陆一样——对决定主权在当下处境中
的结构来说正变得至关重要，而司法上对这种叙事的倚重也明显
突出了这一点。在这里考察的传统中，"封建法"在这场关于起源
的争论中被历史化，同时又被扩展到了被征服地区。在行使主权
的非常状态中，"封建法"协调了主权的非常状态（在空间和时间
上）的存在与其想象中的基础之间所存在的差异。

用奥特蒙的话来说，"封建法"在一定程度上成功完成了它

的"奥吉亚斯"（Augean）任务，"封建法"的叙事已经抹除了自己出现的过程，并由此成了"真实的"叙事。在波考克考察17世纪英国法律编史学的研究中，[60]我们可以发现这种抹除的结构。波考克批评了英格兰普通法历史学家，特别是柯克，因为他们思想的褊狭——尤其是"他们对封地（feudum）和封建制的忽视"——使他们没能认识到英格兰与欧洲大陆在法律方面的继承关系。这种分析在很大程度上重复了封建论者本身在语言上强调的重点。波考克就像斯佩尔曼那样对柯克作出了这样的评论：

> 事实上，可以肯定地说，他对所有关于英格兰封建法的事实了如指掌，但只有一个事实他不知道，即这种法律是封建的。[①]

在波考克看来，是斯佩尔曼这样的学者"重新发现了"封建制，并由此"重新发现了"英格兰法律编史学的根基：

> 普通法首先是一种管理土地保有的法律，其中所包含的土地保有规则，实际上是以诺曼人引进的军事保有制和封建保有制的存在为前提的。但是，这个事实已经被遗忘了，只

---

① J. G. A. Pocock, *The Ancient Constitution and the Feudal Law*, p.66. 波考克关于普通法方面的律师思想偏狭且无历史素养的定性遭到了严厉批评。在1987年的回顾中，波考克对他的这一观点和他的编史学讨论进行辩护，并作出了改进，但并未修改他关于斯佩尔曼及"封建制"的论述。除了波考克在其回顾中所提到的批评，亦参见 Paul Christianson, "Young John Selden and the Ancient Constitution, ca. 1610–1618," in *Proceedings of the American Philosophical Society* 128 (1984): pp.271–315; Hans S. Pawlisch, *Sir John Davies and the Conquest of Ireland*; Harold J. Berman, "The Origins of Historical Jurisprudence: Coke, Selden, Hale".

能通过比较英格兰法律和那些被宣称为封建法的欧洲大陆法律，才能重现发现这个事实——因为在英格兰，即便是这个词的含义，也基本上被遗忘了。[①]

波考克旁征博引的研究既对该领域的研究产生了巨大影响，同时也极大地推进了该领域的研究进展，因此，波考克这一研究工作的修辞方法和历史假定都非常重要。我之所以特别指出波考克的研究工作，是因为其复杂性，而且，关于诺曼保有制的引入，波考克提出了明显合理的看法，他的分析说明了"封建法"在主权议题中消失的过程。[②]

对于16、17世纪封建法的特定叙述背后所暗含的政治动机，波考克提出了很多令人信服的讨论，在他看来，封建法和封建制都不是一种单一的组织体系。波考克的确关注了封建神话的构建，但他关于"遗忘"和"重新发现"的比喻恰恰也因此割裂了封建法：一个是代表中世纪的封建法，这个封建法出现在现代早期的编史学争论之前；另一个是随着政治上的争论而形式上出现变化的封建法。这样一来，"封建法"不但成了现代早期的解释对象，还成了中世纪的实际存在物，它就像一个外面的大陆一样，在人们试图解释它之前便已预先存在，然而，它最终又成了这种探求事实的编史学。我们可以将这种时间性的工作对应于德塞都所说的劳动，即"促使人们可以理解的事实与必定被遗忘的事实之间做出选择，以获得一种当前可以理解的表述形式，从而使历史的

---

① 同前，p.64。波考克将其中两章标题定为"封建制的发现"，一章讨论法兰西和苏格兰历史学家，另一章讨论斯佩尔曼。

② 当然，波考克并非个例。在重审封建法学家文本的讨论中，几乎所有研究该问题的历史学家都以模糊其史学表现形式的方式，将"封建"和"封建制"写得宽泛而随意，而且带有诸多预设。

书写成为可能"。①波考克关于"遗忘"的比喻完全颠转了这种历史书写，从而进一步强化了这种编史学工作。虽然对德塞都来说，编史学因为开发出一种可以理解的概念而"忘记了"拣选和编排细节的无限可能，但波考克的阐述却将由此产生的概念定位于过去，[61]使之作为编史学必须努力探求的被遗忘的对象。这种对"封建法"书写的抹除确认了编史学的发展轨迹和历史分期，而时间的流逝也波澜不惊。

随着时间的推移，封建法和殖民地的活动看起来变得风马牛不相及，而它们之间的复杂纠葛如何协调了主权的非常状态中所存在的分歧，这个过程也变得隐而不彰。正是在这种状态下，封建法扬帆前往印度。

法律的结构

> 1789年8月11日的著名法令宣布："国民议会彻底废除了封建制。"自此之后，谁会否认曾经真实存在过一种花费巨大代价才被摧毁的制度呢？
>
> ——布洛赫：《封建社会》

1767年4月14日，布莱克斯通罕见地出席了议会会议，他被要求以法学家的身份参与一场英国王室与东印度公司之间的论辩。争论的焦点是，东印度公司于1757—1765年间所获得的孟加拉地方税收和财产占有权，它应该属于王室还是公司所有。这个问题需要对财产问题和主权问题作出详尽的解释。东印度公司的税收长期以来一直是伦敦金融市场的关键所在，七年战争于1763年

结束后，随着公司在1765年担任孟加拉的迪瓦尼（Diwani，拥有孟加拉、比哈尔［Bihar］和奥里萨［Orissa］地区的收税权）而获得即时可见的财富，公司收入作为一个影响国家（军事、外交和经济）事务的问题，重要性也变得日益突出。英国王室对作为"英国人殖民地"的公司财产拥有无可置疑的主权，这一点在1698年的公司章程中有着明确的规定。然而，关于攫取而来的税收，由谁占有（和由此而来的占有权）是很难确定的，因为这需要解释，土地是经由征服所获得（因而属于王室），还是通过商业购买或交易所获得（因而属于公司）。①

事实层面的解释和法律层面的界定都是颇为棘手的问题，这些问题又因东印度公司玩弄手腕而变得更加复杂——公司作出安排，使莫卧儿皇帝在法律上保留对领土的主权，而公司则在事实上拥有这样的土权。就像克莱夫勋爵（Lord Clive）后来向议会下院描述的那样：

> 莫卧儿大帝（*法律上有权势，实际上却根本是无足轻重之人*）……莫卧儿地方长官（*法律上是地方长官，实际上却*

---

① H. V. Bowen, *Revenue and Reform: The Indian Problem in British Politics, 1757–1773*, p.63. 同样存在争议的是，在这一点上做出最终决定的应该是议会还是法院。关于这场争论的详细叙述，参见 H. V. Bowen, *Revenue and Reform*, chapter 4，我概述的大部分内容都是以此为基础；另参见 Lucy Sutherland, *The East India Company in Eighteenth-Century Politics*, chapter 6。关于4月14日论辩的简要概述，参见 "Parliamentary Diaries of Nathaniel Ryder, 1764–7", in *Camden Miscellany* XXIII, ed. P. D. G. Thomas, pp.338–340。布莱克斯通的演讲显然没有被记录在内。关于东印度公司获取该领土的记述——从1757年普拉西战役到担任迪瓦尼，参见 H. V. Bowen, chapter 1; Walter Firminger, *Affairs of the East India Company: The Fifth Report from the Select Committee of the House of Commons*, vol. L, introduction, chapter 1; Lucy Sutherland（本注释前引书），chapter 8。

是东印度公司最忠顺的卑微仆从）。①

主权无处不在而又处处不在，这暗示了征服与商业之间悬而未决的关系——在法律体系的界限范围内，这又是一种无法处理的关系。关于这个问题，[62] 各种说法贯穿了东印度公司的整个历史，这些说法都取决于要求封建制与之协调的财产问题和主权问题。②

这个棘手的、政治上会带来严重后果的问题，并没有在1767年得到一劳永逸的解决，而是仅仅达成了和解，悬而未决的问题在之后的数十年间继续困扰着不列颠政府和东印度公司的关系。帝国征服与商业征服的计划往往同商业利益密不可分，这也威胁到那些和解协议的稳固性，而这样的威胁又在议会对于东印度公司管理机关在政治和经济上的重大利益，对于奴隶贸易的废除，以及对于增加国家债务的专制能力（也与帝国事业有关）所展开的争论中得到了调解。③然而，本文这里关注的是这种争执的根据

---

① 经过多年的军事斗争和外交斗争，公司从莫卧儿皇帝那里获得了迪瓦尼，而作为回报，公司承认皇帝在法律上的主权地位，并保证每年支付贡品。参见 H. V. Bowen, *Revenue and Reform*, p.10。

② 在18世纪中叶，东印度事务作为一个国家问题和经济问题受到了关注，在1765年收购迪瓦尼公司到哈斯廷斯（Waren Hastings）受审（1787—1795年）之间又占用了议会大量时间——关于同样的财产权问题和主权问题，这在国内政治中是以封建主义理论为基础的。参见 Robert Travers, *Ideology and Empire in Eighteenth-Century India*。有学者还指出，在18世纪80年代，印度消耗的议会时间比其他任何问题都多，见 Frederick Whelan, *Edmund Burke and India: Political Morality and Empire*, p.4。许多关于18世纪政治的叙述都抹杀了18世纪80年代的东印度事务在实质上的重要性。波考克那举足轻重而又颇具影响力的著作就特别体现出他对印度事务的无视，尽管他从美洲殖民地的角度对帝国进行了充分的讨论。

③ 关于当时学者对这些相互交织的问题的讨论，参见 David Hume,

和理由，为此，我们可以诉诸布莱克斯通的《英格兰法律阐释》，该书的前两卷在1765和1766年甫一面世就受到了好评。[①]布莱克斯通在思考这样一个问题时，会把何种历史研究作为关于征服和商业的法律观念的基础？

法律的虚构

在布莱克斯通看来，英格兰的法律扎根于历史，正如利伯曼（David Lieberman）指出的，这种理解方式秉承18世纪的模式（最晚近的例子是孟德斯鸠），将理性研究放在了历史探究当中，它同时也符合布莱克斯通本人的信念（这种信念深深植根于当时向过去寻求权威的政治争论），即历史为现代法律体系提供了解释力。然而，自然法影响了布莱克斯通的历史思考，构成了这种思考的基础，这种关系对本文这里的讨论来说也是非常重要的。布莱克斯通从未陷入历史决定论，他以法律理论平衡了法律史：他一方

"Of Public Credit"。对这些争论及其用语的讨论，参见 J. G. A. Pocock, *Virtue, Commerce, and History*（尽管波考克从未讨论过东印度的殖民环境）。关于休谟对这些问题的讨论，参见 Ivstan Hont, "The Rhasody of Public Debt", pp.321–348。正如洪特（Ivstan Hont）所言，休谟的《论公共信用》和《论权力平衡》（"On the Balance of Power"）"同样可以被冠以'论普世帝国'的标题"。在1783年关于皮特（William Pitt）的议会改革提案、福克斯（Charles Fox）的东印度法案动议和西印度群岛奴隶贸易的争论中，人们可以找到相关例证来说明议会各个派系在这些论点形成过程中所运用的逻辑和道理，*The Parliamentary History of England*, vol. 28, pp.826–875; pp.1187–1213; pp.711–714; pp.1207–1210。

①　布莱克斯通四卷本的《英格兰法律阐释》的第一版问世于1765—1769年；在他1780年去世之前，该作历经了八个版本。参见 David Liberman, *The Province of Legislation Determined: Legal Theory in Eighteenth-Century Britain*, p.31。

面坚持认为民法在古代习俗中有其合法性的基础，另一方面又坚决强调，法律是理性的完善，因而有悖于理性的法律裁决并"不是法律"。[①] 然而，正如利伯曼所指出的，布莱克斯通设法"回避了历史解释与道德论证之间的任何谨慎的区分"。[②]

布莱克斯通解决这种分歧的策略，说明了征服与商业在他所说的法律之中存在什么样的关系。在我看来，布莱克斯通在《英格兰法律阐释》中以自然法（理性与普遍历史）和英格兰法为基础建立的法律体系，在征服与商业的破坏节点上发生了置换——领土征服的破坏和商业的历史性破坏密不可分。换句话说，道德论证和历史解释恰恰是在破坏的节点上结合在了一起。[63] 它们置换的术语是封建术语和殖民术语，这两种术语在一种复杂多变的时空网络中联系在了一起。在笔者看来，布莱克斯通的论述给人一种很强的逻辑感，让人认为这种法律的遗产就是从18世纪这一刻出现的，而且，如果人们要考虑一种兼容分歧和差异的伦理，而不是完全接受基于某种排他性历史主义的法制体系，我们就需要找出关联历史与伦理、中世纪与殖民地、商业与征服的那种破坏的范例。

1767年4月在议员席上争论的征服与商业的问题，已经并且将继续成为涉及面更广的一个激烈的政治争论议题，争论一方是那些支持以商业为目的的全球远征的人，争论另一方是那些维护帝国征服权利的人，而这场争论直接关系到王室与议会在主权问

---

① William Blackstone, *Commentaries on the Laws of England*, 4th ed., vol. 1, p.70. 我会按照此版本来标明卷号与页码。

② David Liberman, *The Province of Legislation Determined*，一般参看第1章；引文出自页49。利伯曼指出，布莱克斯通的读者经常发现他在自然法与历史法的关系上存在矛盾龃龉之处（p.49）。他与自然法保持距离，可能某种程度上是他在抵制激进理论家援用自然法和原初契约。然而，我的观点是，布莱克斯通既需要自然，也需要历史，即便他无法实现两者的调和。

题上的历史性冲突。^①布莱克斯通以非常合乎逻辑的方式将这种争论归类为财产问题，他还在"论物权"那一章的开头部分提出了关于殖民征服的话题。由于财产权已经被布莱克斯通界定为自然权利，而继承权又被他界定为公民权利（因而也是历史性的权利 [I 1–5]），因而在借此讨论自然法的同时，布莱克斯通又表明了自己对于帝国征服的鲜明立场。在讲述一个社会发展的普遍化故事的过程中，布莱克斯通将某个社会发展的普遍化故事模糊地设定在圣经时代的早期，这个故事主要关注畜牧和早期农业的需求，他谈到了"移民或派遣殖民群体去寻找新聚居地"的问题。他先证明耕种无人居住区的土地完全符合"自然规律"（ law of nature ），之后骤然打断了自己的叙述框架，直接提到了当代的殖民争论：

> 然而，占领已经有人居住的地区，并驱逐或屠杀当地手无寸铁的无辜居民，仅仅是因为这些地区的居民在语言、宗教、习俗、政体或肤色上与入侵者不同，这种行径在多大程度上符合自然、理性或基督教呢？那些以此方式教化人类，进而借此让自己千古留名的人应该好好想一想这个问题。（ II 7 ）

在这里，道德上的背离作为一种不正当的行径突然出现在叙

---

① 这些争论也涉及美洲殖民地的问题。参见 J. G. A. Pocock, "Political Thought in the English-speaking Atlantic, 1760–1790: The Imperial Crisis"。谴责征服的理由多种多样。比如休谟就反对帝国的征服战争，他陈述的是经济上的理由：战争增加了国民债务，某种程度上有损于商业的发展。参见 David Hume, "Of Public Credit", "Of the Balance of Power", in *The Philosophical Works of David Hume*。其他许多学者也认为，在没有获取领土所需的军事开销和行政开支的情况下，商业统治是最合理的经济政策。参见 H. V. Bowen, *Revenue and Reform.*

事的序列中，直至当代的殖民征服——在欧洲文明的故事截止之时或这个故事开始之前——确立了财产的基本道德原则。在这种背离自然法和叙事序列的双重背离之间，道德论证和历史解释相遇了。布莱克斯通没有给出其他违背自然法的例子，他立即回到遥远的过去，回到他对正在发展演化中的财产观念的叙述中，文明的发展最终会为此而需要民法。殖民地的暴力此时是法律的基础，因为它确保了自然、理性乃至基督教的原则。然而，随着这种暴力转向源始时间——有一种假定认为，这是存有疑议的"当地人"的时间——殖民征服站在了民法之前，而民法在布莱克斯通的叙述中既在欧洲人之间作出判决，[64]同时也在封建的过去和商业的现在之间作出判决，而商业的现代并不会出现已经被消除的"当地人"。

背离道德的征服默默地俯瞰着布莱克斯通关于英格兰封建法基础的民族主义叙事，同一卷的后续几章同样讲述了这个故事。对布莱克斯通而言，了解英格兰民法构成和土地产权的基础是"封建法，这是过去十二个世纪整个欧洲普遍接受的法律体系，斯佩尔曼爵士却无所顾忌地称之为我们西方世界的万国法"（II 44；比较 I 36）。不过，这种封建遗产同样提出了塞尔登和斯佩尔曼在上个世纪所碰到的主权问题和征服问题，因为在布莱克斯通看来，封建法是被诺曼征服引进英格兰的，其中蕴含的可怕含义是，英格兰法律的这种重要的基础是殖民暴力之举，是对古代宪法的破坏。此外，布莱克斯通还认为，根据封建法律，所有土地由国王持有，这给他的辉格党感情带来了难题。①

布莱克斯通希望英格兰有一种欧洲的过去——据他敬仰的前

---

①　关于诺曼征服的长期争论——其中还涉及诺曼征服是否的确是一次征服的问题，参见 J. G. A. Pocock, *Ancient Constitution and the Feudal Law*，特别是第 2 章和第 7 章；R. J. Smith, *The Gothic Bequest*；William Klein, "The Ancient Constitution Revised"。

辈的看法，这意味着一种封建的过去——而不是一种被法兰西征服的过去，他为此提出了一个著名的观点：在英格兰，封建法是一种"虚构"。他声称，诺曼人确实在英格兰施行了封建法，但这些封建的术语是法律上的，而不是事实上的。征服是一笔交易：英格兰接受"国家一致同意的变化……由于这一变化，国王是其王国内所有土地的共同领主和最初所有人，这成了我们英格兰土地保有制的基本准则和必要原则（尽管实际上只是一种虚构之事）"（II 51）。而且，他还认为，之后对英格兰人的压迫是因为诺曼人没有坚持这样的虚构：

> 我们英格兰人的祖先可能只打算通过建立一套军事体制来保卫王国；我们的这些祖先还要履行义务，维护国王的权位和领地，他们具有同等的毅力与忠诚，就好像他们已经基于这些明确的条件，从国王的封赏中获得自己的土地，作为纯粹的、正当的封臣封地。然而，不管我们这些祖先的意图是什么，那些熟谙所有封建法的构成细节，并充分了解封建术语之意义与外延的诺曼翻译员，对这种过程给出的解释却非常不同，以至于［表现得］英格兰人似乎在事实上和理论上都应该把自己的一切归功于最高领主的封赏。（II 51）

这与殖民地商业企业的做法有着惊人的呼应，布莱克斯通过坚持主张"彷佛"（as if）的现实性而解决了法律基础上的暴力问题——［65］法律上和事实上的区分保证了英格兰作为主权国家与欧洲国家再叙事层面的融贯性。更为重要的是，"彷佛"的可信度区分了"法律"与暴力，前者是指基于同意而不是暴力的民法体系（因而也具有讨价还价的可能性），后者则是"依法占有"和"屠杀"，这是民法的基础，但也必然在民法之外或先于民法而存在。诺曼征服的破坏不是领土上的破坏；它是对虚构空间的破坏，这种空间将有教养的商业民众与文明的暴力进行了区分。在布莱克斯通看来，英格兰人会通过与诺曼人谈判，进而以放弃回到过去的历史为代价来重构这种空间。

布莱克斯通所说的这类"封建的虚构"反过来会为其他类型的叙事提供融贯性。正如我们将会看到的，十年之后，东印度公司的官员弗朗西斯（Philip Francis）会借用这种叙事来证明孟加拉土地政策的正当性；一个世纪之后，马克思也会倾向于认为，在印度，"就像在封建时代的欧洲一样，君主对所有土地的任何传统所有权都仅仅是一种法律的虚构"。[①]关于英格兰或印度的过去，弗朗西斯和马克思的看法是对是错并不是问题的关键，关键在于，18世纪的封建主义编史学——其形成与殖民事业有关——在考虑一种欧洲未来和殖民未来的计划中进一步加强了自身。

正如殖民征服在布莱克斯通的叙述中先于封建法一样，"商业"的需求在其有生之年要早于"封建的虚构"。这种虚构的传统做法在某种略微不同的意义上已成为法学的核心。"法律虚构"是（而且仍然是）公认的法律实践，这是弥合过时的律例与现时代商业需求之间的偏差所必需的。[②]在第三卷（1768）当中，布莱克斯通特别从封建法的角度阐述了自己的观点，从而为这种经常受到批评的做法进行了辩护。他解释说，商业社会需要"迅速作出权利判定，以便有助于交易和让渡"（III 268）（有人可能会想到东印度公司繁忙的股票交易），这远非旧式的封建律例所能应对，后者的实践活动一直衰退到"整个结构最终被废除"（III 267）。封建律例作为法律赓续的基础，同时也被日常商业贸易的快节奏流

---

① V. G. Kiernan, "Marx and India", in *Marxism and Imperialism*, p.169.

② 当然，"法律虚构"并不是布莱克斯通的术语，而是一个艺术术语。正如利伯曼的解释，这"是法庭为了让普通法的历史形式适应变更的社会环境而使用的正常手段"。见 David Liberman, *Province of Legislation Determined*, p.47。

动所取代，它标志着法律本身必然会有的时代误置。

在最后一次努力捍卫法律虚构，并论证法律的时代误置时，布莱克斯通试图寻求一种隐喻来巩固封建律例的地位，并将其纳入商业活动。他非常看重文学的虚构——我们发现新的哥特式风尚形成于一种不同的语境下，这种语境比奥特蒙的封建法中所呈现的语境要早数个世纪。在这种风尚中：

> 我们继承了一座古老的哥特式城堡，该城堡虽建成于骑士时代，却适合现代的居住者。城堡有壕沟环绕的城墙、[66] 严加戒备的塔楼和富丽堂皇的厅堂，壮丽宏伟而又令人崇敬，但这些毫无用处，因而完全可以忽略。城堡内部的套房现在已变成了宜居的房间，舒畅而宽敞，尽管通向各个房间的过道曲折难行。（III 268）

在布莱克斯通的哥特隐喻中，城堡并不是虚构的。城堡中"曲折难行"的过道代表了他试图解释的"法律虚构"——"虚构和辗转迂回"有碍于步入补救性司法的厅堂，但这是必要而"微不足道的小伎俩"。城堡象征着一个真实的过去，这个过去令人崇敬而又富于战斗精神，其中有着权威的法律结构体系。然而，布莱克斯通的虚构方法告诉我们，进入这样的过去只能通过历史的想象。过去不可思议的重要性几乎成为一种信条，城堡作为一种文学隐喻的作用又进一步强化了这种信条，关于这一点，我们可以援引沃波尔（Horace Walpole）晚些时候所写的那部备受关注的《奥特兰多城堡》（*Castle of Otranto*, 1765）来说明。不过，城堡的高大宏伟（monumentality）可能会反驳这种虚构的暗示：城堡的壮观是可见的。对于伦敦的读者来说，布莱克斯通的想象也可能指的是草莓山庄，此地不远处就是沃波尔笔下那座著名的伪哥特式城堡，这个城堡配有城墙和城垛，而且"适合现代的居住者"。沃波尔的城堡——令人感到怪异的还有布莱克斯通的法律——是下个世纪哥特式建筑复兴的先驱，它纪念了一个民族的过去，并将其作为法律的象征，延伸到殖民地领域。正如毕迪克（Katheleen Biddick）向我们指出的，这个方案令英国大学的专业化与殖民统治的惩戒性实践密不可分，从而确立了结构（edifice）与教化（edification）之间的词源学联系。①

不可否认，就像约翰逊（Johnson）的宝石和拉斯金（Ruskin）的怀旧跨越了事实与法律的边界，哥特式城堡纪念了中世纪的历史过往，建造它是为了掩盖中世纪历史入口处的那些漏洞百出的虚构和现代居住者的焦虑。借用斯皮瓦克（Gayatri Spivak）用来评论马克思的话说，"封建的"和"法律的"虚构是"理论的虚构，是一种方法论的前提，没有这样的前提，一种观点的内在一致性就无法得到保证"。②他们以此详细剖析了他们支持的论点或知识结构——英格兰、现代欧洲和历史分期——之间的分歧。

"封建的虚构"获得稳固的殖民地形式不必等到哥特式的复兴。对于布莱克斯通这类18世纪60年代写作的人来说，封建法将殖民地事务和各种担忧与宗主国的政治争论紧密地交织在一起，但在十年之后，封建法得到了自己的旅行证件。随着封建法在1770年代进入殖民地领域，我们会发现，布莱克斯通的"封建的虚构"正以自己的方式，偕同新兴的政治经济学理论，进入印度的情境中。

---

① Kathleen Biddick, *The Schock of Medievalism*；参见其中题为 "Gothic Ornament and Sartorial Peasants" 的章节。

② Gayatri Spivak, *A Critique of Postcolonial Reason: Toward a History of the Vanishing Present*, p.82.

地产条例

［67］在1767年议会调查东印度公司事务的期间，公司秘书长詹姆斯（Robert James）直言不讳地宣称，"我们要的并不是战利品和权利；商业利益才是我们唯一希求的东西"。[①]詹姆斯无疑在商业/征服的争论中扮演了公司的角色，但是（至少目前来看是如此），公司的许多管理人士为了确保他们拥有的财产能够持久化而赞成对资产的限制。公司董事长科尔布鲁克（George Colebrooke）在1769年向下议院指出，"罗马帝国因领土扩张而解体。让我们试着把这些获得的财物持久化，这样做可以确保大不列颠的繁荣"。[②]"持久性"和"繁荣"在议会和公司关于东印度的讨论中成了关键词，由于东印度公司的滥用职权、丑闻和无能，对持久性和繁荣的关注促使人们发出了改革的呼吁。为此产生的一个结果是，诺斯勋爵（Lord North）的调整法案（1773）向孟加拉派出了一个最高委员会，该委员会由五名成员组成，他们将在孟加拉试着为东印度筹划一种土地政策，该政策将通过确立永久的产权来确保不列颠的持久繁荣和统治。[③]

在《孟加拉地产条例》（*Rule of Property for Bengal*）中，古哈对这个充满争议的过程提供了极具代表性的经典研究。他在这项研究中特别关注了弗朗西斯，后者是1776年征税方案的主要筹划

---

① 引自H. V. Bowen, *Revenue and Reform*, p.68，出处为British Library Add. MSS 18469, f.77。

② 引自H. V. Bowen, *Revenue and Reform*, p.69，出处为British Library Eg. MSS 218, f.134。

③ 参见Lucy Sutherland, *The East India Company in Eighteenth-Century Politic*。另参见Robert Travers, *Ideology and Empire in Eighteenth-Century India*；H. V. Bowen, *Revenue and Reform*；Frederick Whelan, *Edmund Burke and India: Political Morality and Empire*, chapter 1。

人，该方案在经历诸多波折之后，最终成为孟加拉永久居留法的重要基础。永久居留法在1784年的法案中获得通过，康华里勋爵（Lord Cornwallis）于1793年发布的公告则宣布了这项法律的实施，该法律向印度的地产所有人保证，对其土地的核定征税额"永远固定不变"。对于弗朗西斯和这项法律的其他支持者而言，这项法律保障了土地方面的私人财产权，同时又通过农业改革和促进贸易，反过来确保了繁荣。[①]永久居留法遗留的严重后果一直存有争议，[②]但这里关注的重点，一方面是"封建"在最初策划这项方案的18世纪官员的逻辑思路中所起的作用，另一方面则是"封建制"在古哈分析这种逻辑思路的时候具有什么样的角色。"封建制"眼花缭乱地贯穿于地产条例的各个方面，这既是因为弗朗西斯和他的同侪有时会以某种封建的视角来看待印度的财产关系，同时也是因为古哈从另一个角度进行的分析也是出于同样的视角。

古哈虽然敏锐地认识到弗朗西斯对于封建编史学的接受和调整，但封建制与中世纪并不是他的研究对象，而是其研究对象之前存在的范畴。这在关于从属民的学术研究中仍然是事实，尽管如霍辛格所表明的，这类研究尤其是在早年间会经常涉及中世纪

---

① Ranajit Guha, *A Rule of Property for Bengal: An Essay on the Idea of Permanent Settlement*, p.12. 古哈在第11页提供了康华里勋爵发布的1793年公告文本。关于居留法的讨论、对居留法的误解以及居留法对产权状况变化的影响，特别是对比哈尔邦产权状况的影响，参见 Gyan Prakash, *Bonded Histories: Genealogies of Labor Servitude in Colonial India*，特别是第3章；Walter K. Firminger, *Affairs of the East India Company*, introduction。

② 关于这个问题的讨论，参见 Jon Wilson, "Governing Property, Making Law: Land, Local Society, and Colonial Discourse in Agrarian Bengal, c. 1785–1830"。关于弗朗西斯的计划和1793年施行的居留法之间的差异已经得到诸多研究，但我这里关注的是弗朗西斯方案的逻辑以及古哈对此的解读。

研究者的工作。^①［68］封建制论题，还有希尔顿（Rodney Hilton）这类马克思主义中世纪研究者的工作，在其中具有头等的重要性，举例来说，在《殖民地印度农民暴动的基本问题》（*Elementary Aspects of Peasant Insurgency in Colonial India*）中，古哈的阐述目标就回响着希尔顿对农民起义的解读，这种解读也极大地促进了那些目标的实现，古哈的著作借鉴了各个历史时期和地区的农民研究，但是，中世纪的事例仍然是最主要的。古哈与涉及地产条例的18世纪编史学的交锋和对话，使我们看到了这种编史学在后殖民批判中的持续表现，同时也恰好为中世纪研究者和后殖民主义理论家一起反思历史提供了众多理由中的一种缘由。

时间与"类封建的"

　　1793年的类封建地区——这样的观念为什么来自一个十分推崇法国大革命的人的想法？

　　古哈告诉我们，正是这个问题促使他进行了重要的研究。为了找到答案，他在启蒙运动的新兴思想中探究了这种方案的哲学基础和政治基础。^②古哈并不认同那种普遍流行的看法，即英国在印度实行的政策只是一系列的试验，他详细阐述了东印度公司的政策制定与政治经济思想之间盘根错节而又灵活多变的复杂联系。在他看来，永久居留将启蒙运动在财产、经济和政府界限方面的

---

①　Bruce Holsinger, "Medieval Studies, Postcolonial Studies, and the Genealogies of Critique".

②　Ranajit Guha, *A Rule of Property*, 9. 关于一个主要着眼于19世纪的类似构想，参见 Eric Stokes, *The English Utilitarians and India*。

观念斗争投射到了印度的土地上。然而，通过证明英国官员对东印度财产关系的研究和处理这些关系的努力忠实而可信，他的著作有时又反驳了这样的观点，而且他带入自己话题之中的欧洲视角也一直是他批判的对象。他还断言，"如果未能理解在孟加拉为肆意蔓延的法律精神寻找一张普罗克鲁斯忒斯床的努力，也就无法领会18世纪的想象"。不过，古哈勾勒的是欧洲对印度的单向度影响，这种影响将决定某种秩序的形成，"就像一股强风会形塑沙丘一样"。①

古哈的著作展示了一个不同的故事，这个故事的线索纵横交错，具有多重的方向——从英格兰到印度、印度到苏格兰、苏格兰到法兰西，再从法兰西回到英格兰，又从法兰西、苏格兰和英格兰回到印度。这些线索展现了英国人在印度务实的实践经验如何融入关于封建制和地产的观念斗争中，而这些斗争最终会在弗朗西斯的税收方案中体现出来。古哈厘清了这些时间层面的复杂性，上述引文中的问题框架——将"封建制"等同为法国大革命暴露出来的恐惧幽灵——则解释了原因。事实上，作为一种概念和术语的封建制，直到法国大革命之前的几十年间才出现在欧洲——这几十年是东方主义话语方兴未艾的几十年，也是帝国主义征服战争的几十年，[69] 同时也常常认为是欧洲被带往现代民族国家时期的几十年。② 虽然古哈完全清楚，"弗朗西斯在谈论封建

---

① Ranijit Guha, *A Rule of Property*, pp.21, 19.

② 这种编史学的具体细节在一个多世纪之前就得到了承认。正如19世纪法律史家梅特兰著名的打趣之言，"什么是封建制" 这个问题的答案将是 "一篇早期的比较法学论文"，而对于 "封建制的发展是在什么时候达到完备的状态" 这个问题，他会在 "大约上世纪的中叶" 作出回应。当然，这种认识不会阻碍这一概念的历史发展，在梅特兰和其他人的著作中，这个概念的势头也仍然未减。Frederic William Maitland, *The Constitutional History of England*, p.142。朗所撰写的那篇开创性文章就是基于梅特兰对 "封建制"

制的时候，作为一个历史概念的封建制仍然是一个年轻的概念"，
但他明显和波考克一样相信，封建是"被发现的"。[①]

古哈既用"类封建的"（quasi-feudal）一词来形容弗朗西斯
的方案，同时也用这个词来表示印度的既有现状，这些用法之中
的内在抵牾和相互矛盾都指向"封建制"在空间和时间层面所完
成的工作。英国的管理人员对印度的土地制度无所适从，他们
对这种制度一无所知，"每走一步，他们都会遇到类封建的权利
与义务，但又无法用任何熟悉的西方术语来解释"。[②]在这个意义
上，"类"这个措辞调和了印度制度与西方制度之间不可通约的差

的质疑，见 Elizabeth A. R. Brown, "The Tyranny of a Construct: Feudalism and
Historians of Medieval Europe", p.1064。关于梅特兰对中世纪历史的思考，令
人印象深刻而又恰到好处的解读可参见 Naura B. Nolan, "Metaphoric History:
Narrative and New Science in the Work of F. W. Maitland"。正如布洛赫在其《封
建社会》第一卷的导言中所承认的，"封建制"是作为政治时刻的一种功能
出现在法国的：贵族辩护者布兰维利耶（Boulainvilliers）最早用 féodalité 来
指称一种社会状态，紧随其后的孟德斯鸠在《论法的精神》中又普及和推广
了 lois féodales［封建法］的观念，并使这样的观念成了中世纪欧洲的明显特
征。Marc Bloch, *Feudal Society*, pp. xvii–xviii。

① Ranijit Guha, *A Rule of Property*, p.102.

② 同前，p.13。雷诺兹在她的《封地与封臣》中认为，"封地概念本
质上是后中世纪的概念：它是关于财产本质属性的一系列观念或概念，这种
财产被历史学家定义为封地，其中一些可能不会出现在我们翻译为'封地'
的任何词语所构成的史料中"（p.12）。她在其他地方指出，"关于12世纪之
前的封地和采邑（benefices），人们所知的信息大部分都来自大教堂为保护其
财产所做的记录"（pp.62-63）——换句话说，有特定出处和明确倾向性的
材料来源不能用来推出关于某所有物（这种所有物被解释成封地或采邑）的
通用含义。在《封地与封臣》中，雷诺兹自始至终都认为，封地和 bénéfice
（这是她主要讨论的两个对象）不能以任何概括性的方式进行有益而严肃的
讨论，也不适用于所谓的"封建社会"，现代历史学家已经使它们成为时间
和空间上遍布通行的概念，并经常回到它们从未出现过的材料中进行解读。
这种论点贯穿了雷诺兹的整本书，特别参见第3章。

异——只有"封建的"对两者是适用的——这一假设也使得"封建"成为无可争议的基本术语。尽管古哈强调印度的不同之处，但"封建"还是悄然填补了其中的差异。同样，在讨论弗朗西斯对印度的君主封建所有权观念的抵制时，古哈也"大体上"将印度的术语翻译成了伏尔泰所用的欧洲封建词汇：

> jagir 和 wakf 大体上相当于欧洲人所说的封地和 bénéfice [采邑]，在解释二者的授予时，弗朗西斯所用的观点和伏尔泰的观点一样："土地依然被认为是柴明达尔制（Zemindary）的一部分，君主只授予土地上的收入。"①

---

① Ranajit Guha, *A Rule of Property*, p.101. 古哈的引述出自 Sir Philip Francis, *Minutes on the Subject of a Permanent Settlement for Bengal, Behar and Orissa*, ed. Romesh C. Dutt (Calcutta, 1901)。我会引述 Sir Philip Francis, *Original Minutes of the Governor-General and Council of Fort William on the Settlement and Collection of the Revenues of Bengal*。在这个问题上，弗朗西斯写道："当他（君主）出于宗教的目的授予 Jaguires 或土地时，他的旨令指向的是柴明达尔（Zemindars）、乔杜里（Chowderies）和塔卢克达尔（Talookdars）。土地仍然被认为是柴明达尔制的一部分；君主只是授予了土地的收入。"（p.72）从普拉卡什提供的那份很有价值的术语汇编（见 Gyan Prakash, *Bonded Histories*, pp.229–230）来看，jagir 是"莫卧儿人将国家的土地收入分成给土地持有人的土地保有权"；Zemindar 是"莫卧儿人统治之下的收税人；在英国人治下是土地所有人"。古哈引用了伏尔泰《风俗论》中的以下段落，弗朗西斯也将此附加到了自己的方案中："授予土地和享有土地收益是两件完全不同的事情，将封地授予教会的欧洲君主并不拥有这些封地。皇帝的权利是封赐土地，而不是享有这些土地的收益"（Donner des terres et en jouir sont deux choses absolument différentes. Les Rois Européens qui donnent tous les Bénéfices Ecclésiastiques, ne les possèdent pas. L'Empereur dont le droit est de conférer, ne recueille pas les fruits de ces Terres）。见 Voltaire, *Essai sur l'Histoire Générale*, Vol. 4 (Geneva: 1761), p.188。

因此，古哈的翻译不仅将一般意义上的"现代欧洲的"封建"现实"注入了弗朗西斯的思想过程，而且还注入了英国殖民之前的印度地产关系中。声称印度地产关系具有独特之处的可能性，被转译成虚构欧洲历史的那些术语的规范化翻译切断了。这种过去（我们可以想象布莱克斯通的城堡在这里）也随之促成了古哈关于居留区历史的解读。

当然，古哈是在20世纪50年代著书写作的，他不可能预见到过去二十年来封建制所面临的历史学挑战，他必定还受累于这样的事实，即18世纪英国的封建编史学一直被当作一个国内政治问题来研究。①另外，在挑战马克思主义过渡时期的理论叙事方面——这种叙事将印度农民界定为"落后的"、"前政治的"——古哈一直处在从属民研究学派的最前沿，哪怕他保留了马克思思想的某些方面，且这些方面对后殖民研究来说一直至关重要。②为了抵制这种线性叙事，同时也为了揭露关于资本的普遍主义叙事的内涵，古哈做了很多这样的工作，对于那些不断拷问"历史学"的人来说，当然，也包括我这里的工作，古哈的研究同样有着巨大的价值。

一本题为《孟加拉地区地产条例》的著作，竟会讲述一个封建制转变成一种经济发展理论出发点的故事，这并不奇怪。[70]

---

① J. G. A. Pocock, *The Ancient Constitution and the Feudal Law*；R. J. Smith, *The Gothic Bequest: Medieval Institutions in British Though, 1688-1863*，特别是第2章和第3章。对波考克某些论点的修订和扩展，参见 William Klein, "The Ancient Constitution Revisited"。

② 修正对农民反叛意识的看法，此即古哈那本《殖民地印度农民暴动的基本问题》的主题。关于古哈挑战马克思主义学者将农民行为或意识解读为"前政治的"行为或意识所具有的可能性和影响，参见 Dipesh Chakrabarty, *Provincializing Europe*, introduction，特别是页11–16。查卡拉巴提指出，古哈的著作对他质询历史的工作而言极其重要，甚至是基础性的。另参见 Gyan Prakash, "Subaltern Studies as Postcolonial Criticism"。

本书目前为止所论及的"封建法"虽然受到殖民忧虑和殖民压力的影响，但它与构成古哈思想基础的那种普遍被人接受的马克思主义封建制概念几乎没有相似之处，哪怕其中的基本术语（比如封地和采邑）和中世纪的产权关系架构确实构成了这个概念的基础。然而，在考察弗朗西斯工作时期的思想氛围时，古哈发现这种政治化的封建法编史学融入了正在兴起的政治经济学理论，这种理论的发展与当时法国的严峻形势紧密相关。当弗朗西斯坐在加尔各答的办公桌旁时，弥漫在他周围的历史影响、政治影响和经济影响紧密地交织在一起，但在笔者看来，古哈的研究十分精炼地概括了这些影响在引发激烈争论的1770年代所出现的主要变化和彼此之间的交叉点。

古哈讨论的两种不同的东方主义构想证明，英国－印度的经验影响了封建制观念与政治经济学思想的形成和发展，也就是伏尔泰的封建制观念与重农主义者帕图洛（Henry Pattullo）的政治经济学思想。伏尔泰和其他启蒙哲人对法国的君主制深感不悦，他们渴望以理想化的东方政体作为与之对立的典范，因而拒绝接受印度国王是土地所有者而印度农民（在英国侵入之前）则相当于中世纪农奴的游记传说（比如伯尼尔［Bernier］的游记）。伏尔泰对本国同胞的工作深为不满，他在自己的《印度片论》（*Fragments sur l'Inde*）中转而诉诸那些心怀不满，并从印度返回英格兰的东印度公司管理者的著作。这些作品中值得注意的是道（Alexander Dow）的《印度史》（*History of Hindostan*，3卷，1768—1770）和博尔茨（William Bolts）的《对印度事务的思考》（*Considerations on India Affairs*，1772），两部作品都以连载的方式流布于英国和法国。[1]正如古哈所说：

---

① 关于返回英格兰的公司管理者所写的这些著作和其他作品，参见 Ranajit Guha, *A Rule of Property*, chapter 2; H. V. Bowen, *Revenue and Reform*,

在这个问题上，［伏尔泰］求助于当时最新的英语文献，即东印度公司获得迪瓦尼权力以后不断涌现的历史著作和专题论著，这些文献不仅影响了英国的观念舆论，某种程度上也影响了法国。伏尔泰提到了霍尔威尔（Holwell）和道（均为公司管理者），他实际上还援引了斯克拉夫顿的论述来论证自己的观点，即世袭继承的惯例无疑证明了私有财产的存在……弗朗西斯转引了伏尔泰的作品。[1]

公司管理者的早期报告正是以这样的方式，影响了东方主义者对旧制度和与之相伴随的、更为强烈的封建制话语的抨击。[2]这种充满政治色彩的东方主义，随之也通过弗朗西斯回到了影响殖民政策的封建架构中。

重农主义者帕图洛也读过博尔茨和道的著作，他对历史兴趣不大，也从没有提到过封建制。他主张改革孟加拉的农业体制，据说，这种体制可以和法国的乡村相媲美，但由于英国的管理不当，这种体制已经被破坏了。帕图洛从未去过印度，他的"论孟加拉地区土地耕种和收益的提高"是基于［71］英国人的报告和他自己的推测，这种推测将孟加拉的地理经济转换成了欧洲的运算：

---

pp.28–29, 95–96；A. Bayly, *Empire and Information: Intelligence Gathering and Social Communication in India, 1780-1870*, pp.53–54。

[1]　Ranajit Guha, *A Rule of Property*, p.100. 古哈引用了 Voltaire, *Fragments sur l'Inde* (Paris, 1773), pp.34–37。

[2]　伏尔泰对伯尼尔（Bernier）写给科尔伯特（Colbert）的书信的评论，表明印度的具体情形在伏尔泰看来有着政治上的迫切之处："以这样的方式对一位绝对君主的财务管理人员说话将是一种非常危险的轻率之举"（Ç'eût été une imprudence bien dangereuse de parler ainsi à l'administrateur des finances d'un Roi absolu）。见 Ranajit Guha, p.100。

　　我们定将因此而接近最大的可能性和真实情况，假使我们认为这些土地的租税处于中等水平，比如一贝加土地为1卢比，或一英亩土地大约6到8便士，这在任何地区都是足额的、正常水平的租税。据此来算，六千万贝加的土地将给［东印度］公司的财库贡献750万卢比的净收入。①

　　重农主义者从不反对贵族，他们事实上与朝廷关系密切，但他们还是鼓吹有可能造成颠覆性后果的改革，在1789年之后，他们也被看成了反体制人士。在马克思的理解中，这种矛盾将有利于摒弃封建制而走向资本主义。②对于1776年的弗朗西斯来说，帕图洛，特别是他对永久地产权的提倡，作为一种途径，可以将孟加拉推入有利可图的商业活动中。

　　这些类比孟加拉和欧洲的模式有着非常明显的差异，它们是弗朗西斯将封建制与现代政治经济学联系起来的基本架构。然而，关于政治传统和封建制的相关细节，弗朗西斯转向了布莱克斯通，他和后者一样，都对封建的过去怀有一种根本性的矛盾心理。关于"古代宪法"的完整性（尽管被征服），弗朗西斯主要诉诸布莱克斯通的观点，他把这种"古代宪法"转化成了实现其计划的合法化工具。③"古代宪法"的隐喻在关于东印度的著作中已经变得如同在英国政治中一样普遍，这种隐喻可以用来支持各种主张，但

------

　　①　Henry Pattullo, "Eassy upon the Cultivaton of the Lands, and Improvements of the Revenues, of Bengal", p.5.

　　②　Karl Marx, *Theories of Surplus Value*, chapter 6, 特别是页54。

　　③　正如古哈所指出的，谈论这个国家的"古代宪法"（指莫卧儿征服前的印度教法律），及其与当代英国政治的明显呼应，对关注东印度事务的作家来说已经几乎成为"一个常规问题"，见 Ranajit Guha, *A Rule of Property*, p.25。另参见 Hastings, Barwell, "Plan for a Future Settlement of the Revenues", in Sir Philip Francis, *Minutes*, p.13。

弗朗西斯却用这种隐喻来论证他关于孟加拉私人继承地产权传统的观点。[①] 特拉维尔（Robert Travers）指出：

就像某些英国辉格党人知道用诺曼征服来拒绝实施新的封建法一样，弗朗西斯认为，莫卧儿人的自然智慧让他们保留了孟加拉全部的古老习俗，其中特别具有代表性的是孟加拉的古代柴明达尔（zamindars）大地产。[②]

这样，弗朗西斯就提出了关于永久性地产权的观点，这是一种已经基于该地区古代宪法的观点，这种古代宪法的中辍并非由于莫卧儿的征服，而是由于英国人的处置不当。

这种关于私有地产权的主张与布莱克斯通的封建保有权定义是相左的，后者将封建保有权界定为君主主权，但弗朗西斯时常将印度的地产关系说成是封建关系，他将莫卧儿君主和柴明达尔的关系比作"王侯及其封臣"的关系，[③] 柴明达尔在他的笔下也成了封建地主。[④] 这样一来，他就和布莱克斯通一样，使自己陷入了这样一种境地：接受某种封建架构，但必须否定这种架构的基本原则。当然，关于印度君主主权的主张已经提出，而且似乎由于

---

①　弗朗西斯以自己的学说反对根据哈斯廷斯（Waren Hastings）方案实施管理的短期创收农业。耕作制是东印度公司政策中经常出现的问题，相关讨论可参见 Ranajit Guha, *A Rule of Property*, pp.52–60。古哈还注意到了布莱克斯通对弗朗西斯的强烈影响。

②　Robert Travers, *Ideology and Empire in Eighteenth-Century India*, pp.174–175. 感谢特拉维尔教授允许我在出版前参阅其著作的部分内容。

③　Sir PhilipFrancis, *Minutes*, p.37.

④　Ranajit Guha, *A Rule of Property*, p.103. 古哈在这个问题上的根据是一系列未发表的书信，这些信件出自 *Francis MSS*。古哈看到，弗朗西斯在第96页的论述依赖于布莱克斯通的王室主权观念（弗朗西斯的整部著述中都明显贯穿了这个观念）。

印度某些地方，官员征求的证词而得到了证实。[①]因此，布莱克斯通直接吸引弗朗西斯的地方，并不是一种关于封建法的严整定义，[72]而是必须将其自我矛盾的叙事弥合在一起的"封建的虚构"。他承认，

> 王室的特许权（Sunnuds）形式或对柴明达尔的授予是假定他们在总体上是主权的持有者，但在我看来，这是一种封建的虚构，主权者事实上从未声称以此来构成一种占有或转让占有的权利。[②]

对于弗朗西斯来说，"封建的虚构"是一种手段，它使封建体制可以在土地私有制的基础上转化成某种正在发展壮大的商业经济。正如苏迪普塔森（Sudipta Sen）在这一点上对公司政策所做的概括性描述：

> 在如同摩尔人一样的印度君主身上，他们还看到了熟悉的封建历史，那是他们在同时期法国看到的腐朽幽灵。这往往是一种伎俩，它破坏了拉哈斯（Rajas）和柴明达尔自主权的道德基础，从而为夺取他们的税收特权提供了非常重要的

---

① 弗朗西斯为多位印度官员提供了针对委员会提出的一系列问题的回答。问题有："直系血亲是否体现出独立于国家政府的绝对继承权，或者说，是否需要政府法令来确立这一权利？""专家"罗扬（Roy Royan）与卡农戈斯（Canongoes）给出的回答是，柴明达尔传统上移交儿子继承，即便所有权最终归国王所有；儿子应该向国王申请一份新的Sunnud（一种授予；或者说是表达一种授予的官方文件），否则就不能被承认为柴明达尔。见Sir Philip Francis, *Minutes*, pp.73—75。

② Sir Philip Francis, *Minutes*, p.72. 这与上文讨论的内容属于同一段落，古哈在其中看到了弗朗西斯对伏尔泰的附和。

正当性理由。[①]

就像在"保有权案件"中那样，这种封建编史学——如今被惊人地展现为"封建的虚构"——成了一种关于主权和获利性地产学说的殖民话语。

与布莱克斯通一样，弗朗西斯的工作也是出于一种必须将"事实"归入"观念"之中的普遍化历史主义的强烈冲动。他在给诺斯勋爵的书信中写道：

> 就我对当地特殊情况的了解而言，比较事实与观念是我的一贯原则……我至今认为没有理由质疑那些总体性提议的真实性，这些提议在我第一眼看到这个地方的可悲境地时就让我颇为震惊，它们尽管来源于欧洲的政策，但就像我所相信的那样，这些提议必定在任何时候、任何地方都是有效的，它们建立在事实和正确的理性基础上。[②]

从这样的推论来看，弗朗西斯的计划是有道理的。如果普遍历史要囊括四海，如果孟加拉被纳入基于欧洲理念的经济发展政策，那么，孟加拉这个地方即便与欧洲不同（关于这一点，弗朗西斯有着清楚的认识），也不得不从一种封建的过去（我们西方世界的万民法）走向经济的繁荣。换句话说，它并非同时是中世纪的，而是不得不同时是中世纪的。"封建的虚构"是这种矛盾叙述的枢纽。在这里，错综复杂的时间关系最终导致或呈现出一种从中世纪封建主义到现代资本主义的线性发展；或者更确切地说，

[①]　Sudipta Sen, *Empire of Free Trade: The East India Company and the Making of the Colonial Marketplace*, p.132.

[②]　Ranajit Guha, *Rule of Property*, p.94，援引了 *The Francis Mss* 53 (49) 17, January 22, 1776（未出版）。

在这种情形下，这种错综复杂的时间关系最终导致印度无法实现这样的转变。

在弗朗西斯的方案中，这种矛盾随着模仿带来的结果而加剧，巴巴（Homi Bhabha）在他关于殖民话语的讨论中即意识到了这一点。很明显，对于弗朗西斯来说，印度不可能像欧洲那样进入历史。毋宁说，它是"作为一个几乎相同但又不完全相同的差异性主体"进入历史的，它必须坚持一种可以确认英国支配权的差异。①弗朗西斯所构思的经济增长方案，并不是说孟加拉可能成为一个可以像英国那样独立发展的商业社会，[73]而是说孟加拉可能会永远成为英国支配下的一种财政收入的来源。他在信中向公司董事会介绍他的方案时说道：

> 我现在很荣幸地将这个方案交予你考虑，这个方案使这个地方的改善和福祉成为首要的目标。我把这看作一种途径，唯有通过这样的途径，东印度公司才能从他们获得的领地中取得持续而永久的利益。②

弗朗西斯将印度引入一个普遍的叙述中，从而"模仿了"历史，其中的双重视野也把他关于本地福祉、独立和文明繁荣的启蒙论点一分为二。

对持续期的估算

弗朗西斯让人们瞥见了一条隐而不彰的路径，这条路径使发展看起来既是一种时间上的线性发展，也是一种地域上的不均衡

---

① 参见 Homi Bhabha, "Of Mimicry and Man: The Ambivalence of Colonial Discourse", in *The Location of Culture*, pp.85–92, 引语出自页86。

② Sir Philip Francis, *Minutes*, p.59.

发展。弗朗西斯主张继承法，这种法律会将柴明达尔大地产缩小为可以盈利的小型地产，其收益是当时法国和英国争论的一个问题。[①]为了有利于推行小型地产，弗朗西斯和其他人都认同休谟（David Hume）的见解，他引述后者的话说：

> 这种适度规模的地产不仅需要经济上的精打细算，还要让地产所有人的家宅不能远离地产而定居，这有利于更好地估算持续期。[②]

在这个问题上，休谟提出的不仅仅是他对于农业经济的看法。他更倾向于适度规模的地产，而不是将财富集中在远离"家"的少数人手里，这种倾向表明了他反对帝国主义的立场，也反映了一个国家在所有权与国家经济和政治的关系上陷入争论的政治忧虑和经济忧虑。他那交错配列的语词不仅强调"家"（home）内的生活是"经济/秩序"（economy）（oikos nomos："家规"，law of household）的根源，而且还强调，界定与土地的关系也是一种时间推算，一种历史中求取生存的努力。在弗朗西斯方案的语境中，对持续时间的强调，进一步放大了孟加拉永久地产权和为英国争取"一种稳固优势和永久利益"的目标之间所映现出来的那个颇具讽刺意蕴的回音。尽管如此，它似乎依然在主张，印度和欧洲

---

①　在《经济表》（*Tableau Économique*）这篇重农学派的开创性文本中，魁奈（François Quesnay）似乎偏好大规模的种植（p.vi）。帕图洛论证了小地产的好处，见 Henry Patullo, "Essay upon the Cultivation of the Lands, and Improvements of the Revenues, of Bengal", pp.11-12。弗朗西斯可能会认同帕图洛的观点。威尔逊认为，大地产和小地产的相对生产力"在英格兰拟定永久居留法之际是悬而未决的争论问题"。参见 Jon Wilson, "Governing Property, Making Law", pp.8-9。

②　Sir Philip Francis, *Minutes*, p.59.

农业发展之间存在一种直接的对应关系。

然而，弗朗西斯错误地引用了休谟的说法，后者的原话用的是过去时态，而不是如上文所引述的那样：

> 这种适度规模的地产有赖于经济上的精打细算，同时也将地产所有人的居所限定在了地产范围内，因而可以更好地推算地产的持续时间。骑士阶层和小男爵的数量日渐增多，并开始在国家层面形成一个值得重视的阶层或等级。[①]

这句话出自休谟的《英国史》，而且指的是诺曼人的大地产在13世纪英格兰的分化和解体——休谟称之为"封建性的"分化和解体。[②]［74］这种封建性的背景，使休谟能够将自己关于引起争议的财产类别和政治秩序的看法，以及他对非常规经济的不稳定性所怀有的担忧，安置于某种过去，这种过去为持续期的估算提供了方案。弗朗西斯颠倒并加强了休谟那里时间性变化的影响。他将休谟关于中世纪财产关系的过渡时期理论从过去时态悄然转换为现在时态，从而把一种溯及既往历史的估算方案转化成精心谋划的殖民地方案。通过抹除中世纪历史和殖民空间的"事实"，休谟的说法就成为对孟加拉而言不言自明的公理。

然而，问题不仅仅是一种错误的引用，还有词语误用产生的影响——将争取一种稳定的母国经济的回溯性要求投射到某种殖民境地，这种殖民境地不仅象征着过去，还象征着封建历史之中

---

① David Hume, *The History of England, from the Invasion of Julius Caesar to the Revolution in 1688*, vol. 2, p.30.

② 关于休谟的《英格兰史》在关于政体和权威的政治争论和哲学争论中的地位，参见 Nicholas Phillipson, "Propriety, Property and Prudence: David Hume and the Defence of the Revolution"，另参见 R. J. Smith, *The Gothic Bequest*, chapter 3；Mark Salber Phillips, *Society and Sentiment*, chapter 1。

衍生出来的过渡空间，而这样的封建历史同时也在理论上与殖民地相关。弗朗西斯将文法上的变化转换为实际行动，从而把猜想转化为事实。为了消除从过去到现在、从历史到现实之间不可调和的差异，对中世纪/殖民地的同时造就和摧毁就会消失不见。在文法上抹除休谟的过去时态，使一种英国的过去和一种英国的情境不复存在，对弗朗西斯来说，向现在时态的转换将以永久定居的形式实现。中世纪的封建制和私人产权，作为调解欧洲身份认同斗争的极度不稳定的范畴，只有在没有现代性的地方才能获得稳定性，而印度则像往常一样一成不变，只是逃离了一个前所未有的中世纪。

封建制在它被消灭的那一刻或许更多是在这里，而不是在欧洲突然显现，因为它留下了一个毁灭性的土地政策的后果，这是其（不）存在的痕迹。在这一点上，我们可以再度回想一下本雅明的暗示，即"现代性"同时造就和摧毁了一种与之本身对立的传统印象，这种印象会在它消失时变成新的典型。[1]然而，在这种殖民时刻，同时造就和摧毁的一种封建历史的印象，是因殖民活动执行灭绝举措的残酷性而变得明显可见。这一时刻提请人们注意，从某种重要的意义上说，"封建制"到资本主义的转变在它属于一种欧洲的转变之前是一种殖民转变。为永久性和发展、静止和变化而谋划的解决方案，将印度引入了那些时间性之间的持久变革的空间，或者更准确地说是一种有悖常理的搁置空间——这种搁置和"历史候车室"并没有什么不同。

对于法律的主权搁置及其与历史分期的内在关系是接下来两章的主题，这两章会从"封建制"的叙事转向关于"世俗化"的叙事。

---

[1]　Walter Benjamin, "The Storyteller", in *Illuminations*, p.87.

第二部分　世俗化

第三章　时代意识：世俗化、主权的未来
与“中世纪”

[77] 本章意在发掘中世纪/现代的历史分期与“宗教”在当今政治生活中日渐引起争议的、往往是暴力的功能作用之间所具有的结构性关联和历史性关联，并由此说明，批判性地认识这种关联及其与主权的关系，对于理解和评判这种功能作用来说是至关重要的。

政治领域中的宗教和世俗化，作为一种方兴未艾的分析议题，就其自身而言恰恰受困于自己的核心术语：“宗教”与“世俗”。本书在导论中详细讲过，这些术语的局限性由一个双重的过程所造成，借助这样的过程，欧洲讲述了自身的世俗化，同时也根据重新整合的“宗教”概念和宗教遗产，把这种叙事扩展到了世界上的其他地区。简单来讲，这种叙事将欧洲的政治、经济和社会生活摆脱教会权威与宗教的束缚界定为政治、进步和历史意识的基础；作为过去的欧洲“中世纪”，以及主要是殖民地非基督徒的文化他者（cultural others），则被相应地认定为宗教的、停滞的、非历史的——从而为叙事和领土的拓展敞开了空间。[①] 安尼贾

---

① 本书在导论中通过人类学和东方学讨论了世俗化叙事及其相应的扩展。关于“宗教”史的讨论，参见 Masuzawa, *The Invention of World Religions*，及 Asad, *Genealigies of Religion*。关于晚近处理世俗主义的方式，参见 Asad,

尔（Gil Anidjar）曾直言不讳地指出，

> 基督教发明了宗教，并以此来指称其他教派或其他信仰，
> 而世俗主义（secularism）却是基督教用来指称自己的一个
> 名称。①

因此，关于"宗教"或"世俗"的问题，就像有关"中世纪"
或"现代"的问题一样，不可能存在中立的讨论。

上述具有"必胜信念"的基督教世俗化叙事，虽然很快就声
名扫地，但"后世俗"（post-secular）这个术语的日趋普及却证
明，批判性的分析依然要与它的时间遗产（temporal legacy）进行
不懈的斗争。弗里斯（Hent de Vries）在近年出版的《政治神学：
后世俗世界的公共宗教》（*Political Theologies: Public Religions in a
Post-Secular World*）的导言中提出，"后世俗"应该被理解为"一

Formations of the Secular，及 Needham and Rajan, *The Crisis of Secularism in
India*，以及 Anidjar, "Secularism"。关于"宗教"在基督教早期从文化中分离
出来的一种早期的、不同的历史叙述，参见 Schwartz, *Imperialism and Jewish
Society, 200 B.C.E. to 640 C.E.*。

① Gil Anijar, "Secularism"，p.62. 当然，这并不是说，表面上私有化形
式的"宗教"并不重要。而且正如安尼贾尔所指出的，这也并不意味着"世
俗的形成没有在其他文化中出现，或其他文化……没有进步的能力"（p.59），
但是，这些假设已经设定了宗教/世俗这种划分的局限性，其历史是这里
的问题所在。关于"宗教"作为一个术语的系谱（genealogy），参见 Jaques
Derrida, "Faith and Knowledge"，及 Jean-Luc Nancy, "Church, State, Resistance"。
安尼贾尔讨论的语境一定程度上是萨义德的著作中关于"世俗主义"及其
含义的持续争论。参见 Aamir Mufti, "Auerbach in Istanbul: Edward Said, Secular
Criticism, and the Question of Minority Culture"；Aamir Mufti, "Critical Secularism:
A Reintroduction for Perilous Times"；Bruce Robins, "Secularism, Elitism,
Progress, and Other Transgressions: On Edward Said's 'Votage In'"。

个单纯的标示——确切地说是一个问题，而不是划分历史时期的一种尝试"。[①]这个问题无法得到确切的解答，甚至也不应该得到明确的解答，它折射了上文所说的历史，但如今从属于各种不同的经验处境。[78]本文并不会提出一种试图重新定位"宗教"的"后世俗"论点，这里只是要说明，了解这些术语的政治要素与历史要素之间的关系，能够更好地处理根植于这些术语当中的问题。这种关系的地缘政治史已经引起了人们极大的关注，但几乎没有人注意到，这种关系的时间要素——中世纪/现代的历史分期扮演了重要的角色。

长期以来，主权一直是世俗化讨论中的关键用词，可以说，区分"宗教"与"世俗"的主张，实际上首先是对主权的争取。在这一章里，笔者要从历史方面和结构方面来考察这种关系，以及这种关系与历史分期的联系，为此，我们会分析施米特的一些文本，特别是他的《政治神学》（1922），同时也会讨论到本雅明这位施米特的同时代人所提出的问题。本书的前两章重新审视了历史分期叙事的历史演变，相比之下，作为一种历史理论的历史分期与政治主权的关系所暗含的理论根据，则是本章讨论的中心议题。

下面我们会更加详细地讲到，施米特对主权的分析立足于世俗化的表述，对他来说，世俗化指的并不是欧洲摆脱神学束缚的叙事，而是指神学形式转换成一种表面上"世俗的"国家政治，而神学也由此内在于其中。从这个意义上说，现代主权与前神学的政治形式之间存在一种实质上的承继关系，这是现代主权至关重要的一个方面，洛维特曾在20世纪40年代对此做过详尽的阐述，并将其扩展为一种历史理论。本章的第二部分考察这一学说

①　Hent De Vries, introduction to de Vries and Sullivan, in *Political Theologies*, p.2.

所引发的激烈反应，因为该理论恰恰破坏了中世纪/现代与宗教/世俗之间的明确划分。这种反应划定了中世纪/现代的历史分期，它坚持认为，基于历史意识的一种"世俗的"、政治的现代性，与缺乏明显意义的政治意识或历史意识的那种"宗教的"中世纪之间，有着明显的区分。从根本上说，"世俗的现代性"是自我构建主权的时期，强调这样的"现代性"揭示出历史分期在何种程度上构成了声张主权的依据和基础。

历史分期与决断

　　一个政治体系若仅凭赤裸裸的技术来保住权力，甚至过不了一代人，这个体系就会难以为继。这种观念属于政治的范畴，因为没有权威就没有政治，没有信念伦理，也就不可能有权威。[①]

---

　　① Carl Schmitt, *Roman Catholicism and Political Form*, p.17；原版为 *Römischer Katholizismus und politische Form* (Hellerau: Jakob Hegner Verlag, 1923)。乌尔蒙（Gary L. Ulmen）的译文基于该作德文本的第三版，这一版本身是1925年发行的第二版"修订本"的重印本。参见 Ulmen's comments, p.xil。关于施米特与韦伯的历史关系和理论关系，参见 David Dyzenhaus, *Legality and Legitimacy*；David Dyzenhaus, "Legal Theory in the Collapse of Weimar"；John P. McCormick, *Carl Schmitt's Critique of Liberalism*。不同视角的讨论，参见 Catherine Colliot-Thélène, "Carl Schmitt versus Max Weber: Juridical Rationality and Economic Rationality", in Chantal Mouffe, ed., *The Challenge of Carl Schmitt*。关于《罗马天主教与政治形式》与《政治的神学》之间的关系，参见乌尔蒙为《罗马天主教与政治形式》的英文本撰写的导言。正如乌尔蒙索注意到的，第一版的《政治的神学》"包含一个注释，它表明施米特阐述主权理论的四个篇章是与一篇题为《天主教的政治观念》的文章一起撰写的"（p.xxxi）。另参见 David Dyzenhaus, *Legality and Legitimacy*；John P. McCormick,

这段话出自施米特的《罗马天主教与政治形式》(*Roman Catholicism and Political Form*)，施米特以此批判了"理性"技术国家的设定。[79]"除魔"的世界是马克斯·韦伯(Max Weber)的著名表述，受此影响，施米特在新生的魏玛共和国于两次世界大战之间奋力挣扎的背景下发现，理性/非理性的截然对立会成为一种手段或伎俩，自由民主的多元主义会借此把自己呈现为一种中立的政治形式。在蒙克(Christoph Menke)看来，施米特主权概念的基础"在于批判那种自认为中立的政治秩序，后者不仅在某种意义上自认为可以消除与他者的对抗，而且还自以为能够轻而易举地实现对他者的尊重"。[①]这种批判在某种程度上也被本雅明所接受，虽然施米特最终支持了独裁统治，但这样的批判为当今的政治理论家带来了新的希望。

施米特因在1932年提出非常状态理论(Ausnahmezustand，有时被称为"紧急状态")而蜚声学界，十年之后，他又发表了《政治的神学》一书，主张执行魏玛宪法第48条所规定的紧急权力，而执行宪法第48条虽然最初是为了压制希特勒，最终却为希特勒上台扫清了道路。[②]当施米特与本雅明在20世纪20年代思考主权问题时，新生的魏玛共和国正处在勉力维持的艰难处境中，两人都对资产阶级的自由主义和议会妥协感到十分不满和厌恶，但这种观点倾向的意涵并没有充分地显现出来。施米特对本雅明提

Carl Schmitt's *Critique of Liberalism*。有学者提出奇怪的看法，认为这两个文本"几乎截然对立"（在我看来，这是基于对《罗马天主教与政治形式》的狭隘解读）。参见 Gopol Galakrishnan, *The Enemy: An Intellectual Portrait of Carl Schmitt*, pp.51, 53–65。

　①　Christoph Menke, *Reflections of Equality*, p.179. 关于意识到"一种未被利用的颂扬共同体的愿望"所具有的重要性在某种程度上与施米特有关，参见 Jean-Luc Nancy, "Church, State, Resistance"。

　②　参见 David Dyzenhaus, "Legal Theory in the Collapse of Weimar"。

出的 "暴力批判"（Critique of Violence）赞赏有加，本雅明则认为，《政治的神学》不仅对于如何诊断主权的时间结构和 "神学"结构了如指掌，同时也深知这种结构对于当代政治合法性危机的重要性。[①] 施米特和本雅明的论点虽然各不相同，但两人都不遗余力地着眼于分析这种结构的神学方面。或许并不奇怪的是，随着20世纪80年代以来 "宗教" 在政治修辞中的日益蔓延，施米特和本雅明的著作也受到越来越多的关注，有时是为了承认威胁，有时则是为了探究政治形式与宗教形式之间潜在的关联。施米特与本雅明的理论和遗产已经成为一个至关重要的出发点，比如卢普敦（Julia Reinhard Lupton）就曾以此为出发点，对借助公民权与宗教团契之间的历史关系来反思普遍主义的 "积极伦理的可能性"进行了相当重要的考察。[②]

施米特的学说在政治上的左右两翼中间都引发了共鸣。正如巴利巴尔（Étienne Balibar）所指出的，施米特的学说依旧 "困扰

---

① 本雅明曾给施米特去信，随信附上了一份他撰写的《德意志悲剧的起源》，在这本书中，他明确表明自己的写作受惠于施米特 "关于主权学说的论述"。萨缪尔·韦伯将这封信全文转录在了自己的一篇论文中，见Samuel Weber, "Taking Exception to Decision: Walter Benjamin and Carl Schmitt"，这是关于本雅明和施米特两人之间思想差异的重要文章。关于施米特和本雅明在非常状态问题上的差异，另见Werner Hamacher, "Afformative, Strike: Benjamin's 'Critique of Violence'", in Andrew Benjamin, Peter Osborne, eds., *Walter Benjamin's Philosophy*。

② Julia Reinhard Lupton, *Citizen-Saints: Shakespeare and Political Theology*, 2; 一般参见其导论，以及Julia Reinhard Lupton, *Afterlives of the Saints*。在《公民圣徒》一书中，卢普敦的考察在许多方面都与我的关注点一致。然而，卢普敦更关注 "宗教的分殊化和守护这种多样化的法律也能从公民社会内部、国家的抽象调解之外或在回应国家的抽象调解之中为重新审视人性的普遍存在提供立场" 这一可能性——这与马克思对公民社会中宗教的负面评价截然不同（p.9）。我却更关注产生宗教和国家二分法的过程和假设，以及这种二分法给政治和历史造成的困境。

着人们对于民族国家主权的捍卫和批评"，而施米特与法兰克福学派及施特劳斯（Leo Strauss）的关系仍然是极具争议的话题。①最为重要的，是施米特的非常状态理论和他对"主权悖论"的深刻洞察。施米特以神学中的神迹作类比提出了"非常状态"的学说。在他看来，一个国家的法律秩序永远不可能完全地自我封闭起来，"非常状态"始终不可能被排除，［80］这种状态有可能超乎所有法律规范的预期。非常状态"最好被描述成一种极端危险的情况，一种危及国家生死存亡的危险情形或类似的处境"，但从定义上来看，非常状态实际上不可能得到预先定义，也无法"符合预先制定的法律"。②在施米特看来，宪政的发展趋势倾向于将法律的秩序改进成一种纯粹的机械系统，能够预判所有的情形，这不但泯灭了国家辨别非常状态的能力，同时也使国家无力面对那些法律预料之外的情形。

因此，施米特认为，为了保护国家的自主权，国家需要一位主权者（sovereign），其地位在于决断一种非常状态的出现，并搁置国家维护的现行法律秩序。施米特明确表明，他所处理的是一

---

①　Étienne Balibar, *We, the People of Europe?* p.135. 关于施米特早年在左派人士中的受欢迎程度，以及他与法兰克福学派之间的相似之处，参见 Ellen Kennedy, "Carl Schmitt and the Frankfurt School"；相反的观点，参见 Ulrich K. Preuss, "The Critique of German Liberalism: Reply to Kennedy"。另见 Martin Jay, "Reconciling the Irreconcilable? Rejoinder to Kennedy"。施米特与施特劳斯既有个人层面的联系，也有理论学说方面的联系，最明显的是，施特劳斯为施米特的《政治的概念》提供了"注解"，该"注解"附于《政治的概念》英文版（trans. Harvey Lomax, ed. Schwab）。关于施米特在私人层面对施特劳斯的帮助以及两人之间的通信往来，参见 Heinrich Meier, *Carl Schmitt and Leo Strauss*。对于施米特与施特劳斯的学说之间的相关性，学界有多种看法，参同前书，以及 Steven B. Smith, *Reading Leo Strauss*；John P. McCormick, *Carl Schmitt's Critique of Liberalism*。

②　Carl Schmitt, *Political Theology*, p.6.

个限定性的概念。悖谬的是，国家若在"自主的"（autonomous：auto，"自我"；nomos，"法"）意义上成为主权者，其核心就必然是自相矛盾的，因为这样的话，国家就需要一个内在于法律同时又外在于法律的主权者，其决断就像无中生有一样，规定并同时破坏法律的界限。从概念的严格意义来讲，主权是一种非衍生性的权力，其决断"独立于论辩式的证明……如果从规范性的视角来看，决断并没有任何的缘由"（同前注，页31–32）。我们也不可能找到这种主权的基础所在。本章的一个目标则是要表明，中世纪/现代的历史分期何以常常会成为这种主权的替代性基础，并由此将"现代"的某些特征置于主权者的地位之上。从这个意义上讲，历史分期起到了主权决断的作用。

施米特的历史论点有助于阐明历史分期的这种作用。近些年来，对《政治的神学》所给予的关注主要着眼于上文所概述的主权结构，却往往忽略了施米特的历史观点。上文提到的主权结构集中体现为这样的说法："主权者是决断非常状态的人。"而这样的结构同时又取决于这一重要的历史论断："现代国家理论中的所有重要概念，都是世俗化的神学概念。"（同前注，页36）然而，正如我们在上文中提到的，施米特这里指涉的含义并不是欧洲国家形式从神学的束缚中摆脱出来，而是神学概念向欧洲国家形式的转化。按照这样的理解，世俗化就将打破所有明晰的历史分期叙事，同时也使中世纪/现代的历史分期难以成为主权的替代性基础。在施米特看来，当前的人们试图将现代宪政国家机制理解为科学的机制，这种解释因错误的前提注定归于失败。法学的核心和最细微之处是神学：

> ［81］只要耐心考察一下实证法学的公法文献中所存在的基本概念和证明，我们就会发现，国家的干预无处不在。它有时会像解围之神（deus ex machina），只要独立的法律认知

行为无法为某个争端带来普遍可行的解决方案，它便根据实证法规来判定这一争端；有时它又会像从容慈悲的上帝，通过宽恕和赦免来证明它超越了自己的法律。这里总是存在着同一种令人费解的身份：立法者、执法力量、警察、赦罪者和福利机构。因此，对于一个认真审视当代法理学全貌的人来说，这是一场关于间谍活动的大型戏剧，国家在其中虽然伪装诸多的角色，但始终是同一个隐形人。我们在任何法学教科书当中都能看到，现代立法者的"全能"并不仅仅是在语言上源自神学。（同前注，页38）

施米特希望国家意识到自己的神学形式，并据此行事，而不是抑制这种内在的主权结构。因此，对于安尼贾尔等人的说法（"基督教发明了宗教，并以此来指称其他教派或其他信仰，而世俗主义却是基督教用来指称自己的一个名称"），施米特只会认同其中的历史分析，但不会认同其中蕴含的目的。这是一个关乎"伪装"和"间谍"戏剧的问题，借此，（基督教欧洲）国家在科学和表面上普遍而纯粹的理性下隐藏了其主权决断（或"剑的权力"，merum imperium）的特权。

施米特还坚持认为，这种主权形式的结构与历史具有完全的相关性：

现代国家理论中的所有重要概念都是世俗化了的神学概念，这不仅是由于它们在历史发展中从神学转化为国家理论——比如全能的上帝由此而变成了全能的立法者，而且也是因为它们的系统结构，对这些概念进行社会学的考察，就有必要理解这种结构。法理学中的非常状态类似于神学中的奇迹。只有意识到这种类似性，我们才能理解上世纪国家哲学观念的发展方式。（同前注，页36）

　　在我看来，由于历史分期提供了否定神学形式延续性的方法，因而"世俗化"结构和"世俗化"历史之间的相关性恰恰提供了一种理解途径，使我们能以分析中世纪/现代的历史分期原则，以及这种分期以何种方式限制了对于主权的任何反思。人们普遍认为，与宗教决裂意义上的"世俗化"发生在16世纪到18世纪期间。人们可以认定，这种决裂只有在"神圣"的时间有了明确历史标示的时候才会出现，而这样的历史标示无法由被视为过渡期的几个世纪所呈现。因此，被具体化的"中世纪"成了"宗教"国家或前世俗国家的典范和证明，[82]这种"中世纪"必然会成为现代世俗理性国家的陪衬。中世纪/现代的历史分期极为成功地延续了"世俗化"的"间谍"戏剧，因而常常被用于解决理论性的困境。本章的下文会通过解读内格里（Antonio Negri）的著作来表明，在这样的角色和定位中，中世纪/现代的历史分期往往削弱了抵抗现代民族国家这一支配性观念的理论性尝试。

　　我们在本雅明的著作中所看到的世俗化观念与施米特对世俗化的理解相近，前者在他的"暴力批判"中同样探讨了所有现行法律的"神圣"搁置，但对于主权决断与神学形式之间的关系，他却有不同看法。①本雅明坦承，《德意志悲剧的起源》（*The Origin of German Tragic Drama*）极大程度上受惠于施米特的《政治的神学》，该书同样论述了主权和历史在时代性方面的紧密联系。本雅明解释说，德意志悲悼剧（Trauerspiel）的"真正的目标"既是"其时代所体现的历史生活"，同时也是"作为历史的首要代言人

----

　　① 　Walter Benjamin, "Critique of Violence", pp.292–300（以及注释）。本雅明所指的这一搁置事例是"超出一切法律体系，因而也超越暴力"的总罢工，本雅明还将总罢工与法律暴力进行了对比。对《暴力批判》的深入分析，参见 Judith Butler, "Critique, Coercion, and Sacred Life in Benjamin's 'Critique of Violence'"。对本雅明的《暴力批判》最著名的回应是 Jacques Derrida, "Force of Law"。

而几乎成为悲悼剧化身的主权者"。[1]在本雅明看来，戏剧在其中与政治相吻合：

> 主权者代表了历史。历史进程就像权杖一样被掌控在最高统治者手中。这绝不是戏剧家所特有的观点。它是以某些宪法观念为基础的。（同前注，页65）

然而，本雅明并非要证明这种主权者的代表性（representation），而是要将这一问题与文学表现形式（representation）和文学解释联系起来，质疑主权者的代表性，从而将施米特诉诸"戏剧"的某些方面与政治的代表性关联起来：

> 文学在某种意义上借助华靡浮夸的技巧、丰富的创造力以及热切激昂的价值主张，试图让同时代人和后代人无言以对，面对这样的文学，人们就应该强调一种形式观念的表现形式（representation）所要求的那种主权姿态的必要性。即便到了这个时候，从知识的高度陷入巴洛克精神状态的深渊仍然是一个不容忽视的危险。这一时代的精神矛盾作为一种景象造成了一种晕眩感，这种感觉在捕捉时代意义的各种即兴努力中是一种反复出现的特征。（同前注，页56）

通过强调"一种形式观念的表现形式所要求的那种主权姿态的必要性"（我在这里特别强调），本雅明使我们回到了主权决断的悖论，主权决断（只有）在面对自己的不确定性时——严格来讲，代表（representation）是不可能的——才会出现这样的悖论。

---

[1] Walter Benjamin, *The Origin of German Tragic Drama*, p.62（翻译有改动）。

施米特预设了主权决断与国家利益的相关性，从而协调了这种悖论，本雅明则像塞缪尔·韦伯（Samuel Weber）所认为的那样，侧重于主权的龃龉脱节（disarticulation）。一方面，本雅明承认，主权决断的必要性"需要主权者如同专制君主一般的完整形象"；而另一方面，[83]主权者"负责作出宣布进入紧急状态的决断，但他在最初出现这种机会的时候却表明，他几乎没有能力作出这样的决断"。① 与其说主权者体现了一个时代的稳固性，倒不如说主权者以其特有的疯狂形式，表现了这种稳固的不可能性：

> 当恺撒沉溺于权力之中而忘乎所以之时，有一件事可以说是有利于他的：他被神圣赋予的无限等级的尊严与他那卑微的人性状况之间存在着一种不平衡，恺撒正是这种不平衡的牺牲品。②

---

① 同上，pp.69, 71。参见Samuel Weber, "Taking Exception to Decision"。

② Walter Benjamin, *The Origin of German Tragic Drama*, p.70. 有人可能会注意到，这里与康托洛维茨关于"国王的两个身体"的讨论有相似之处，并且让人联想到施米特的论点，例如下文关于司祭教士变成一种职务的讨论："这种职务不依赖于个人的超凡魅力，这个事实表明，教士持有的是一种看起来与他的具体人格完全无关的职位。然而，他并不是共和思想的公职人员和委员代表。与现代公职不同，他的职位并非不带个人色彩，因为他的职务是与基督的个人使命和具体人身联系在一起的完整链条的一部分"。见Carl Schmitt, *Roman Catholicism and Political Form*, p.14. 战争期间逃离德国的康托洛维茨承认自己的著作与"一些现代政治宗教的偶像"有关联，但也与后者保持了距离，他断言这些偶像并不是其著书的原初动因。不过，"现在所呈现的这项研究可以视为一种尝试，即试图理解并——如果可能的话——说明，一种政治神学的某些原则是以何种方式和方法在中世纪晚期开始发展的，这些政治神学的原则已作必要的修正，直到20世纪也仍然有效"。见Ernst Kantorowicz, *The King's Two Bodies: A Study in Medieval Political Theology*, p.xviii。

针对这位疯狂的恺撒，本雅明的描述或许可以回应一个理性的、世俗的现代国家形象，以及这种国家形象所宣称的世界秩序。

"世俗化理论"

"二战"之后，人们对这种世界秩序的逻辑提出了一些挑战，这些挑战接受并扩展了施米特和本雅明这类思想家对于"世俗化"的理解。在这个过程中，争取政治主权与历史分期之间的关系，成为人们集中关注的问题。最具影响力的是洛维特在《历史的意义》（*Meaning in History*）中所宣扬的"世俗化理论"，该理论的主张远比施米特的学说更加宽泛，对于施米特的主权理论也有着至为关键的体认和理解。这种理论认为，诸如进步这样的现代历史概念都是基督教观念（特别是末世论）的世俗化版本：对于孔德和黑格尔来说，历史从一开始就有它的目的，对于马克思而言，无产阶级是有救赎使命的选民。[1]作为一名在战争余殃中写作的犹太裔德国侨民，洛维特对他研究的历史学家——从黑格尔、孔德到约阿希姆、奥古斯丁、奥罗修斯——怀有钦佩之情，但他也发现，这些历史学家对历史实现的发展轨迹所抱有的信念是一种致命的失败：

> 世界依然是阿拉里克（Alaric）时代的那个世界，只不过我们征服和破坏（还有重建）的手段有了相当大的改善。[2]

---

[1] Karl Löwith, *Meaning in History: The Theological Implications of the Philosophy of History*. 洛维特曾是海德格尔的学生，他本人则是下文将谈到的科泽莱克（Reinhart Koselleck）的老师。

[2] Karl Löwith, *Meaning in History*, p.191. 洛维特也讨论了维柯，在他看来，维柯是这种模式的一个例外。

对洛维特而言，历史"时期"并没有什么合法性可言；相反，历史"时期"是政治目的合法化的手段。洛维特的研究的重要之处就在于，它坚持认为历史时期的各个概念必须被理解为政治上的策略，而且就时期划分而言，进步的历史必须被理解成一种征服的手段。

对于历史分期在政治上的重要性，洛维特有着敏锐的洞察，他认为和平需要一种新的分期设定（periodicity）的意识，其主张侧重于政治的合法性与历史时期的独特品质之间所具有的关系。在洛维特的论证中，历史分期起到两方面的作用。第一个方面至关重要，洛维特坚称，对于历史思想的分期，那种普遍被接受的分期方式（即摒弃非历史的"前科学"历史）并不合理。换句话说，洛维特拒绝接受我们在德塞都等人的著述中所看到的那种经过修订的、标准的"现代"历史哲学概念。①洛维特写道：

> ［84］［现代哲学家］认为，奥古斯丁到波舒哀的历史哲学只是一种建立在启示和信仰基础之上的历史学说，它并没有依据有限性、丰富性和流动性而提出一种"现实"的历史理论，他们得出的结论是，神学的历史解释——或西方思想的一千四百年——是无足轻重的。普遍流行的观点认为，真正的历史思想只是从现代的18世纪才开始的，与此相反，下文的大纲旨在说明，历史哲学发端于希伯来和基督教信仰的实践，终结于末世论典范的世俗化。②

洛维特通过这段话揭露了一个事实："现代"主权拒绝接受构

---

① 本书导论中讨论过德塞都学说的这个方面，页17–19［译按：此为原文书页码；见行间的单括号标注］。

② Karl Löwith, *Meaning in History*, pp.1–2.

成自身的历史基础，从而削弱了"现代"主权的基本主张。其次，洛维特又否认了历史观念的"现代"突破所具有的正当性，从而转向了"世俗化"的末世论所具有的破坏力，在他看来，这种末世论的理论基础蕴含在破除和取代古法的基督教观念之中，其后来的实现又与政治的制度化紧密相关。在这个意义上，时代和政治的"世俗化"与历史分期的出现，最初都与基督教精神原则的"道成肉身"有关，它打破了古典的循环模式（洛维特追随尼采，倾向于这种模式）。与施米特一样，洛维特所理解的"世俗化"并不是关于欧洲逐渐摆脱宗教束缚的历史叙事，而是神学在"此世"（world）的升华，即救赎事件（Heilgeschehen）与世界历史（Weltgeschichte）的融合；但与施米特不同的是，洛维特在这种模式中看到的是灾难。[①]

对洛维特的评判不能以他的"世俗化"理论是否完全正确为依据，否则便会忽略洛维特的一个重要论点：一种划分时代的有目的的历史是世界性征服的观念基础和合法化工具。洛维特正是在这个基础上对基督诞生"彻底粉碎了整个历史框架"的新约教义深感失望，而从奥古斯丁的时代开始，人们就从这一教义所表现的时间性突变中日益强烈地想象到一种道成肉身的世俗世界命运，而不是一种精神性的世界命运。在这个问题上，洛维特与施米特虽然有着不同的哲学思考，但他们都与同时代的奥尔巴赫（Erich Auerbach）一样，将法律和政治中的道成肉身及其代表性权力的政治意义作为核

---

① 　洛维特在早些时候一篇文章中对施米特的"决断"理论提出了尖锐的批评，见 Karl Löwith, "The Occasional Decisionism of Carl Schmitt"。关于洛维特及其著作与"世俗化"和施米特的关系，参见 Richard Wolin, "Introduction", in *Martin Heidegger and European Nihilism*；Chantal Mouffe, *The Return of the Political*。关于洛维特与本雅明的关系，参见 Julia Reinhard Lupton, *Afterlives of the Saints*, pp.30-32。

心的关注点。① 在《罗马天主教与政治形式》中，施米特在罗马天主教会那里发现了政治代表的授权逻辑：基于道成肉身的历史现实，"教会乃是一个具体人格的具体人格代表"，是一种典型的"法人"，具有代表civitas humana［人之城］的权力。② 对施米特而言，正是这种人格性代表权及其正当性权威的丧失引发了政治上的危机，洛维特虽然希望能有不同的结果，［85］但他的研究前提同样是关于道成肉身的世俗政治问题，而宗教/世俗的历史分期拒绝承认但又不断扩展的恰恰就是这样的世俗政治问题。

在洛维特看来，18世纪与传统的决裂是世俗化的第二波浪潮，它进一步强化了基督教范式的世俗性强制：

> 西方各民族的世俗弥赛亚主义在任何情况下都与一种民族使命、社会使命或种族使命的意识相关联，这种使命植根于这样一种宗教信仰：自己是为完成一种具有普遍意义的特殊任务而承蒙上帝召唤的选民。③

然而，对施米特来说，（主要是新教徒）向私人宗教退却就相当于"把世界抛向了"一种赤裸裸的物质主义境地，而对于洛维特而言，面对精神观念的"世俗化"，特别是政治化，宗教也就失去了意义：

---

① 值得注意的是，奥尔巴赫与施米特有着共同的德国法学教育背景：施米特于1910年取得了斯特拉斯堡大学的法学博士学位；奥尔巴赫在1913年获得了海德堡大学的法学博士学位。

② Carl Schmitt, *Roman Catholicism and Political Form*, 18–19. 关于施米特的政治代表学说及其影响的讨论，参见Samuel Weber, "'The Principle of Representation': Carl Schmitt's *Roman Catholicism and Political Form*"。

③ Karl Löwith, *Meaning in History*, 225 n. 2. 洛维特还进一步讨论了世俗化弥赛亚主义的破坏性帝国路径。

神圣罗马帝国是一个悖论。（同前注，页190）

　　施米特和洛维特都论述了政治合法性的"神学"核心，施米特极力主张主权者通过决断非常状态来打破政治的反复无常，而洛维特则像本雅明一样，致力于维系历史和政治的"反复无常"。[①]事实上，洛维特坚持主张的恰恰是施米特推论为"非常状态"的偶然性和反复无常，施米特认为主权决断与国家和民族的利益相一致，但洛维特恰恰反对无法预料的"决断"因国家和民族的利益而具有优先性的权力。[②]洛维特承认，历史分期可以成为构建一个"民族"的决断，同时也可以作为这类预测的时间纲领，因此，洛维特有意破坏了关于历史意义（世俗化）和基于这种意义的主权观念的那些"现代"主张。

主权时代

　　回应的形式来自布鲁门伯格（Hans Blumenburg）的那部咄咄逼人的《现代的正当性》（*The Legitimacy of the Modern Age*, 1966），其标题即已点出了要害之处。[③]到目前为止，我们对"世俗化"的讨论

---

　　①　洛维特对"反复无常"的讨论，参见 Karl Löwith, *Meaning in History*, pp.199-200。

　　②　这里没有篇幅详细阐述施米特将主权决断与友人/敌人的区分相结合的做法，这是其《政治的概念》的主题。

　　③　布鲁门伯格选择了"正当性"一词来对抗"非正当性"（illegitimacy）一词，而"非正当性"一词尤其在1803年"国会特别委员会最终决议"（*Reichsdeputationshauptschluss*）中被确立为"一个篡夺教会权利的概念，一个使财产非法摆脱教会监护和监管的概念"（*The Legitimacy of the Modern Age*, p.20）之后，就被认定成了世俗化的属性。

主要着眼于政治的正当性和主权问题。通过将问题重塑为一种关于"现代"（Neuzeit）的问题，布鲁门伯格明确提出，这种"正当性"问题取决于历史时期本身，他决定对抗历史分期所遭受的威胁。布鲁门伯格的著作大体上是对"世俗化理论"的驳斥，这种批驳不仅专门针对洛维特和施米特，也针对所有的相关学说，比如韦伯关于清教和资本主义的讨论。在布鲁门伯格看来，关注政治的新旧更迭让人会有负罪之感，他在20世纪60年代撰写《现代的正当性》之时，即已准备放下这种令人深怀歉疚的问题，转而以一种自明的现代性的名义，重新恢复历史的领地。布鲁门伯格保留了施米特关于主权的用语，并把正当性问题转变为历史分期问题，[86] 从而将"世俗化原理"比作一种神学造成的分割诅咒，因为这种神学宣称，新的合法继承者是篡权的伪类。

> 世俗化原理（就其历史地位而言）实质上是一种最终的 theologumenon［神学宣言］，它有意让神学的继承者对它们成为继承者深感歉疚……世俗化论题不仅阐释现代，而且还将其解释成错误的转折，而世俗化论题本身能够为这种错误指定纠正的措施。这与青年黑格尔在他那个时代所说的宗教批判任务恰恰相反："尽管有先前的尝试，但只有到我们的时代，才尤其会出现将天堂挥霍的财富至少在理论上作为人类财产的主张。不过，哪个时代会有能力坚持这种权利，并实际上占有这样的权利？"（同前注，页119）

并非事实的占有权就是问题的要害，对于布鲁门伯格来说，处理这个问题完全取决于历史分期的正当性。为了捍卫这种权利的重要地位——从字面上看，这种权利是一个财产（preperty）问题，进一步而言则是正当（propriety）问题——布鲁门伯格坚持认为，在历史哲学中，"世俗化"这一用语将其法律含义暗喻为对教会财产的非法摄取，即便他承认，这个概念的哲学史并不支持这样的解读。布鲁门伯格以一种双重否定的方式展开了修辞上的论辩，在他看来，"历史实存与其本源之间疏离"是一种本质上不正当的隐喻，它抵消了任何由此被视为现代继承者的非正当性，或者说，它使这种非正当性丧失了正当性。[①]极力坚持这种隐喻的非正当性重现了16世纪法兰西法学家迪穆兰的观点，因为迪穆兰取消了对于封建"奴役"的所有"不正当的"（improper）隐喻性用法，并将这些用法重新转变成绝对主义君主的正当所有权。布鲁门伯格与迪穆兰之间的这种相似性并不是巧合，因为他们在试图解决绝对主权的逻辑悖论时，都诉诸一种字面意义上的事实——迪穆兰是为君主，布鲁门伯格是为"现代"。

布鲁门伯格以回应施米特的方式，将Neuzeit〔现代〕说成是一种"应急的自我强化"（emergency self-consolidation），即应对必然情形（比如宗教战争）的一种划时代的"后中世纪的自我肯定"（postmedieval self-assertion）。这种必然性就像施米特所说的

---

① 同前，pp.18-21。布鲁门伯格有时试图用一种常见的现代（Neuzeit）叙事来确证自己的分期主张，这种现代的自我正当化得益于宣称知识的"正当性"，而不是对求知欲（curiositas）的"中世纪式的"排斥（当然，声称"中世纪"对求知欲的全面排斥不仅失之简单，而且荒唐离谱）。在布鲁门伯格看来，现代并不构成对中世纪神学形式的"改造"，而是通过一种"新的自然意识和世界意识"以及"新的正当性和价值意义的自由赋予"，"重新占领"了中世纪神学形式的位置。不足为奇的是，彼特拉克提供了一个最基本的典型案例，他在冯杜山（Mont Ventoux）高处的凝视，使历史分期在空间–时间上的重要性得到了明确的文学化表达："对攀登冯杜山的描述形象地说明了何谓历史的'现实'，即重新占领规范的位置体系意味着什么。"（p.342）这种描述出现在谈论中世纪经院哲学这一章的结尾，（根据布鲁门伯格的说法，）中世纪经院哲学因布拉班特的西格尔（Siger of Brabant）而有机会接受某种"现实的意识"，但它拒绝接受，反倒倾向于奥古斯丁对求知欲的谴责。

非常状态一样，需要搁置常规，它给现代奠定了一种没有历史延续性的历史基础，从而给现代赋予了正当合理的划时代地位。就这样，布鲁门伯格从某种主权决断出发，阐释了现代性的自我肯定，而布鲁门伯格意义上的主权决断恰恰类似于施米特的主权定义（"主权者是决断非常状态之人"）：

> 现代的正当性概念并非源自理性的成就，而是源出于那些成就的必然性。神学的唯意志论与人类的理性主义具有历史的相关性，[87] 因而现代正当性的显现并不是"现代"的"新"——成为一种现代的声称本身并不能证明其正当性。（同前注，页 99）

相反，现代正当性的正当理由源于历史必然性的出现。对施米特来说，决断非常状态从而搁置法律的是主权者，布鲁门伯格则瓦解了主权者和非常状态，将决断交予分期的历史。尽管各种立场的人都能理解，"世界秩序"是一个备受争议的话题，但"谁的历史"（我们也可以说，这个问题与"谁来决断"的问题相关）这一问题并没有出现。就这样，一种自我构建的现代性悖论转变成了历史分期本身的分界点，而"现代人"则成了绝对的主权者。

历史分期、历史与世俗

为了更加充分地说明这种历史分期的逻辑，以及这种逻辑在关于时间与现代性的晚近学说中所起到的作用，本文要基于这场历史分期争论的语境，在施米特《政治的神学》影响下，着手处理世俗化、主权与时间性（temporality）的问题。换句话说，笔者要转向科泽莱克关于历史时间的语义学。①

　　不论是对于投身于时间性和现代性理论的批评家，还是对于那些试图通过某种值得尊重的历史分期理论来绕开或概括中世纪的人（当然，绕开中世纪的人和概括中世纪的人往往都是同一批人），科泽莱克的历史语义学论文集（自英译本之后更多被定名为《过去的未来》[*Futures Past*]）都是一个重要的标杆。就关于时间性的研究而言，科泽莱克的著作无疑在方法论上具有极其重要的意义，但这种重要性让人更有理由去考察科泽莱克对历史分期的倚赖，以及关于历史和主权理论的争论同这种倚赖之间的关系。科泽莱克对欧洲编史学的分析，集中展现了大西洋两岸数十年间关于世俗化和历史分期的争论，而且很大程度上清除了这种争论的政治因素。科泽莱克的论文既能直接或间接地让理论家们轻易地绕开历史分期的政治纠葛，也能有助于他们轻而易举地维持时间性的简化版本，而简化版的时间性往往会破坏那些方兴未艾的争论。科泽莱克的《过去的未来》阐述（有时甚至是确认）了一些事件，这些事件挑战了宗教、世俗主义、民主制和政治的预设概念，就此而言，《过去的未来》既是体现批判理论困境的一个例证，也是这种困境当中的一个因素。②

　　对于本书来说，问题的要害之处并不是经验上的正确与否，而是一种历史理论与其意在考察的历史变化之间所存在的例外情形。我相信，在科泽莱克那里，[88]特别是由于他的研究所处的重要背景，这种倒退不仅展现了中世纪/现代的分期逻辑，同时也揭示了这种历史分期与主权之间的历史关联和概念关系，以及对

---

　　①　Reinhart Koselleck, *Futures Past: On the Semantics of Historical Time.* 所标页码为该书第一版页码。第二版包含译者撰写的一篇新的导言，关于这篇导言，我会在下文有所提及。

　　②　参见本书导论中的讨论，页5–6[译按：原书页码。行间以中括号标出，下不赘言]。

于本章一开始提到的宗教与政治的关系而言，这种分期所暗含的意义。我在某种程度上认为，科泽莱克把批判的对象从政治的正当性转变为关于历史时间的概念，这就像他的很多同时代人一样，不仅用中世纪/现代的时代断裂取代了缺失的主权基础，而且还为这种替代提供了叙述形式。

科泽莱克和施米特之间的私人关系与学术关系对前者产生了深刻的影响，《政治的神学》和施米特的其他著作都以某种隐晦的方式影响了《过去的未来》，这种影响无处不在、贯穿始终。[①]相比之下，科泽莱克早年所写的《批判与危机》（*Critique and Crisis*）倒是相当明确地涉及施米特的理论及其政治命运，因为这本书试图根据欧洲的历史哲学来解释纳粹的兴起和冷战。在科泽莱克看来，政治危机"迫使人们做出决断"，与之相关的还有"同危机相对应的历史哲学，我们以此为名参与决断，要么施加影响，要么加以引导，要么则是灾难性地阻碍决断"。[②]因此，为了避免重蹈覆辙，"批判"承担着解读欧洲历史的重大职责。18世纪既是这种历史的见证，也是这种历史的"共同根源"，因为"18世纪并没有注意到它所践行的批判与即将来临的危机之间存在着某种关联"，从而在不经意间仓促做出了"一种意想不到的决断"（同前注，页9）。因此，科泽莱克早年所写的这本著作一方面想要为欧洲的暴力负起责任，另一方面则想树立一种更具政治性和历史性的批判意识。

《批判与危机》致力于理解欧洲的乌托邦理想是如何落入歧途的，在这个问题上，它同样受惠于洛维特宣扬的"世俗化理论"。

---

① 参见 Keith Tribe, "Translator's Introduction", in *Futures past* (1985), p. ix。科泽莱克与伽达默尔和姚斯的关系对科泽莱克本人的影响很大，他在某种程度上（私人层面）也受到了海德格尔的影响，所有这些人都是他职业生涯中某些时候的同事。他也是洛维特的学生。

② Reinhart Koselleck, *Critique and Crisis: Enlightenment and the Pathogenesis of Modern Society*, p.5.

在科泽莱克写出《过去的未来》时，洛维特的理论和布鲁门伯格对这种理论的回应，都作为不可或缺的一部分被纳入了时间的政治，而时间的政治恰恰蕴含在这种"世俗化"当中。历史分期在何种程度上成为争议的关键性问题，同样也成为这种争论不可或缺的一部分。科泽莱克的《批判与危机》认为，"世俗化的过程把末世论转化成一种进步史"，这一点遭到了布鲁门伯格的批评，然而，在《过去的未来》中，科泽莱克并没有明确接受这种"世俗化"的争论，他要处理的其实是布鲁门伯格明确表述的一个核心议题：现代性和导向末世论的"中世纪"之间存在何种性质上的差别？①

科泽莱克的讨论着眼于历史转变中的时间概念，这个概念直到今天也是现代性理论的核心议题（如果不是唯一议题的话）。比如说，奥斯本的《时间的政治》就是这个问题的产物，[89] 这本书本身与海德格尔的《存在与时间》有关，但也很大程度上倚赖于科泽莱克和布鲁门伯格，因为它分析了"纯属预见中的、无时间性的终结"，这种终结"使历史时间具有时间上的限度（时间性的历史化），正如对死亡的预期使一般意义上的时间具有时间上的限度一样"。② 这个论点深受科泽莱克的影响，它表明，"中世纪"不可能感知到时间化的历史时间。奥斯本并不认同洛维特的观点，他认为驳斥世俗化理论对于"世俗现代性"（secular modernity）的哲学至关重要，这种关于"世俗现代性"的哲学会假定一种历史时间的本体论结构，同时又没有在后黑格尔的基础上重新为神学

---

①　Hans Blumenberg, *The Legitimacy of the Modern Age*, p.32.

②　尽管我在这里无法展开，但仍然有必要指出，海德格尔对时间的深入思考，是在他关于中世纪经院神学的大学授课资格论文完成后进行的。关于这一点以及其他德国哲学家对中世纪研究的依赖，参见 Bruce Holsinger, "Introduction", in *The Premodern Condition*; Ethan Knapp, "Heidegger, Medieval Studies and the Modernity of Scholasticism"。

赋予合法性：

> 尤其是，理解［这种本体论的地位］可以在何种程度上独立于犹太—基督教传统语境中必然与之发生关联的神学意涵？不受时间影响的外在性（timeless exteriority）观念虽然产生了历史，但这种历史在原则上超出了外在性观念的理解范围，这种观念终究要比我们将会用它来取代的黑格尔的"真实神性"的内在终结具有更加明确的神学意蕴，难道不是吗？
>
> 如果我们不能回击这种极为常见的指责，我们就依然容易遭到某种辩证颠转的威胁，这种颠转会在探求历史时间的本体论结构中发现神学在后黑格尔基础上的再度正当化。①

在这个论点中，如果不是重新书写了中世纪/现代的历史分期得以取代缺失的主权基础的方式，从而使政治上的"不可预料"转变为"现代"的独有权力，人们就有可能会发现，有一种"世俗"观念，其中并无洛维特所描述的"世俗化"。

在《过去的未来》中，科泽莱克一开始就讲明，"历史时间这个概念，假如有某种特定的含义，那么社会行为和政治行为就与之密切相关"，而每一种行为都有它自己的时间节律。科泽莱克与赫尔德一样，都认为宇宙中的任何一个时间中都存在数不胜数的时间，在他看来，每个时代都表明了时代本身对于事件之间相互关联的理解，而且正是这样的历史理解事实上确立了一个时代。对时间性的理解中所出现的变化，被科泽莱克全然等同为一个时代消亡和另一个时代出现的构成性因素，这与他早年的著作截然不同。他为了考察这种变化，提出了自己的核心问题："在一个

---

① Peter Osborne, *The Politics of Time*, pp.113–114. 对于这种"极为常见的指责"，奥斯本将洛维特的《历史的意义》作为最显著的例子。

既定的现状中，过去与未来的时间维度是如何联系起来的？"①就此而言，书名"过去的未来"（Vergangene Zukunft）某种程度上指的是一种过往的体验方式，即体验与未来的关系，而这种未来尤其是指通过自身封闭的、如今已经过去的未来意识而与未来相隔绝的未来，这种未来属于"中世纪的"过去。②科泽莱克的某些文章探讨了"现代性"的时间性，其探究方式可谓多种多样，比如协调经验与预期之间的隔阂，[90]或是应对一种曾经想象过的未来——但这些文章从来没有脱离对"中世纪"时间的根本性拒斥。

科泽莱克在任何"既定的现状"中考察这种关于时间的历史—政治概念，其目标与时代性（epochality）的界定问题直接相关。在《政治的神学》中，施米特已经开始了这种界定工作：

> 某个特定时代造就世界的形而上学想象，与世界直接理解的政治组织的适当形式具有相同的结构。对这种同一性的确立，就是主权概念的社会学。③

施米特毫不犹豫地将这种"同一性"解释为征服和领土扩张的结果，这种征服和领土扩张既包括土地方面，也包括观念方面，而这样的结果主要是由欧洲向世界的扩张所决定的。④科泽莱克的

---

①　Reinhart Koselleck, *Futures Past*, 前言，页xxii–xxiii。

②　参见科泽莱克的译者特赖布所提供的解释性说明，Keith Tribe, "Notes on Translation and Terminology", in *Futures Past* (1985), p. xix。将原书名Vergangene Zukunft译成The Bygone Future可能更合适。另见Reinhart Koselleck, "Modernity and the Planes of Historicity"，科泽莱克在这篇文章的第一个注释中提到了雷蒙·阿隆对vergangene Zukunft［过去的未来］的使用，Raymond Aron, *Introduction to the Philosophy of History* (London, 1961), pp.39ff。

③　Carl Schmitt, *Political Theology*, p.46.

④　巴利巴尔在讨论施米特的战后著作《大地的法》一书的标题时，对施米特将世界秩序视为通过领地化（territorialization）实现的一种道成肉身形

"既定的现状"——其核心是本书导论中所讨论的一种关于"现在"的政治问题（即"关于现在的一个确定的数字"，这个数字掩盖了其基本概念的历史性）——必须以这些术语来理解。从科泽莱克所处的自我定义的"现代欧洲的"政治话语来看，科泽莱克的历史分期理论可能很有说服力，而且它也的确获得了很多的支持者。但是，这种理论无法同人类学、东方学这类关于"世界秩序"的同时代相关话语相分离，后者恰恰以科泽莱克用来描述中世纪的术语定义了欧洲的他者（Europe's others），而且实际上还展开了这些术语。[1]

世界秩序是《过去的未来》着眼的一个核心问题。其中的文章是从科泽莱克在多卷本历史概念词典的工作中发展出来的，这部词典就是《历史的基本概念》，由科泽莱克同康策（Werner Conze）和研究中世纪的历史学家布伦纳（Otto Brunner）在20世纪60年代和70年代共同编纂。[2]布伦纳最知名的作品是1939年

式的观点提供了有益的解释："在其抽象的方面，这指的是人的生活和权力的领地化原则，体现在施米特称为土地占领（Landnahmen）的'原始法律行为'中：土地占有、对城市和殖民地的发现、征服与联盟，等等。在具体方面，这指的是欧洲从16世纪到20世纪在'波及'世界的地区和边界规定中所具有的某种中心地位。通过一系列复杂的过渡，我们可以说，领地化通过将宗教置于从属地位（cujus regio eius religio, 威斯特伐利亚和约的原则）以及通过实现'战争的驯化'，使得国家形式的世俗化构成了现代性的典型特征。"见 Étienne Balibar, *We the People*, p.138。

[1] 更多讨论，参见本书导论。

[2] 在2004年修订的《过去的未来》导言中，特赖布尽力疏离了布伦纳与词典编纂项目的关系，这一定程度上可能是因为布伦纳过去与纳粹党的密切关系（他小心翼翼地处理了这种关系），也可能是为了声称该词典主要是科泽莱克的成就（pp.xi-xiv）。在这篇修订过的导言中，特赖布还为广泛地讨论了伽达默尔、施米特、姚斯和海德格尔对科泽莱克的影响，并且拒绝接受科泽莱克受到"剑桥学派"历史学影响的说法，而"剑桥学派"却与特赖布有一些相似之处。

出版的《土地与统治》(*Land and Lordship*)，这是20世纪30年代和40年代反对国家导向模式主导中世纪德意志史的运动中出现的一部重要文本。这本书不但重构了中世纪晚期奥地利的政制史，而且还提出了一种德意志的国民(Volk)国家模式，目的在于打破自由资产阶级讲述的现代民族国家(national state)之前的中世纪国家模式，同时为第三帝国的政治理论提供支持。用布伦纳本人的话说，他的批判揭示了"当下的关联性"(Gegenwartsbezogenheit)，因为这种关联性确立了"第三帝国法律和政制的历史基础，而不是'资产阶级法治国家(Rechtstaat)'及其绝对主义基础的历史根基"。① "二战"之后，布伦纳将自己的

---

① Otto Brunner, 引自 Howard Kaminsky and James Van Horn Melton, "Translator' Introduction", in *Land and Lordship*, p.xx.《土地与统治》最初以"土地与统治：中世纪奥地利领地政制史的根本问题"(*Land und Herrschaft. Grundfragen der territorialen Verfasssungsgeschichte Österreichs im Mittelalter*)为题发表于1939年［译按：此处作者有误，首版书名应该为《土地与统治：中世纪德意志东南地区领地政制史的根本问题》(*Land und Herrschaft. Grundfragen der territorialen Verfasssungsgeschichte Südostdeutschlands im Mittelalter*)］。卡明斯基与梅尔顿译自第四版（1959年），即本书的最终版本。布伦纳认为，虽然出现非德意志的、源自法国的资产阶级法治国家(Rechtstatt)的阻碍，但德意志政治联合体(Volksstaat)的基本结构依然存在(p. xxi)——不过，布伦纳在1959年的第四版《土地与统治》中删去了这段论述。常有学者指出德意志地区史(Landesgeschichte)和年鉴学派之间的某种间接联系。卡明斯基和梅尔顿提到的说法是，法国的运动可能源于"1918年之后马克·布洛赫和吕西安·费弗尔在斯特拉斯堡大学的经历，当时法国人接管了一所德国大学，该大学有一个地区史的研讨班和图书馆，法国其他地方都没有与之类似的设置"。1972年，费尔南·布罗代尔提出："亨利·贝尔、吕西安·费弗尔、马克·布洛赫和我本人都出自法国东部地区，这难道是偶然吗？年鉴从与德国历史思想相接近的斯特拉斯堡开始，这难道也是偶然吗？"（同前，pp. xxv–xxvi）。在本书第一章涉及封建法的部分，我对布伦纳的日耳曼延续性学说提供了更多的讨论。

理论从德国转向了欧洲文明。在他看来，欧洲文明必然成为全球文化的根源，这种全球文化根植于前现代的欧洲社会结构（从最初的部族一直延伸到1800年），而且他依然探究这种社会结构与作为一种世界秩序的西方文明之间的关联性。[1]事实上，这个任务属于《历史的基本概念》，用科泽莱克的话说，[91]历史概念词典的考察目标是"从历史概念的角度理解旧世界瓦解和新世界兴起的过程"。[2]可以说，科泽莱克的语义学源于一种强烈的需求：以一种可行而又独特的"现在"视域来修正和调整历史叙述，这种"现在"视域要根据时间性本身来理解，而且要合乎历史分期的叙事。

　　科泽莱克的论说自始至终都聚焦在作为"现代性形成时期"的1500—1800年代，即"现代性的早期"（early modernity）或现代早期（frühe Neuzeit），他认为这个时期渐渐地、偶尔出现了历史"时间化"的可能。[3]科泽莱克的文章虽然彼此略有不同，但这个核心宗旨是不变的，他在开篇文章《现代性与历史性层面》（"Modernity and the Planes of Historicity"）中对这个宗旨作出了明确的说明和解释。为了考察科泽莱克的时间化理论，同时也为了考察这个理论对历史分期与主权的关系所产生的影响，这篇文章可以说是本文所使用的基础性文本。笔者和科泽莱克一样，都是

---

　　[1]　正如布伦纳著作的译者所说，布伦纳对历史根源的探索，以及他关于"旧欧洲"（Alteuropa, 布伦纳的这个说法得自布克哈特）和一个新的世界秩序之间过渡的叙事，必须在一个历史（historic）框架和编史学的（historiographical）框架之中来理解，这个框架中所包括的学术研究不仅涉及"马克·布洛赫、（以及）马丁·海德格尔和格奥尔格·卢卡奇的哲学，还有卡尔·施米特和马克斯·霍克海默的社会科学"。见 Land and Lordship 的译者导言，页 xxvii。

　　[2]　Reinhart Koselleck，引自译者导言，p. xi。

　　[3]　Reinhart Koselleck, "Modernity and the Planes of History" in *Futures Past*, 4–5. 下文按原文页码引用。

在后者为其开篇场景提供的双重框架中来解读这篇文本。

这个场景是阿尔特多弗（Albrecht Altdorfer）那幅著名的《亚历山大与大流士之伊苏斯战役》（Alexanderschlacht），1528年，巴伐利亚公爵威廉四世委托阿尔特多弗为其新建的避暑别墅创作了这幅作品。它在任何意义上都具有划时代的重要性：

> 在这1.5平方米的画面中，阿尔特多弗向我们全景式地展示了一场具有世界历史意义的决定性战役，伊苏斯战役，按照我们今天的说法，这场战役在公元前333年拉开了希腊化时期的序幕。阿尔特多弗掌握了前所未见的绘画技艺，他能把全部军队中成千上万的士兵个个都描绘出来。他给我们展现了重装骑兵与长矛步兵的交锋，亚历山大身先士卒带领马其顿人成功得胜的进攻路线，波斯人突如其来的混乱和崩溃，以及希腊战斗预备队——他们随后会胜利结束这场战役——预先规定好的布阵情形。(3)

科泽莱克笔下的现代早期是一个过渡时期，在这一时期的开端，威廉四世的"基督教人文主义"和阿尔特多弗前所未有的绘画技艺对应于希腊化的萌芽之时，这也确认了人文主义所自诩的与古典时代之间的联系，而且更重要的是，这种对应性还将这种审美的时刻与军事征服、帝国以及世界历史的轨迹联系在一起。然而，科泽莱克虽然认同这样的开端地位，但是在他看来，这个场景及其公爵背景与过去存在密不可分的联系，他通过讨论时间误置解释了这一点。科泽莱克首先注意到，阿尔特多弗刻意而巧妙地利用了时间误置的做法，后者研究过这场战役，他还在每支军队的旗帜上刻写了各支军队的参战人数，其中也包括死亡的人数——尽管在这幅画里，这些未来的死者仍然还活着。不过，科泽莱克认定，第二个时间误置的因素"对我们而言"更为明显。

科泽莱克指的是阿尔特多弗［92］对同时代人物和战役的假借，比如马克西米利安皇帝或围攻维也纳的战役中被击败的土耳其人，而阿尔特多弗描绘的波斯人"从脚到头巾"都类似于这些被击败的土耳其人。因此，这幅画在最细微的细节上是历史性的，但从类型学上讲，其政治上充满强烈感情色彩的细微差别却是当代意义上的。

然而，在科泽莱克看来，这种时间误置实际上并不是处理历史时间的巧妙方式，这种方式在阿尔特多弗那里只是一种时间维度的缺失：对他来说，14世纪的波斯人看起来像是16世纪的土耳其人，并不是因为他不知道两者的差别，而是因为这样的差别并不重要（4–5）。换句话说，《亚历山大与大流士之伊苏斯战役》非常典型地体现了一种前现代的、非时间化的时间感和一种历史意识的缺乏。弗里德里希·施莱格尔在科泽莱克的现代早期末期是从一种批判历史的距离出发，将《亚历山大与大流士之伊苏斯战役》尊为"骑士时代最伟大的壮举"；与此形成鲜明对比的是，阿尔特多弗的历史涂层展现出一种末世论的历史视界。证据表明，16世纪（17、18世纪也是如此）仍然处在一种静止不变的时间性当中，这种时间性一再和以往一样，预见性地渗透在未来之中："在永恒的形式下，没有什么新奇的东西会出现。"（16）在这样的系统中，不可能存在这样的事件：预期和抵达一起被吸入神圣历史的黑洞之中，这种历史没有被时间化，因为神圣历史的时间本质上是没有差别的。因此，科泽莱克着重重申了洛维特曾经批判过的历史哲学的历史分期。

科泽莱克虽然专注于某种基督教神学，但对于前现代的非时间化历史，他的说法从未承认道成肉身所例示的早期历史分期——确切地说就是基督教借以容纳和取代犹太历史的时间逻辑——比如就像洛维特所阐述的那样。科泽莱克的分析也证实，"所谓现代性的'世俗化'"即便在最内省的（introspective）时候——正如凯瑟琳·比迪克（Kathleen Biddick）所说——也"从未压倒过这种核心的基督教更替观念"。①科泽莱克曾有机会提及这种历史，因为他主张以一种即将到来的末日结局来包容阿尔特多弗的历史意识："阿尔特多弗曾协助将犹太人驱逐出雷根斯堡，他知道这些预示。"（6）因此，选择阿尔特多弗那幅政治上充满强烈感情色彩的《亚历山大与大流士之伊苏斯战役》，隐匿了更替问题和道成肉身的时间断裂问题，即使这种选择将这幅画的未来视域同一种中世纪的、完全封闭的、非时间性的过去联系在一起。

此外，科泽莱克解读《亚历山大与大流士之伊苏斯战役》的方法，也使他能够将中世纪和现代早期的国家政治纳入他所提出的"历史性层面"理论。他认为在现代性之前，"这种已经永远确定的过去的未来性（futurity of the past）形成了［93］面向国家的行动领域的终点和边界……国家仍然受限于一个可以被理解为静态运动的时间结构"（17）。科泽莱克对历史分期的阐述与宗教问题密不可分，因而宗教改革既是其现代早期的开端，也是其政治可能性的开端。宗教改革出于两个相关的原因而开启了打破"中世纪"停滞状态的可能性，这两个原因如今在很多关于断裂时期的叙述中司空见惯。首先，作为一个宗教复兴运动，宗教改革"具有世界末日的所有预示"，但是，世界末日并没有出现，而是被不断地延迟，以至于教会对未来的掌控也遭到了削弱。其次，宗教战争的流血杀戮推动了1555年的奥格斯堡宗教和约，这次和约抛开了宗教统一的要求，因而"本身也隐含了一个新的原则，这个原则就是'政治'原则"，威斯特伐利亚和约又进一步明确了

---

①　Kathleen Biddick, *The Typological Imaginary*, p.1. 比迪克还关注了阿尔特多弗的建筑蚀刻画所具有的作用，即隐蔽"类型学想象的坟墓之内的犹太人，同时又制造出了一种书写面，后者由一种关于'科学'表象的新的图形体系所构成"（p.65）。可以对比《亚历山大与大流士之伊苏斯战役》的类型学，以便有效地解读阿尔特多弗蚀刻画的类型学。

这个原则（8-9）。这样一来，政治也就开始打破预言的周期性影响力，进而以理性的预见和计划取而代之。

施米特在战后分析世界秩序的转变时，已经讨论过停滞和行动、预言与政治的历史性，他还和洛维特一样，以历史观念为基础，驳斥了中世纪/现代的历史分期。施米特坚守保罗时代以来内在于基督教政治中的那种强有力的历史意识，他援用了保罗在写给帖撒罗尼迦人的第二封书信中所提出的概念，katechon，即"拦阻者"（或"法网不及者"，anomos），该词一直被解释为罗马帝国阻止敌基督降临的职能。[①] 关于这个观念和施米特论证的局限性，笔者会在第四章进行充分的讨论，但这里指出的一点是，施米特拒绝像科泽莱克那样，将末世论的、非时间性的终止视为中世纪的属性。相反，他认为 katechon 这个概念暗示了一个富有某种"世俗"意义的历史时间：

> 在我看来，除了 katechon，任何历史概念都无法说明这种原初的基督教信念。相信一位拦阻者阻止世界末日的想法，为所有人类事务的末世论终止观念和日耳曼诸王的基督教帝国这类庞大的历史组织之间提供了唯一的桥梁……其表现形式是一种清楚明晰的基督教信念——对强大历史力量的信念。任何人，只要无法区分哈尔伯施塔特的海默（Haimo of Halberstadt）或阿

---

① 阿甘本的《剩余的时间》（Giorgio Agamben, *The Time that Remains*）的一个主题，就是这种强有力的历史感知与一种末世论的历史清空（emptying-out）之间的差别。通过探讨施米特的文本，特别是通过处理本雅明和保罗的文本，阿甘本将这种时间重新定义成"关于现在的时间"，也就是"弥赛亚式的"时间，这是对过去与现在的凝缩，永远无法化约为单一的年代顺序，而且在结构上和法律上都与施米特的"非常状态"有关。参见 Giorgio Agamben, *The Time that Remains*，特别是页 59-87、页 104-112。我会在第四章进一步讨论阿甘本的文本。

德索（Adso）的箴言与托名默多迪乌斯（Pseudo-Methodius）或提伯蒂尼亚（Tiburtinian）神巫的晦涩神谕，他就只能根据遭到曲解的归纳和类比来理解基督教的中世纪帝国，而不是依据其具体的历史真实性来理解。①

科泽莱克坚持［94］停滞到活动、预言到政治、宗教到世俗的二元化线性分类，这似乎在讽刺性地回应施米特的如下警告：无法区分中世纪的预言与历史性的预示将会导致"遭到曲解的归纳"。

对科泽莱克来说，这种线性的转变过程并没有以启蒙运动而告终（启蒙运动仅仅闪现在这个时期的临界点之上），因为"以一种预见到的未来重新掌控对未来的预言，仍然没有在根本上突破基督教的预期层面，正是这一点将统治者团体限定在中世纪，即使这些统治者不再认为自己是基督徒"（p.16）。毫不令人意外的是，反转期望视野的，恰恰是法国大革命，因为这次政变结束了旧的时代而开启了历史时间的时间化。

中世纪研究者早已厌倦将停滞、封闭、同质性这样的特征归于中世纪，这种做法如此歪曲事实，他们几乎不屑于回应。然而，基于经验证据的回应在任何情况下都是无关紧要的，因为在这个话题上，科泽莱克，包括他的前辈学者和后辈学者，关注的完全不是经验性的问题，即便他们常常会诉诸经验性的证据。造就主权结构及其与神学关系的是一场哲学斗争，这场斗争既关乎现代的彻底更新或彻底更新的可能性，同时也涉及这种彻底更新的论证，以及这种更新对于我们今天的意义。

主权结构与神学的关系，以及这种关系同经验实证的分离，

①　Carl Schmitt, *The Nomos of the Earth in the International Law of the Jus Publicum Europaeum*, p.60.

在科泽莱克这篇文章的结尾中被结合在了一起，这个结尾又让我们回到了那幅如今悬挂在拿破仑浴室中的《亚历山大与大流士之伊苏斯战役》。在这个结尾中，科泽莱克将"前现代的"拿破仑设定为19世纪后期的标志性人物，而"现代的"狄德罗则被设定为19世纪前期的标志性人物。借助这样的交叉性范例，科泽莱克告诉人们，对现代性的时间化区分，很容易将先驱者和倒退者纳入这种时间化的区分逻辑中，任何主要的划分范畴都会如此。狄德罗是远在大革命之前的人物，但他的"出发点是现代的"，他已经预料到拿破仑的出现，这并非出于对革命的一种司空见惯的预感，而是因为他更具先见之明地预见到革命的后果，以及拿破仑将会填补权威的真空。除此之外，狄德罗也只能说："这场革命的成功之处是什么？没有人会知道。"（Quelle sera la suite de cette revolution? On l'ignore）狄德罗的思考虽然浸润于"有关内战、古代专制学说、历史循环和开明专制主义批判的古典文学中"，但对于并不确定的未来，狄德罗的想法却让他的视角变成了一种"现代的"视角。另一方面，拿破仑认为自己可以和亚历山大大帝相提并论，他在私底下琢磨《亚历山大与大流士之伊苏斯战役》的时候，至少有时候是被"前现代的"想法所吸引："传统的力量是如此强大，以至于1789年革命的所谓新的开端中也闪现出了神圣罗马帝国丢失已久的、救世的历史任务。"（pp.19–20）

[95] 随着一位统治者在《亚历山大与大流士之伊苏斯战役》极为广阔的、类型学延伸的情景中思索其自身的形象，我们也将在我们开始的地方结束我们的论述。一切都毫无变化，但一切都发生了改变。这是如何发生的呢？通过说明宗教和宗教期望被排出政治决断的领域，科泽莱克已经对现代政治的出现作出了解释（II）。在这个问题上，科泽莱克的说明和施米特的历史解释如出一辙，后者认为自然神论和宪政国家的观念共同"将奇迹逐出了世界"，这个说法针对的是政治正当性的宗教权威，而不是"私人

宗教"。在施米特看来，相对于尘世与国家的超越性，上帝的观念与主权者的观念一直到19世纪都是并行不悖的（在他看来理当如此）。[①]然而，与施米特不同的是，科泽莱克始终在讲述一个双方面的断裂问题：一个是和统治国家的宗教模式的历史性决裂，一个是时间性观念本身所内含的性质上的裂变。在他的叙述中，对宗教和宗教期望的消除不但产生了政治，而且还衍生出富有意义的历史时间，这种政治和历史时间会在关键时刻结合在一起。他举出的例子是罗伯斯庇尔，后者展望着一个加速接近的、开放的未来，并且看到了"一个通向自由与幸福时代的人类使命"（p.7）。在这样的"人类"使命中，政治和富有意义的时间结合在了一起。

　　然而，科泽莱克的论点与乌托邦式的论点相差甚远。他和洛维特一样，既认为历史时间的观念与政治上的权衡密切相关，同时也认为，将某种开放的未来作为演进目标的"现代"导向很容易受到乌托邦目标的影响，这种乌托邦目标成为一种相沿成习的规范，从而剥夺了这种未来的现实性。不过，科泽莱克阐述的历史分期和线性关系只能算作一种复原（recuperation），比如倒退或者背离（apostasy）——科泽莱克会否认这是"神学"意义上的"叛教"。施米特对主权的分析一直着眼于非常状态的问题，他始终坚信，理解非常状态必须借助神学上的类比，因为非常状态本质上需要一种毫无规范依据的主权决断。他还坚持认为，这样的类比构成了某种唯物主义而非唯心主义历史哲学的基础。施米特极力强调的这些观点，为质疑那种立足于定性层面上排斥一种"过去"，并且主张占据"世俗的"世界秩序空间的政治主权论，提供了强有力的理由。相比之下，科泽莱克将政治界定为神学从政治决断中撤出，似乎会留下未经考察的决断基础。但事实并不是这样。科泽莱克将政治决断与时间的时间化结合起来，这说明

---

　　①　Carl Schmitt, *Political Theology*, pp.36, 49.

其解释的基础是"现代性"本身。现代性就是以这样的方式成了主权时期，而其历史分期也是以这样的方式成了主权的基础。

历史分期与抵制

笔者这里要将目光暂时转向内格里对于施米特理论的结构因素和历史因素所做的研究，目的是概括中世纪/现代的历史分期借以阻碍某些尝试的过程和方法，这些尝试可以是把握"非常状态"和[96]不可预估性的迹象，也可能是思考新的政治形式和交替出现的时间性（alternate temporalities）。内格里试图从理论上论证永远不会被"宪制权"（constituted power）封闭或从来不会恢复成"宪制权"的某种激进民主的"制宪权"（constituent power）是否可能，此时他就需要解决施米特给他带来的难题。换句话说，他希望深入理解一种权力，这种权力可以搁置法律而无需转变成另一种法律的基础。在内格里看来，"制宪权的典范就是一种力量的典范，这种力量会冲破、打碎、中断和破坏任何先前存在的平衡和任何可能的延续性"。就此而言，施米特对于非常状态的思考"非常接近制宪权的一种本质定义"。①在他这里，非常状态的"奇迹"就近似于制宪权的力量，因为它与内格里想要抵制的宪法规范和司法权限迥然不同。然而，按照内格里的看法，施米特所主张的"决断"以保护国家为目的，强调这种"决断"从一开始就会预先取消制宪权的潜在可能性：

在施米特看来，"决断"标示着法律体系的可能性，敌友

---

① Antonio Negri, *Insurgencies: Constituent Power and the Modern State*, pp.11, 8.

之间的分辨与冲突，另外也贯穿了整个法律体系，它不但塑造了这个体系，同时也在多方面决定了这个体系——这种战争行为体现了最大限度的真实性（factuality），被认为是法律体系中绝对的内在。这种内在深刻而强烈，以至于制宪权与宪制权之间的区别乍看起来也逐渐消失于无形，因而从结果来看，制宪权在本质上说似乎就如同一种原初权力或反向权力（counterpower），一种历史上的决定性力量，以及一系列需求、意愿和非凡的决心。然而，制宪权得以被明确界定的存在性背景，事实上从一开始就被剥离了，这种界定又被还原为关于暴力的理论性规定和关于权力自发出现这一单纯事件的理论性规定。[1]

因此，内格里认为，施米特关于主权"决断"的说法，在制宪权有机会出现之前就已将其重新变回了国家权力和主权暴力。

施米特的主权理论的确包含了保护国家的必要性。正如他在《政治的神学》中所说：

> 国家的存在无疑证明了国家高于法律规范的有效性。决断本身不受任何规范关系的束缚，它会成为真正意义上绝对的东西。就像人们所说的，非常状态下的国家是依据自我保存的权利搁置法律的。[2]

就施米特所说的主权决断在某种程度上具有国家利益的导向而言，我们也可以说，这种"决断"根本不是施米特意义上的"决断"，这也是对施米特最有力的批评。这样的"决断"与其说

---

[1]　Antonio Negri, *Insurgencies*, p.8.

[2]　Carl Schmitt, *Political Theology*, p.12.

像施米特所暗示的那样，没有任何来由（ex nihilo），倒不如说是一种权衡，一种已经着眼于维护某种规范的权衡。①

［97］为了抵制缘于国家的这种恢复（recuperation），也为了将制宪权看作一场不可逆转的、前所未有的革命，内格里试图从理论上证成一个纯粹的事件，一个单纯以自身为基础的突变。当然，如果没有某些方面的重复出现和由此而来的可辨识性，也就不可能出现任何的事件，因此，内格里并不主张与现存的制度化权力建立某种负向关系，而是主张在时间上建立某种负向关联。也就是说，为了奠定制宪权的基础，内格里转向了历史分期，其形式是宗教/世俗的裂变（他也可以将这种突变界定为中世纪/现代的裂变）：

> 制宪权与时间始终具有一种独特的关系。事实上，制宪权一方面是一种绝对的权力，这种权力会决定自身的时间性。换句话说，这种权力代表着权力和政治的世俗化当中一个极其重要的时刻。权力成为历史的内在维度，一种真实的时间视阈。与神学传统的决裂也在这个时刻完成。②

内格里讨论的这种开创性决裂仿佛是无可置疑的——关于它的总体设想好像是一个空白，而不是一种充满政治色彩的行为，区分"宗教的"与"世俗的"似乎也并不是"界定和维护"（借用阿萨德的说法）支配道德领域的国家可以运用的根本途径。③

此外，从理解重大历史变化的能力而言，这种时间性的裂变

---

① 这是德里达在《友谊政治学》（*The Politics of Friendship*）中批评施米特的基本依据。

② Antonio Negri, *Insurgencies*, p.11.

③ Talal Asad, *Formations of the Secular*, p.255. 阿萨德这里讨论的是殖民地埃及的"世俗化"过程。主要参见阿萨德著作的第七章。

对内格里来说也是"历史"的开端，这很快就会变得显而易见。
为了确定基于中世纪/文艺复兴裂变的制宪权的起源，内格里引述
了科泽莱克的论点，即这种历史意识在"文艺复兴时期"才开始
成为可能：

> 这种［革命］观念将我们带回到制宪权概念的历史起源。
> 这个词语可能是在美国革命期间首次提出的，但它属于15至
> 18世纪文艺复兴政治思想发展的产物，它是有助于推动历史
> 运动的一个本体论概念……是构成历史的新科学的基础。①

内格里的说法绝非无懈可击，他虽然坚持认为，"制宪权与主
权概念没有任何的关联"，但他所说的制宪权恰恰立足于他要抵制
的主权组织，特别是"现代世俗国家"。就像施米特的非常状态
从一开始就是一个以国家为导向的、经过权衡的决断，内格里在
这里所定义的"制宪权"，从一开始也被还原为历史分期的主权
决断，这种"制宪权"已经成为造福于国家的权力。就像德塞都
关于划分历史时期使"决断变得纷繁多样"的分析一样，内格里
的论证也重新确认了自我证实的历史分期逻辑，这种逻辑转而将
"现代"和"世俗"联系在了一起——或者再次用德塞都的话说，
内格里的论点再度证实了一个事实，［98］即历史分期得以被确立
（以及由此被排斥）的过程被遗忘了。②

关于支配性的国家权力，查卡拉巴提的思考中提供了不同的
理解方式，他在考察欧洲宗教/世俗间断裂的叙事所造成的政治困
境时，有时会关注到"中世纪"。他的研究坦率地考察了中世纪/
现代、宗教/世俗的历史分期方案所带来的困境，在这里，我会对

---

① Antonio Negri, *Insurgencies*, p.23.

② 关于德塞都对这个问题讨论，参见本书导论（原书页码17–19）。

这项研究工作做简要的评述，以期从中有所获益。

在查卡拉巴提的讲述中，"欧洲世界的除魔故事"（即世俗化的定性叙事）构成了作用于当今"政治现代性"当中的制度化设定，这个故事祛除了难以辨认的"神异"力量。查卡拉巴提首先提出一个问题，即实证主义的（"世俗的"）历史"同法律和政治支配的其他工具有着紧密的关联"（比如法庭的惯常做法就是这样），因此，为了保护少数群体的权利，这种历史承认了在这种政治体制中工作的必要性。[①]但是，这仅仅是一个方面，另一方面，查卡拉巴提又认为，关于历史时间的说法作为这种模式的基础，不足以用来思考殖民地时期和后殖民地时期的印度所存在的政治现代性。[②]继而他又意识到，欧洲的世俗化叙事使历史主义的殖民逻辑获得了正当性，这种逻辑设定了一个重新适用于各种殖民化类型的"人类主权"。查卡拉巴提提出一种可以与之并存的替代性模式，这种模式的基础就像德里达所说的，是"与活着的当下的非当代性相一致的非当代性（non-contemporaneity）"。[③]查卡拉巴提坚持认为，历史性的经验必然是"多种多样的"，不能将现代/世俗与前现代/宗教的并列对立作为唯一的方面，他藉此为"神灵鬼怪干预的故事在历史再现体系中出现的漏洞"进行了辩护。因此，他探索了从属者的过去（subaltern past）是否可以被书写（而不是

---

① Dipesh Chakrabarty, *Provincializing Europe*, pp.107, 114.

② Dipesh Chakrabarty, *Provincializing Europe*, pp.15–16. 另参见两部论文集：Bhargava, ed., *Secularism and Its Critics*；Needham and Rajan, eds., *Crisis of Secularism in India*。

③ Dipesh Chakrabarty, *Provincializing Europe*, pp.15, 23. 大体上可参见导论和第4章。关于当下本身的非当代性，查卡拉巴提倚赖的是 Jaques Derrida, *Spectres of Marx: the State of the Debt, the Work of Mourning and the New International*。我从《马克思的幽灵》中完整引用了关于非当代性的内容。

使这种过去历史化［historicizing］）的可能性，这种过去将"真正起作用的力量"归为世俗事务中的神圣力量或超自然力量，"通过启发一种当下生活的可能性"，这种从属者的过去也可能成为我们当下这个时代（contemporary）。为了构想这样的可能性，查卡拉巴提转向中世纪，在他看来，中世纪的历史虽然与"超自然和魔法"有着非常密切的联系，但中世纪的历史若非在某些意义上与历史学家处于同一个时代，中世纪的历史就不可能被书写。[1]

　　查卡拉巴提的分析中浮现出两个重要的问题。其一，中世纪在这个分析中起着双重的作用。它体现了欧洲政治之内的遮闭，即遮闭其"自身"依赖于一种超验原则的历史，而中世纪又留下了大量可以利用的文献，因而欧洲中世纪提供了通往某个"诸神时代"的认识论途径。这种跨时间的联系并不是直截了当地指向一个同样被遮闭的殖民地文化的过去，［99］而是葛蔓纠结，缠绕在一起——就像查卡拉巴提所说，这是一种"纠缠在一起的时间结节"。其二，与诸神时代的这种联系反对被迫接受基于世俗化叙事的主权，这种联系的作用在于揭示殖民主义在多大程度上同时塑造了"中世纪"与从属者的过去，以及这种塑造的持续性影响。查卡拉巴提因这一论点而招致了强烈的批评，一方面是因为这个观点似乎将当代的非欧洲社会同欧洲"中世纪的"过去混为一谈，另一方面也是因为它似乎有助于一种激进而偏执的"宗教"（尤其指印度教）政治右翼势力在印度的崛起。对于这些批评，查卡拉巴提的回应是，将这些选择看成民主制和人道主义层面的"理性和真理"或"信仰"——一连串迷信、偏见和错误——只不过是重复了启蒙运动的话语。[2]

---

　　[1]　Dipesh Chakrabarty, *Provincializing Europe*, pp.96, 108.

　　[2]　Dipesh Chakrabarty, "Radical Histories and Question of Enlightenment Rationalism: Some Recent Critiques of Subaltern Studies"，查卡拉巴提的这篇文章就是以此处提及的争论为主题。他在文中特别回应了拉布拉斯（Tom

这个论点出现在民族主义编史学与中世纪/现代的历史分期密不可分的深层背景下。正如普拉卡什（Gyan Prakash）所解释的那样，早期的印度民族主义编史学接受了英国"将印度历史分为印度教时期、穆斯林时期和英国时期的历史分期，这些分期后来又被称为古代时期、中世纪时期和现代时期"。沙文主义的印度教民族主义以激烈的方式再现了这种历史分期，在这种民族主义的历史书写中，印度"本质上是梵语印度和印度教印度——辉煌于古代时期，随后又在中世纪走向衰退，这也使它很容易成为英国征服的目标"。①查卡拉巴提对"世俗"历史主义的挑战也由此让自己置身于若干启蒙式中世纪的利刃之间，他提出的对立模式再现和抵制了"现代的"争辩术语，以及"宗教"与"世俗"的分类所造成的困境。查卡拉巴提的观点通过这样的方式阐明了历史分期与当今二元化斗争之间的关系，这种二元化斗争的一方主张表面上维护少数群体权利的世俗主义，另一方则将宗教作为基点，以抵制启蒙理念和多数人的"世俗化"规范。

另外，当查卡拉巴提试图察明一种不同的、完全颠覆性的"时间"观念时，他的分析也表明了历史分期的重要性。通过探索书写从属者历史的可能性——这种历史会将"真正起作用的力量"归为世俗事务中的超自然力量，查卡拉巴提实际上质疑了国家对于非常状态的专属特权。他诉诸"神异"（gods and spirits）的

Brass）和萨卡（Sumit Sarkar）的批评。参见 Tom Brass, "A-way with Their Wor(l)ds: Rural Labourers through the Postmodern Prism"; Sumit Sarkar, "The Fascism of the Sangha Parivar"。查卡拉巴提还列举了"基督教启蒙运动"在坚决要求根除印度特别是印度教的"迷信和巫术"时未能解释自身矛盾的失败事例。

① Gyan Prakash, "Writing Post-Orientalist Histories of the Third World: Perspectives from Indian Historiography"; 另参见 Partha Chatterjee, *The Nation and Its Fragments*。

做法，与其说是对暴力性"宗教"团体的无心教唆，倒不如说是一种诊断——诊断当今主权之争为何以"宗教"的形式进行。对于历史再现体系中出现的漏洞，查卡拉巴提的论点试图重新引出"世俗普遍性"的主张，或者用他的话说，是要"让它们始终愿意接受自身的有限性"。他引用本雅明的话，认为这可以"让普遍主义者和全球的资本档案以这样的方式［100］'摆脱……同质性的历史进程'，同时也能接受在这种同质性结构中造成断裂的时间"。①

时代意识

对于设想这样一种开端的可能性，本雅明做出的设定与施米特全然不同。虽然他们两人后来互生反感，但两人早年对于神学和法律的研究却是相辅相成——他们都深究了同样的哲学问题，尽管表述用语时有不同。在他们共同关注的全面中止法律的问题上，两个人都考察了我们今天所说的"行动性声明"（performative）——践行其所说之事的言语能力。对施米特来说，非常状态的搁置开启了主权决断的空间，这种决断"直接独立于论辩性的证明，并获得了独立的价值"。②这种决断是建构性的，换句话说，它具有充分的执行力，尽管它可能是错的；事实上，这种错误证明了决断的纯粹性，即决断是不可辩驳的。施米特完全理解主权决断的结构：决断的时机是全然独特的，这是一个"自主作出决定的时刻"，它不可能迎合将受其影响的人民所关注的多

---

① Dipesh Chakrabarty, "The Time of History and the Times of Gods", p.52. 省略号为原文中所有。

② Carl Schmitt, *Political Theology*, p.31.

种利益；也恰恰由于这个原因，它需要一个单一独立的主权者。它就像任何演说一样，依赖于先前的制度，因而可能流产——尽管施米特所说的主权行为依据的是霍布斯的原则："制定法律的并不是真理，而是权威"（auctoritas, non veritas facit legem）——也可能最大限度地抓住成功的机会。在这个问题上，神学上的类比要从两个方面入手：非常状态就像一种神迹，逾越了所有规范，决断则如同神的行为一样——但也是达到目的的一种手段——执行法律。正如我对科泽莱克理论的讨论所暗示的，同时也正如我在这些章节中试图要说明的那样，历史分期能够以这样的方式——而且历史上就是如此——作为一种同时出现的搁置和法律的示例，即作为实现政治目的的手段来发挥作用。科泽莱克准确地意识到，历史分期的历史就是法律的历史，因而也留下了有制定权的暴力的痕迹（constitutive violence）——当然，这并不是说，这种暴力是完全可以成功的。

用本雅明的话说，这样的决断不是"神的"暴力，而是"法律的"暴力，而且正义并不会得到伸张。对本雅明而言，"神的暴力"是废弃法律的暴力，是不会推进某种目的的纯粹的手段，这种暴力绝不会强制推行某一种决断。本雅明举的例子是"大罢工"，这种罢工"仅仅要决定恢复一种完全改变了的工作，在这个过程中，它不再被迫服从于国家，这种罢工与其说引发了动乱，倒不如说成就了动乱"，它就像一个扩大的奇迹，使法律失去了效力。[①] 它在这个成就的过程中也完成了自己的工作。这种暂时中止的观念令本雅明在自己后来的作品中设想出一种历史形式，这种形式通过中止（interruption）[101]来破坏历史主义（一种条理分明、以进步为假象的歪曲）的连续性，它从自身的内部来消除进步的观念，又从"现在"（Jetztzeit）的角度，将毫无连续性的历

---

①   Walter Benjamin, "Critique of Violence", pp.291–292.

史事件汇集在一起。^①它就像大罢工一样，是一种"事件的中止"，同时还伴随着"反复"，而且目标乃是救赎。通过想象一种延续奇迹并避免决断的历史形式，本雅明就像人们常说的那样，为依照时间顺序思考事件提供了一种完全不同的方法。鉴于这种历史形式的弥赛亚结构和救赎视角，我会在下一章继续探讨这种历史形式与"中世纪"事件相关联的特殊可能性。然而，一件小小的逸事可以说明这种视角在历史分期方面的不同之处。

《想象的共同体》对于"中世纪"十分无知的夸张描述，以及在排除时间的基础上所提出的民族理论，都令其长期以来饱受中世纪研究者的诟病。在这本著作中，安德森（Benedict Anderson）为论证自己讲述的起源故事，引用了本雅明的《历史哲学论纲》（*Theses on the Philosophy of History*）：

> 再次借用本雅明的话说，随时间并进的同时性（simultaneity-along-time）作为一个中世纪的概念，最终是由一种"同质的、空洞的时间"观念所取代的，在这种观念中，同时性可以说是横向的，与时间交错的，标示它的并不是预兆和实现，而是用时钟和时历来计量的时间一致性（temporal coincidence）。^②

然而，安德森对本雅明的引用是错误的，这个错误恰恰排除了开启历史并试图想象没有任何拒斥的救赎的可能性，而这样的可能性正是本雅明所力求的。下面是本雅明在论纲第15条中所说的话，他在此前的第14条当中明确声明，"历史是一个结构的主体，其立足点并不是同质的、空洞的时间，而是被此时此刻的存

---

① 参见 Susan Buck-Morss, *Dialectics of Seeing*, p.442 n. 24。

② Benedict Anderson, *Imagined Communities*, p.24.

在所充盈的时间":

> 意识到自己在打破历史的连续统一体，此乃革命阶级行
> 动之时的典型特征。伟大的革命带来新的年历。这个年历的
> 第一天就是一部历史的延时摄影机，以节日为幌子而不断往
> 复出现的，基本上同样是这一天，而节日就是回忆的日子。
> 因此，时历并不像时钟那样计量时间；它们是历史意识的纪
> 念碑。①

安德森对本雅明的误解否定了中世纪两种形式的时间性，即
时钟的时间和时历的时间，同时也将两种时间的区别恰好模糊成
同质化的、毫无分别的现在（present）和"此时此刻"（now），而
对本雅明来说，现在（present）并不是历史的结构。时钟与时历、
年表记号与当下的回忆之举，［102］以及排除时间的起源故事与
对事件的敞开之间所具有的差异，乃是历史分期的主权划分与中
止主权的终结之间的差别。这种差别同时也是一种服务于历史主
义的中世纪与打破历史连续统一体的"中世纪"之间的差别。最
根本的是，这种差别是时代意识上的差别。

---

① Walter Benjamin, *Theses on the Philosophy of History*, in *Illuminations*, pp.261–262.

第四章 时间的政治神学：可敬的比德
与阿米塔夫·高希

[103] 奇迹是可能的吗？本书在上一章就想说明，这个问题既是神学问题，也是政治问题，同时也是历史问题和哲学问题。"奇迹"在多大程度上可能搁置既定秩序的界限——不仅是"理性"的界限，还有限定信仰、文化、性别、人与动物的界限，这种可能性近年来吸引了众多哲学家重新思考"宗教"与神学。①这种搁置在时间划分问题上的可能性是本章关注的重点。上一章考察了中世纪/现代这种历史分期的历史和影响，本章研究以不同方式处理时间问题和历史分期问题的文本。这些文本并没有创造出奇迹：它们最终对历史时期进行了划分。然而，出于不同的原因，这些文本对时间划分的思考，以及与时间划分的偶然邂逅，都以不同的方式牵涉到抵制或搁置历史分期的内在可能性。本章的讨论游移在这种可能性的边缘，所以这一章不同于之前的几章，它更多是深思，而不是论证。笔者在本章中要讨论三个文本：比德

---

① 这种讨论多种多样并且不断扩展，相关著述可参见 Jacques Derrida, Gianni Vattimo, eds., *Religion*；Giorgio Agamben, *The Time That Remains*；Alain Badiou, *Saint Paul: The Foundation of Universalism*；Slavoj Žižek, Eric Santner, Kenneth Reinhard, eds., *The Neighbor: Three Inquiries in Political Theology*；Hent de Vries, Lawrence Sullivan, eds., *Political Theologies: Public Religions in a Post-Secular World*。

的《论时间计算》(*De temporum ratione*)、《英吉利教会史》，以及阿米塔夫·高希的《在古老的土地上》。这三个文本在某种意义上互不相干，但是，本章的关注点并不在于它们的相似之处，而是在于它们与时间和历史分期的斗争与冲突。笔者认为它们是启发性的，而不是结论性的。笔者还认为，考察这些文本中内含的时间划分问题可以推进这样的讨论，即重新思考时间的政治神学可能意味着什么。

比德是一个显而易见的选择，原因有很多。他既是先前传统的强有力的综合者，也是雄心勃勃、有影响力的历史撰述家和时间性问题的理论家。①他的作品对历史时期进行了划分，因为它们基于道成肉身的时间逻辑，并使之约定俗成。而中世纪/现代的历史分期则扩展并否定了这样的逻辑。不过，它们是通过对政治的某种搁置而实现了这一点，这在某些方面与这样的历史分期并不相容。比德也很重要，原因很简单，他并不是奥古斯丁，[104]后者在《忏悔录》和《上帝之城》中对时间的讨论出色而复杂，具有极大的吸引力，往往令其他"中世纪的"时间观念相形见绌。比德当然钦佩和推崇作为一位教父的奥古斯丁，但在比德看来，他本人的历史分期模式与奥古斯丁的双城模式有着微妙的差异，"世俗生活，即政治和社会方面的现实，有其自身的价值和功

---

① 比德的《论时间计算》所具有的知名度和影响力已得到广泛的讨论。参见 Andrew Rabin, "Historical Re-Collections: Rewriting the World Chronicle in Bede's *De Temporum Ratione*", p.1.《英吉利教会史》的影响力怎么说都不为过，数百年以来，这本书在许多方面仍然是英格兰史学和英格兰民族主义问题的根系所在。关于《英吉利教会史》在中世纪早期的重要性，参见 Walter Goffart, *The Narrators of Barbarian History*, pp.235–36; J. E. Cross, "Bede's Inflence at Home and Abroad: An Introduction"; George Hardin Brown, *Bede the Venerable*; Joyce Hill, "Carolingian Perspectives on the Authority of Bede".

能"。①奥古斯丁几乎不需要对基督教王权和政治历史的地位与时间加以理论化的说明，但在 8 世纪的不列颠，教会的存在本身是不稳固的，以至于在比德看来，教会同样需要积极有为的君王，这种需求有时更甚于对僧侣和修道院的需求。关于基督教的时间政治，比德还向我们讲述了更多问题，而且并非偶然的是，他成了第一个在政治史和制度史上使用 anno domini［主的年代］的著述家，并因此成了第一位——以一种非奥古斯丁的方式——把道成肉身与政治时间联系起来的撰述家。比德阐述了一种神学，我们可以称之为时间的世俗神学，藉由这样的神学，必要而且一直没有间断过的时间计算就成为一种规定性实践，一种转而造就世界历史的生活方式。

　　比德与奥古斯丁的差异，以及他们两人的论点和 3 至 8 世纪的许多其他时间观念的差异，不但有悖于中世纪/现代的历史分期，而且还在某种程度上有可能消解这样的历史分期。就政治上关于时间的时间化的论争而言，他们动摇了上一章详尽阐述的观点，即时间对于"中世纪"的思想家来说是非时间性的，因而也是非政治的和非历史的。也许更为重要的是，比德和其他人就历史观念和时间性观念所展开的政治争论，使"中世纪"成了多元化的"中世纪"，因而也破坏了中世纪/现代的历史分期得以可能的分类范畴。单一的"中世纪的"时间观念和历史观念是不存在的。

　　在高希所写的《在古老的土地上》中，中世纪成为一种对抗殖民的知识政治的方法，因为这种政治恰恰是基于一种领土化形式的中世纪/现代的划分。通过这种双重交织的"无稽之谈"，高希试图将 12 世纪被遮闭的"中世纪的"跨文化关系缝合成牵强脆弱的关联和具有 20 世纪特征的跨信仰实践，从而努力开辟出另外

---

① 　Jan Davidse, "The Sense of History in the Works of the Venerable Bede", p.689.

的历史轨迹。他的叙述追溯了东方主义的历史叙述，"世俗"与"宗教"也因此被对象化和具体化，在反对认同政治的暴力方面，他的努力既批判了历史分期，同时也受制于历史分期。尽管这本书在叙述上存在公认的缺陷，但它确实强调了历史分期的局限性，并试图去思考时间和政治是如何被割离的。通过将这本书和比德的著作并置，本章希望考察这种割离可能的变化方式。

计 算

[105] 埃及成为［罗马的］一个行省的时候是恺撒·奥古斯都的第42年，也是克丽奥巴特拉和安东尼死后的第27年，这既是第193届奥林匹亚运动会的第三年，也是罗马建城以来的752年，也正是在这一年，全世界所有民族的活动都被中止，恺撒根据神的判决建立了真正不可动摇的和平，上帝之子耶稣基督以他的到来，把世界的第六个时代神圣化了。①

以罗马为标志，每一个地方的活动都中止了：在《论时间计算》这篇写于8世纪初的简明论述中，比德就是这样描述了世界编年史中的道成肉身。比德将这个时间点定在创世纪元（anno mundi）3952年，这是对整个世界纪元方案的一种大胆而激进的重新计算。在这篇论述中，比德将这种纪年模式与几乎所有其他经过修订和解释的纪时体系相协调，这些纪时体系包括创世日、复活节时间、人类的六个时代、潮汐涨落、日期和月份的传统命名，

---

① Bede, *De temporum ratione*, p.495；trans. Faith Wallis, *The Reckoning of Time*, p.195.

以及帝国的小纪（indiction）纪时。《论时间计算》在一个普遍的尺度上对循环时间和线性时间作出综合性的解经式论述，它将时间阐释成一个被规定的规定性体系，该体系既与人民和国王的历史相结合，同时也被这种历史所推动。这种阐释的结果就是产生了一种时间的政治神学，这并不是因为某些国王得到上帝的认可——尽管这对历史叙事和类型化叙事至关重要——而是因为对时间的计算及感知本质上依赖于政治制度。

在比德关于时间的著述中，贯穿其间的政治神学关系到基督教传统的时间逻辑，比德从数百年间出于各种不同的、有时是相互冲突的视角而撰写的历史、科学和哲学文献中获知了这一时间逻辑。比德细致入微地研究了这种时间逻辑及其内涵，他还是第一个将两种关于时间的文献类型结合起来的人。这两种文献类型都具有博学的解经式倾向：关于时间计算（通常被称为computus［测算］）的技术性论述，这种论述着眼于复活节日期的循环问题，因而关注点主要是在数学和天文学方面；世界编年史主要出自凯撒利亚的优西比乌斯（Eusebius of Caesarea）、哲罗姆（Jerome）、奥古斯丁、奥罗修斯（Orosius），以及塞维尔的伊西多尔（Isidore of Seville），[①] 这是一种线性的历史形式，带有罗马式的

①　关于比德——特别是在爱尔兰传统中——所接受的那种博学的、解经式的computus［测算］倾向，参见Faith Wallis, "Introduction", in Bede, *The Reckoning of Time*，尤其是pp.xxii-xxvi。编年史传统通常是博学的：优西比乌斯的《编年史》（*Chronological Cannos*）就尽可能利用了很多早前的资料。参见 Aldan A. Mosshammer, *The Chronicle of Eusebius and Greek Chronographic Tradition*, pp.15-16。哲罗姆对优西比乌斯著述的翻译和续写在优西比乌斯的记述中插入了许多新材料，并续写了优西比乌斯没有写出的历史。在绪言中，哲罗姆将他对优西比乌斯的增补置于翻译和转录（translatio）的逻辑之中，当然，这是他非常关注的领域："必须知道的是，我在一定程度上履行了一位译者和作者的职能，因为我非常忠实地表述了希腊语，同时也增补了一些在我看来被忽略的内容，特别是罗马史的内容。这部著作的原作者优西

观念取向和一些哲学上的矛盾。比德后来所写的《英吉利教会史》是第一部使用anno domini［主的年代］纪年并将其事件与道成肉身直接关联起来的史书，它进一步扩展了比德基于时间计算的历史论证方法。①

［106］《论时间计算》和《英吉利教会史》与我整本书中思考的世俗化与时间性问题，以及与历史分期和主权问题都有关系。考察这些文本可以看出，本书第三章所研究的主张是如何失实，即历史时间在中世纪是非时间化的，"宗教"排除了任何关于历史力量的意识。在今天，通过关注时间和历史在诸如比德文本中的

比乌斯并非知之甚少，而是博学多闻，但在我看来，由于他是用希腊语来写作，所以他觉得有必要只对自己的同胞提供粗略的论述。因此……我十分谨慎地摘录了苏维托尼乌斯和其他著名历史撰述家的著述。"参见Malcolm Drew Donaldson, *A Translation of Jerome's Chronicon with Historical Commentary*, p.1。然而，正如有学者所说的那样，伊西多尔和比德"编写了全新的编年史，他们将优西比乌斯和哲罗姆作为资料来源，而不是有待开发的主干"。参见Walter Goffart, *The Narrators of Barbarian History* (A. D. 550–800), p.9。另参见Michael I. Allen, "Universal History 300–1000: Origins and Western Developments", p.33。比德在《论时间计算》所写的那部分测算（computus）内容是第一次将宇宙学（即关于至日、昼夜平分日、黄道带、季节变化、潮汐等的讨论）与复活节历法的计算结合在一起。正如费斯·沃利斯所看到的那样，通过从神学角度将这种结合与编年史融合在一起，比德既将礼拜仪式包括在内，同时也将神意历史包含于其中（Faith Wallis, *The Reckoning of Time*, p.lxvii）。我将在下文更加详细地讨论编年史的具体问题。

① anno domini已经成为复活节历表的一个特点，而且从7世纪开始，英格兰宪章中就会不时地用到*anno domini*。参见Deborah Mauskopf Deliyannis, "Year-Dates in the Early Middle Ages", pp.5–22; Kenneth Harrison, *The Framework of Anglo-Saxon History to A. D. 900*，特别是第4章，这一章讲述了比德之前的纪时方式，而第5章的内容就是比德的历史。在《论时间计算》中，比德两次在编年史记录中提到了anno domini，一次是关于酒神复活节历表的开始时间（anno mundi 4581），一次是为了标明爱奥尼亚的爱尔兰人改为遵守罗马复活节的时间（anno mundi 4670）。

作用来挑战这类主张，是非常重要的，这并不是为了单纯的经验的正确性，而是因为它揭示了一个特定的主权秩序将其规定性实践作为普遍实践的过程。比德的文本逻辑无法同"中世纪的－宗教的"／"现代的－世俗的"这种二分形式相对应，我认为，要讨论当今政治生活中所显现出来的"宗教"与主权之间的关系，接受这种不可对应性是必不可少的前提。

区别性的时间

时间是一种区别性的功能，与总是需要计算的测度密不可分，而且只有在最终无法计算的情况下才有意义地存在，其未来是开放的而不是确定的——这是比德的时间性观念的根本，无论他讨论的是复活节日期、宇宙还是世界史。他举例说明这是一个数学的、宇宙论的、历史的原则，这个原则来自两个基本的神学信条：人不可能知道时间的终结，或者更确切地说，人不可能知道"此世剩余的时间"（quae restant saeculi tempora）；世界的拯救和个体的救赎既取决于人的行动，也取决于神的行动。[1]我将在下文说明，比德以科学的方式把这些原则"强加"（hard wires）到了循环时间中（庆祝复活节从而参与救赎历史的基础），他还通过彻底修正创世纪元的测年法，以一种整合协调的方式，把这些原则纳入了编年史意义上的时间中。这样一来，比德就制止了推算世界末日时间的企图，这种企图对他来说会消除有意义的人类行为的可能性，继而消弭历史的根基。循环时间和线性时间因一种井然有序的宇宙和道成肉身的中心事件联系起来一起运行，但总是需要解释和计算，而且正是基于这种必然性，比德确立了规定划分

---

[1] 比德在第67章中讨论了"剩余的时间"，"The Remainder of the Sixth Age"，Jones, pp.535–537；Faith Wallis, Reckoning of Time, pp.239–540。我将在下文讨论比德对人和神参与救赎的强调。

（regulation）的可能性，从而使时间政治化。比德在明显是他自己的词源说明中解释说，"时间取名于'度量'"（temperamento，源于 tempero："节制、划分、规定"）。他由此将时间性、度量和划分规定归并成一个单一的原则。①

凭藉关于创世的一种异乎寻常的叙述，比德从一开始就设定了区别性的时间概念：时间并不是在光产生的第一天开始的，[107] 也并非始于光和暗比重同等以至于"并不存在对于时间的测度"之时，而是开始于创造太阳、月亮和众星的第四天：

> 因为神定下了时间的开端，那是光体出现的一刻，神说，要让光体作为记号，定节令、日子和年岁。

太阳直到那个时候才从"东方的中点升起，时间随之穿过阴影界限，开启了昼夜平分"。②随着标示时间度量尺度的物体运动，时间作为分界（division）而出现。之后，比德又在这一章中重申这个时间开端，同时进一步强调了时间的运动："但是，根据其最初创世的顺序，[太阳的] 运动轨道的起始同时也是所有时间的开端"，这个开端就是昼夜平分日。③昼夜平分日的选择将时间的起始和运动与月亮—太阳周期紧密地关联在一起，而月亮—太阳周期一直是关于复活节争议的焦点。此外，就像沃利斯（Faith Wallis）

---

① *De temporum ratione*, p.274.

② *De temporum ratione*, p.291; trans. Faith Wallis, *Reconing of Time*, 24.

③ *De temporum ratione*, p.294, trans. Faith Wallis, *Reckoning of Time*, p.27. 沃利斯在关于这一问题的讨论中认为，对比德来说，时间始于宇宙，太阳和月亮仅仅是时间的标示，第四天则是对时间的测度，而不是被创造的时间本身。然而，这似乎与比德对这一问题的直接陈述有所分歧。参见 Faith Wallis, *The Reckoning of Time*, p.lxvii; Faith Wallis, "*Si Naturam Quaeras*: Reframing Bede's 'Science'", p.83。

在其探讨比德论著的重要作品中所说的那样，由于月亮周期和太阳周期无法以同一单位计算，这种选择必然也涉及"对天文事实的暴行"。

通过将复活节周期固有的不可共量性与时间作为区别性运动的性质联系起来，比德创设出一种情境，必要的、持续的时间计算由此成为一种规定性实践，一种转而造就世界历史的生活方式。按照比德的陈述，产生礼拜周期的时间计算依赖于比德先前在论述中定义的三种时间度量模式：时间据自然（比如天文周期）运行（decurrit）；据习俗（比如将三十天归为一个月，或把一小时分为若干段）运行；或者依据权威（可以是人的权威，比如帝国的小纪纪时，也可以是神的权威，比如第七天守安息日的指令）运行。[①] 就这一点而言，拉宾（Andrew Rabin）认为比德将时间界定成一种语言，并且把computus［测算］与奥古斯丁式的语言学说联系起来的最新推论并非没有说服力。[②] 作为一个只能通过人的解释和调解才能理解的符号体系，时间需要从字面到具象的运动，这将天体运动与人类秩序联系起来。

这种关系在比德这一章的中心部分变得最为明显，那里强调了人作为历史主体的重要性：

> 遵守复活节的时间（temporis）并非没有理由（或计算：sine ratione），因为世界的救赎恰恰可以由此被推算出来并成为现实（et figurari et uenire）。[③]

---

① *De temporum ratione*, p.274.

② Andrew Rabin, "Historical Re-Collections", p.30. 拉宾认为，比德的三种时间计算模式符合古典和教父修辞学说的准则，维克托利努斯（Victorinus）和奥古斯丁为中世纪推广了这样的准则。

③ *De temporum ratione*, 292; Faith Wallis, *Reckoning of Time*, p.26（译文有改动）。

在 ratione［计算］的范围内，遵守复活节的时间融合了对复活节时间的计算，这样一来，复活节的给定性（givenness）就与界定复活节并将其主动推向未来的计算变得不可分离。这种被动/主动的组合直接重复出现在了短语 et figurari et uenire［被推算出来并成为现实］的成对动词中，[108] 而这一短语明确申明了人类创造历史的程度：作为救赎叙事的重要部分，修行的基督徒有意使救赎成为现实，（"理由"和"计算"意义上的）时间之比（ratio of time）则是这种矛盾性张力的支柱。① 礼拜仪式的循环时间和救赎历史的线性时间就交汇于这个张力点之上，而在比德的讲述里，这两种时间都内在于具体的政治情境中，并且由具体的政治情境所决定。figurari［被推算］尽管是被动语态，但仍然传达出一种主动意识，因为作为主体的人必须通过智识和观察将自己作为具象（figural）来塑造。在这个意义上，figurari［被推算］就将时间收缩于自身之内，其救赎性的践行汇集了过去、现在和将来。从这种表象性（representational）实践中挣脱出来的是 uenire，即"成为现实"，具象实践朝着 uenire 循弧线行进，但只能围绕而无法靠近 uenire。因而对比德来说，人类主体作为世界历史的推动者占据着双重地位，这种世界历史既不完全确定，也没有被充分理解，总是需要精确的计算和规定，因为它根本上是不可计算的。

正如我们已经看到的那样，科泽莱克这样的理论家表明，比

---

① 在对比德的"历史意识"的考察研究中，戴维兹对比德论述中的人的动因提出了强有力的论点，该论点针对的是这样一种看法：道成肉身作为历史的中心，消除了各个时间点之间以及过去与现在之间存在重要差别的可能性。戴维兹还指出，修道院的退出与世俗政治之间存在着"不可调和的张力"。在他看来，奥古斯丁时代以来的写作环境已经发生了很大的变化，在这种情形下写作的比德知道，教会依赖于王权的扩张。见 Jan Davidse, "The Sense of History in the Works of the Venerable Bede", pp.647-695。

德这里讲述的救赎历史显然不会将毫无意义的人类行为与一种已经决定的神意历史对立起来。事实上，就像比德所解释的那样，人类主体在历史创造中的双重参与，就是施米特描述的那种"强大的历史力量之中清晰的基督教信仰"的一个方面，这对"所有人类事件的末世瘫痪"构成了阻拦。对施米特而言，拦阻者（katechon）这一观念——抵挡基督之敌的帝国"拦阻者"——是如此富有意义的人类历史在基督教中世纪能够被概念化的唯一途径。[①]但是，就像许多中世纪思想家一样，比德并不需要帝国的拦阻者。他一定知道这个概念，这是奥罗修斯推崇而奥古斯丁避而不用的概念，后者希望把救赎历史同罗马帝国分割开来。[②]不过，在比德的文本中并不是拦阻者确保了有意义的人类历史，而是时间本身的不确定性确保了有意义的人类历史。这种方式与施米特提出的方法有质的不同，但对于帝国同样具有启示意义。[③]

---

①　参见本书第三章关于施米特和拦阻者的讨论。施米特的关注点是寻求建立帝国的德意志君王，对这些君王来说，帝国拦阻者确实有助于形成帝国转移（translatio imperii）的观念。

②　参见 Bernard McGinn, *Visions of the End: Apocalyptic Traditions in the Middle Ages*, pp.83–84；Michael I. Allen, "Universal History", pp.26–32。关于末世论和世界末日的多种观点，参见 Caroline Walker Bynum, Paul Freedman, ed., *Last things: Death and the Apocalypse in the Middle Ages*。

③　关于这种未来的不确定性，让－克劳德·施密特已经有所讨论，他指出，"在中世纪拉丁语中，'未来'通常是一个复数名词：futura"，这是对"未来复杂性的承认"。他还注意到基督教历史时间的二元表现形式——线性时间和循环时间、宗教的时间和神话的时间——中所存在的张力。见 Jean-Claude Schmitt, "Appropriating the Future", pp.5–6。对于"中世纪的"未来意识，施密特提供了一些细致入微的解读，包括"神意并没有最终确定事情走向"的论点，以及认识到"未来是一个权力问题"，然而，施密特最终还是基于韦伯的"除魔的世界"，以极其简化的方式，重复了科泽莱克（施密特很早就引用了科泽莱克的论述）所规定的中世纪/现代的划分。关于中世纪晚期复杂的未来观念，包括"某种无尽延长的未来"观念，参见 Ian P. Wei,

在比德的描述中，时间的不确定性所承担的重要作用，的确同 katechon［拦阻者］概念及其与构制法律和国家权力的关联相类似。katechon 这个概念的圣经来源在《帖撒罗尼迦后书》的第二章当中，保罗将 katechon 描述为对"不法之人"（anomos）的制止；用最简单的话说，katechon 就是法律力量施加的阻力。阿甘本（Giorgio Agamben）在讨论这段圣经文本时将 katechon 阐述为"如同罗马帝国以及一切法定权力的力量，［109］这种力量与救世主特有的那种倾向于不受法律制约的状态……相冲突，并且掩盖了这种状态，而且从这个意义上说，这种力量也推迟了对于'不受法律制约之奥秘'的揭示"。[1] 这种结构符合比德对时间的处理，比德认为时间是区别性的运动，与复活节周期的不可共量性密切相关，这种主张揭示了"不受法律制约之奥秘"，但将这种奥秘认定为时间的不可计算性。复活节时间的选择是一种"神圣的奥秘"，而且比德在之后的一章中写到，对复活节的正确庆祝"借助时间秩序从表面上展示了复活节所具有的内涵"。[2] 由于 et figurari et venire［被推算出来并即将到来］这种看似矛盾的作用力，对复活节的得当庆祝表现为一种有生命力的秩序，这种庆祝需要并且履行被规定的时间秩序。这种在比德看来不能同政治相分离的规定，推延了时间最终的不可计算性中所固有的混乱。

从表面上看，这种秩序构成了一种聚居习俗，比德的《教会史》——我会在本章稍后谈到——清楚地表明，这种时间性的纪念本质上是政治的纪念，由国王所保证，而且这种纪念是在整个世界（toto orbe）确立教会统一的途径。利斯（Clare Lees）更加笼

"Predicting the Future to Judge the Present: Paris Theologians and Attitudes to the Future"，pp.9–36。

　　[1]　Giorgio Agamben, *The Time That Remains*, pp.110–111. 正如阿甘本所指出的，保罗并没有提到敌基督者。

　　[2]　*De temporum ratione*, p.456.

统地描述了这个过程，按照他的说法，这种纪念"将自身认定为传统的"，而且在其作为社会性力量的权力行使中，这种纪念证明了"传统宗教书写的历史活力"。①关于时间的开端，比德在接下来的章节中明确指出，复活节从昼夜平分日开始，因而复活节的观测涉及的将"不仅仅是上帝，也不仅仅是人"（释读为太阳和月亮）。"时间的秩序"与世界相关，但它既非自明，也不能自我实现。这是一种时间的政治神学，远比帝国拦阻者的政治神学复杂得多，后者同两种积极因素相对：一种阻力和一种即将到来的世界末日。相比之下，比德的概念认识到，这种推理方式调用并且至少在某种程度上消除了"奥秘"和救世主的许诺（venire，"即将到来"），其未来性（futurity），以及这种未来性对于每个个体的意义，一旦被塑造成已经确定的形式，就会变得毫无实际意义。在一种本身并不适合二分法的运动中，比德的时间使测量和规定实践成为一种通向未来的方式，这种未来并不可知，也不可计算，但总是被许诺。

比德就是以这些术语将道成肉身时刻描述成了"遏止"（conpressis，源于comprehendo，"约束、控制、中止、把握"）运动。让我们再看一下比德关于3952年的世界编年史记录：

> 埃及成为［罗马的］一个行省的时候是恺撒·奥古斯都的第42年，也是克丽奥巴特拉和安东尼死后的第27年，这既是第193届奥林匹亚运动会的第三年，也是罗马建城以来的752年，也正是在这一年，［110］全世界（per orbem）所有民族的活动都被中止（conpressis），恺撒根据神的判决建立了真正不可动摇的和平，上帝之子耶稣基督以他的到来，把

---

① Clare Lees, *Tradition and Belief: Religious Writing in Late Anglo-Saxon England*, pp.5, 7.

世界的第六个时代神圣化了。

所有的政治运动都被中止了，而不仅仅是时间。比德在这里强调了"运动"（motus："运动、变动、变化、骚动、政治运动"），其内涵中既有指引礼拜仪式的循环时间的天体运动，也有构成世界编年史的政治事件的线性运动。[①]正如我已经表明的，这些意识已经联系在对于人类行为的规定中，并且通过人类行为表现出来。作为对历史的一种把控，基督的莅临开启了第六个时代，即仍然属于世界的时期，这并不是一个政治事件，而是政治的暂时中止。通过对运动的这种把控，共同体（community）在全世界团结和联系在一起的可能性是通过对时间的理解而产生的，这种张力与我们在比德的 et figuari et uenire［被推算出来并成为现实］中看到的时间性相吻合。[②]

在比德看来，道成肉身的普遍化影响并非来自政治力量，而是源自历史的中止。即便如此，比德也像奥古斯丁一样，并不关注救赎史与罗马帝国的关系，他为此强化了他的材料来源所提供的罗马范例。他精挑细选，仅从鲁菲努斯（Rufinus）翻译的优西比乌斯《教会史》和奥罗修斯《反异教史》的大量叙述中拣选和提炼出一些细节，为了加强罗马和平（pax Romana）的集中效应，他也仅仅提到了进入罗马帝国的日期。[③]在比德那里，这种和平的积极效用（valence）是通过一种双重的消极效用实现的，因为它中止了政治运动，这又反过来表明，时间的固定性是不可能的。

---

① 参见 Clare Lewis, *An Elementary Latin Dictionary*, p.519。该词典将 caeli signorumque motus［天象运动］和 repentini Galliae motus［高卢人的突然骚动］列为 motus 的典型用法。

② Giorgio Agamben, *The Time That Remains*, p.69.

③ 参见 Rufinus, 1.5.2 (p.45)；Orosius, *Historiarum adversos paganos libri quinque*, book 6, chapter 22。奥罗修斯还强调"一种单一的和平"，但很快又转向对奥古斯都的吹捧。

这些运动的停止通过政治差别的瞬间湮灭使时间变成了单数，从而容许了世界历史的历史分期，这种分期对应于道成肉身事件，但并不依附于某种特定的主权秩序。从比德的视角来看，道成肉身构成了一个例外：这个例外并非相对于某种特定法律秩序，而是相对于构成法律和政治的秩序而言。

比德的编年史记录将道成肉身设定为普遍时间中的一种质变，并因此以极度强势的方式进行了分期，但与中世纪/现代这种历史分期不同的是，这种分期并不打算简单地将历史和政治从过去之中抽离出来，从而奠定这种变化的基础（例如，就像我们在科泽莱克所分析的"中世纪"中所看到的那样）。对于这种记录所描述的内容，我们可以称之为时间的世俗神学，这种神学不可简化为一种"永恒外在"（timeless exteriority）的"神学的"结构。[①]［111］通过保留历史但不允许特定的主权秩序拥有历史，比德的那段话牵涉到阿甘本在解读保罗时发现的一个非超越性（nontranscendence）的方面：

> 对保罗而言，这并不是一个为了确定同一性（sameness）或某种潜藏在背后的普遍性（universal）而"容许"或超越差异的问题。普遍性并不是差异由此可以被感知的超越性原则——保罗并不具备这样的超越性视角。相反，这种"超越性"涉及一种操作，这种操作从未触及任何决定性的根基，而是对律法划分本身进行了区分，并使这些律法的划分失去作用。[②]

---

① 这个短语出自 Peter Osborne, *The Politics of Time*, pp.113–114。我在本书第三章对科泽莱克进行了详尽的讨论。

② Giorgio Agamben, *The Time that Remains*, p.52. 阿甘本这里的表述是针对巴迪欧的说法："平等的产生和差别在思想上的消除是普遍性的实质标志……同一性本身内在于同一性的规律之中。"参见 Alain Badiou, *Saint Baul: The Foundation of Universalism*, p.109（重点语句标识为原文中所有）。

阿甘本这里所论的是保罗对犹太律法的废止，他并没有将此解释为新律法对旧律法的取代，而是理解成律法的划分中起作用的一种划分。阿甘本表明，保罗以另一种划分，即灵/肉（sarx/pneuma）之分，对律法的基本划分（犹太律法/非犹太律法）进行了区分，他由此发现，保罗认为律法的划分并非一致，因而也是无效的。比德的记述谈论的是帝国的纪年方式，因而也涉及政治时间的另一个方面，但在他的作品中，我们也看到了一种使政治划分无效的道成肉身概念。此外，对比德来说，时间的规定性原则始终存在着分歧，确切地说就是无法达成决定性的根基。然而，通过将政治时间出现这种变更的时刻单数化，并承认历史的必然性，比德思考并解释了政治统治权根据历史分期宣称自身地位的过程。在本章的后文中，我将探讨这种可能性如何也会困扰到阿甘本对保罗的正义所做的阐述。

时间线

在比德的材料来源中，世界历史的多种时间线及其政治命运都显得绘声绘色、五彩缤纷。4世纪的优西比乌斯在其《编年史》这部世界编年史传统的开创性著作中，将不同民族的编年体系纵向排列，使之横向上时间一致，但根据它们各自的逻辑以不同的模式变动，从而协调了多重的时间线。源于圣经、君主名录和古代历史等一系列材料的事件和纪时体系，看起来内植于它们自身的纪年方式当中，比如奥林匹亚四年周期、君主执政年代、某城创立的年代等等（我们在比德关于3952年的记述中看到的那些一并设定的纪年体系），以及处于边缘的亚伯拉罕诸事件的年份。[1]这

---

　　① 参见 Aldan A. Mosshammer, *The Chronicle of Eusebius*, pp.15–16；Anthony Grafton, Megan Williams, *Christianity and the Transformation of the Book*, p.137，本书第三章更加笼统而全面地讨论了优西比乌斯编年史及其纪年方

些种类繁多的时间序列逐渐减少成一种：罗马。对此，沃利斯这样描述道：

> 当各个民族和帝国出现在世界历史的舞台上时，它们在年历表之内被各自赋予了并行的时间序列；当它们被纳入世界帝国，这些时间序列便逐渐消失了，[112]直到罗马帝国支配整个局面。①

因此，优西比乌斯精心绘制的年历表既呈现了诸历史的独立性，同时也将这些历史在时间上同步成一个提出某个历史论据的方案：有记录的历史从亚伯拉罕开始，历经诸多帝国，并以罗马和基督教为终点。按照格拉夫敦（Anthony Grafton）和威廉斯（Megan Williams）的说法，这是"一种没有读者会错过其情节的视觉叙事"。②经过哲罗姆的翻译、抄录和广泛流传，这部《编年史》为编年方案与占有某种明显可见且有望实现的历史位置之间的关系提供了直观的借鉴。

在优西比乌斯和比德之间的几个世纪里，历史学家们将优西比乌斯的多种时间线重构为综合性的叙事和一种单一的纪年方式。奥罗修斯的《反异教史》把编年史材料重塑为强调罗马统治权的叙述形式，奥古斯丁的《上帝之城》则断然将救赎历史从罗马的道路中分离出来，进而完全将其重新设定为六个世代和双城的叙述体系。到7世纪，塞维尔的伊西多尔通过运用创世纪元来标注年代，彻底重塑了优西比乌斯—哲罗姆的编年史，并将其概括为

案的背景、语境和形成过程。另参见 Brian Croke, "The Origins of the Christian World Chronicle"；Michael Allen, "Universal History", pp.20–23。

　　①　Faith Wallis, *Reckoning of Time*, p.355.

　　②　Anthony Grafton, Megan Williams, *Christianity and the Transformation of the Book*, p.173.

一种单一的时间序列。^①正是在这种布局中，比德接受了这样的时间序列，将其与时间的逻辑整合为区分运动，并举出道成肉身，将其作为与主权相关但与某种特定的主权秩序无关的、普遍的历史分期时刻。按照编年史体裁的百科全书式布局，任何政治群体都可以在世界历史的舞台上（包括英格兰的历史，该历史进入了涉及国王皈依和复活节教规问题的比德的编年史）行使正当的权力，但这只能与道成肉身的时间规定相协调，并只能作为道成肉身的时间规定。^②对时间本身的恰当遵守成为一种统治原则，这种原则可见的意义有赖于人的实践活动，这反过来又能使统治正当化，同时也可以使人注意到政治的不稳定。

在比德的体系中，正统信仰与其自身的时间性相称——这是涉及多重时间体系的一种高度微妙的、有生命的关系，协调了整个世界的 imperia［统治］、救赎历史和教会活动。另一方面，异端和叛教显现了不稳定性，也显示出在这种时间体系里生活和实践的失败，这种失败在比德的史书中被记述为地域上和历史上的扩展或消亡。然而，这并不是说异端和叛教没有作用。正如戴维兹（Jan Davidse）所注意到的，比德的历史观允许时间的间断，因为与基督教的救赎并不同步的力量仍然在历史上具有切实的影响力。^③恰恰是这样的可能性反而需要规定，因而也需要一种时间的政治。

---

①　Walter Goffart, *Narrators of Barbarian History*, p.247; Michael Allen, "Universal History 300–1000", p.33.

②　参见 Andrew Rabin, "Historical Re-Collections", p.33。拉宾在该文中分析了比德的编年史纳入英格兰历史一事，但偏重点与我有所不同。比德在其编年史中七次提到测算的历史（history of *computus*），对于这一问题，拉宾亦有出色的考察，在他看来，"如果测算能够使世界历史得到统一的理解，那么，《论时间计算》将测算的历史汇集在一起就决定性地推进了基督教史学的发展"。

③　Jan Davidse, "The Sense of History in the Works of the Venerable Bede".

所以，比德通过重新计算编年时间来打击异端并不让人感到意外。比德主要的顾虑在于计算时间终结的企图，这同样不让人意外，[113] 这种企图有可能抹杀人类历史的意义，也有可能将人类历史的意义交由某个特定的政权所掌控。为了打消人们可以确定世界末日的想法——长期以来被主导性权威宣布为异端邪说——比德彻底修改了创世纪元的年代测定，再次将数学计算应用于经文的解读，并借助其最终不可计算的事实——而不是在任何确定的本质上——将循环时间与线性时间联系起来。他也由此卷入了一场令优西比乌斯以来的历史著述家颇为困扰的争论，优西比乌斯明确反对他的前辈尤利乌斯·阿非利加努斯（Julius Africanus）根据纪年方式预测未来的努力，他还搜集了无法兼容的编年材料，以证明预测未来乃是徒劳无益的尝试。①

虽然优西比乌斯作出了努力，但在随后的几个世纪里，争论不断加剧，且变得更加复杂。在漫长而复杂的过程中——我不打算在这里详述这一过程——"六个时代"的传统，以及总是把道成肉身放在第六个千禧年的创世纪元的年代测定传统，与"创世六日"的传统结合了起来。这种相关性突出了一种观念，即每一个时代都是一千年，而第六个时代的终结，也就是世界的终结，可以从道成肉身的角度来计算。②权威的神学家和历史撰述家，包

---

① Anthony Grafton, Megan Williams, *Christianity and the Transformation of the Book*, pp.150–156.

② 比如说，如果有人将道成肉身设定在创世以来的第5500年，并将自身所处的时代推定为道成肉身之后的300年，那么世界就将在200年后结束。关于试图推算某种终结时间以及力图反对这种推算的历史细节和相关讨论，参见 Bernard McGinn, "Introduction", in *Visions of the End*, pp.1–36; Richard Landes, "Lest the Millenium Be Fulfilled: Apocalyptic Expectations and the Pattern of Western Chronography, 100–800 C.E."; Michael I Allen, "Universal History, 300–1000"。

括奥古斯丁和伊西多尔，都对这种异端邪说提出过警诫，并且通过论证诸时代虽然表面上由数字表示，但各个世代的长度并不相同，并非每个时代都是一千年，从而试图遏止这样的观念。比德的介入抹去了这些数字表象。正如七十子希腊文本圣经中所证明的那样，创世纪元是基于旧约诸世代的记述，在纪年方面，七十子希腊文本圣经有时不同于哲罗姆后来直接从希伯来文转译为拉丁文的武加大圣经。通过援引武加大圣经为"希伯来真本"（Hebraica veritas; Hebrew truth），比德重新计算了诸世代，他将各个时代分成不同的长度，并把3952年标定为道成肉身的时间和第六个时代的开端，从而将创世纪元从千禧年的计算中完全剔除出去。① 就像时间的开端在运动和测算之前没有存在的意义一样，对于比德来说，世界的终结因此也是无法测算的：一个人无法计算外在于时间的自己。

创世纪元3952年并没有作为道成肉身的时间而被广泛接受，也没能摆脱针对异端邪说的反复论战。② 或许正是出于这个原因，

————————

① 通过援引武加大圣经为"希伯来真本"，比德遵从了哲罗姆的方式。参见"Jerome's Letter to Pammachius"。比德在他的世界编年史当中贯穿了他的重新计算，并通过诉诸哲罗姆和奥古斯丁为权威，常常就翻译上的分歧提出自己的见解。参见比德在《论时间计算》的第六章中对anno mundi 874、1656、1693、2453、2519、2790、3310和3341诸年份的记述。

② 比德早年所写的《论时间》（De temporibus）当中包含了一部较短版本的世界编年史，他在其中用3952年来作为道成肉身的纪年方式，在此之后，比德就被明显指控为异端。指控的根据在于千年时代，该指控还谴责比德暗示基督并没有在第六个时代降临。然而，关于这场争论和对话，我们的证据是单方面的，因为这些证据出自比德在《论时间计算》中的说法，另外也来自比德"致普莱格温的书信"（Letter to Plegwin），比德在这封信中否认指控，并解释了自己的立场。沃利斯讨论了有关这一指控的重要历史，并且翻译了致普莱格温的书信，见Faith Wallis, *The Reckoning of Time*, pp.xxx–xxxi, 405–415。

在其《英吉利教会史》这部第一次根据 anno domini［主的年代］来注明事件年代的历史叙述中，比德完全放弃了创世纪元。当然，anno domini 本身具有类型学上的关联，当比德用 anno domini 来达到政治上的效果时，anno domini 并没有神化类型学上的国王——这是奥古斯丁所担忧的——但 anno domini 却像关于 3952 年的记述一样，使这些国王直面类型学。这种方法完全取代了"世界时间"（anno mundi）的运动，并使神圣时间人格化（意即世俗化），从而使道成肉身的历史分期功能，［114］即道成肉身对所有运动的中断搁置以及它对时间的单一化，具有了文字化的表达。正如洛维特所说的，救赎事件（Heilgeschehen）在这种时间划分的节点上融入了世界历史（Weltgeschichte）。① 比德将 anno domini 的纪年方式与其他纪年方式（君主在位年代、建城以来的年份［ab urbe condite］、帝国小纪，等等）整合起来，正如我在下文所讨论的，这两类纪年方式都规定了人们在时间上的可见度，并把所有的时间计算都放入一个无法预计未来的世代（saeculum）。

　　比德坚持人在历史中的能动性和未来的开放性，这无疑背离了把某种历史感与"中世纪"剥离的努力，但对于历史分期与主权在当今有关"现在"的论争之中的关系，他的介入实际上具有更为广泛的影响。相比于比德对不可预计性的强调，更能说明问题的事实是，他的介入本身就是围绕历史观念及其与时间性关系而持续展开的政治论争的一部分。比德著述所针对的预言和世界末日的计算当然不是对时间的幼稚认知或容易轻信的看法，就像福山（Francis Fukuyama）所宣称的历史的终结一样。不管是世界末日的说法，还是那些更为激进的千禧年说，都在政治上担负着支配历史的企图。相较于排除"前现代"政治的一种"中世纪"末世终结论，我们需要明白的是，无论比德还是比德所抨击的

---

　　①　关于洛维特的论述，见本书第三章。

"异端"，都是把时间作为政治的时间来理解，并为此而争持。正如麦全（Bernard McGinn）所说的，这些主张"与其说是前政治的现象，倒不如被理解为政治修辞的形式，[而且]往往被用来维护政治、社会和经济的秩序，而不是推翻这样的秩序"。[①]"前政治的"（pre-political）这一说法表明，麦克米恩针对的是目的论，比如霍布斯鲍姆（Eric Hobsbawm）在其《原始的叛乱》中所展现出来的目的论，这种目的论将"原始的"、"前政治的"对立于"现代的"和"政治的"，这些类别范畴就像我在前一章所说的那样，对应于有关"宗教的"和"世俗的"争论。

　　霍布斯鲍姆和与之类似的那些目的论的马克思主义支持者所持有的这种观点，长期以来一直是后殖民批评的目标，而且正是在与"前政治的"这类概念所作的斗争中——正如霍辛格关于从属者研究而给出的强有力的说明——这种批评才使中世纪作为一种书写方式，成了另一类历史（alternate history）或一种破坏性的历史（disruptive history）。[②]这种批评在一种相应的讽刺性反转中，导致出现了"中世纪"的差异性和复杂性，从而中止了——或者说像奇迹一样搁置了——试图消除未来的那种"现代的"历史轨迹的霸权。对于高希的《在古老的土地上》这部著作，我想考察的就是针对这种消除的斗争，而中世纪/现代这种历史分期和某种殖民的知识政治，恰恰掩盖了这样的斗争。

---

　　①　Bernard McMinn, *Visions of the End*, p.30.

　　②　参见 Bruce Holsinger, "Medieval Studies, Postcolonial Studies, and the Genealogies of Critique", p.1218。霍辛格在该文中深入讨论了从属者研究与中世纪及中世纪研究在这个问题上的联系。在他看来，这种联系几乎就等同于"一种修正主义的历史分期理论"。对"前政治的"观念提出反驳的经典论点出自 Ranajit Guha, *Elementary Aspects of Peasant Insurgency in Colonial India*。

记 忆

[115] 你希望这就是老的基尼扎，但这是不可能的。它的高度还不到六英尺左右，而老犹太教堂的基尼扎据说至少与该建筑的其他部分一样高，大概有两层半的高度。老的基尼扎可能在建筑的其余部分被拆毁后还留存了一段时间，但后来肯定是湮灭了。当然，你没有理由感到失望。无论外观如何变化，犹太教堂所在的位置是没变的。事实上，你正好就站在有史以来所发现的一处保存了最大一批中世纪文献的遗址上。[1]

高希的《在古老的土地上》并不是以一种缺失（void）为出发点，其出发点是一种经由希望而让人有所感知并通过学术而得以体现的缺失感，这部著作以此为出发点，试图用源于一种"中世纪"历史的生平事迹，阻断同时期的种族暴力、宗教暴力和民族主义暴力。由于这种阻断的心态，这本书在时代之间和著述类型之间徘徊不定，"以至于成为一种组织构成上含混不清的文本，这个文本可以作为小说、自传、旅行者故事来看，也可以作为一种准民族志来阅读，而且说到底，这个文本也是对某种悲剧性历史哲学的默示"。[2] 曾经的开罗基尼扎作为缺席的缺失，某种程度上

---

[1]　Amitav Ghosh, *In an Antique Land: History in the Guise of a Traveler's Tale*, p.59. 下文引用的页码皆出自这一版本。

[2]　Ato Quayson, *Calibrations*, p.11.《在古老的土地上》在体裁类型上的多样性及其所表露的多重声音，对我的论点而言非常重要，因此，与高希这本书的讨论中普遍存在的做法相反，我会将叙述的声音称为"叙述者"或"阿米塔布"，这是许多其他人物对他的称呼。假定书中的"我"可以简单地等同于高希本人，这就淡化了很多叙述的效果。同样，我也不会把这本书称为一部"小说"，因为这简化了该书在体裁类型上的多样性。

代表了书写一段从属者历史的两难处境，这是一位并不写作的奴隶的历史，对其生平事迹的证明是杂乱而间接的，是建立在碎片之上的。

高希的"中世纪"叙事与"现代"叙事之间关联的核心，是来自基尼扎的一堆碎片，而基尼扎的故事作为一种形象符号，代表了历史的运动，在上面引述的文字中，读者就处在了这种运动的前一段空间中。这本书的两个主要部分，即印度讲述者在埃及乡村村民中的人类学探究，以及这位讲述者重构的一位12世纪犹太商人及其印度奴隶的故事，都是通过有关史学方法论（在历史的中心制造和消除一种缺失的殖民过程，以及从殖民档案中汲取出另一类历史的反向过程）的某种叙事联系在一起的。

讲述者以权威而学术性的表达向我们娓娓道出基尼扎的历史，其中一段表述与这本书在诸多的著述体裁之间徘徊交叉正相对应：

> 犹太教堂的成员遵循一种习俗，这种习俗当时很普遍，那就是把他们所写的文字放置在犹太教堂的一个特殊的内室里，以便之后还可以通过特殊仪式清理这些文件。今天的某些犹太人群体仍然遵循这种做法，其目的是防止对上帝之名的任何书面形式的意外亵渎。因为在那个时代，大多数文字作品在书写过程中都至少包含了一个与上帝相关的祈祷词，这种习俗有效地确保了各种书面文件都存放在犹太教堂内。[1]

---

[1]　参见 Shelomo Dov Goitein, *A Mediterranean Society*, pp.9–10，该书的导论中有关于基尼扎的历史介绍。戈伊坦的五卷本《地中海社会》为有关基尼扎的学术研究奠定了基础，相关研究大多出自戈伊坦的学生，包括科恩（Mark Cohen），高希在他讲述的故事中融入了科恩的个人建议。参见 Jacob Lassner, "Introduction", in Shelomo Dov Goitein, *A Mediterranean Society*。

［116］基尼扎并不是档案。它的目标并不是身份证明或历史，出发点也并非文献记录方面的意图，它也从未出于史学研究的用途而得到整理、分类或查阅；它注定的命运就是没有历史的死亡。①当然，基尼扎的非档案功能不应该用作证据，来证明基尼扎作为"中世纪的"文献和非欧洲的文献，还处于任何"真正的"历史意识之前——这种历史意识是我在上一章讨论到的问题。《在古老的土地上》这部著作中，这种完全"现代的"和欧洲的历史僭越（arrogation of history）是一个核心问题，我会在接下来的论述中讲到，高希在这个问题上有时会陷入双重困境。

11到13世纪的基尼扎文献尤为丰富，其中涵盖了婚约、遗嘱、交易记录、日常通信、提货单、释奴契约等方方面面的内容。高希编撰了基尼扎向欧美图书馆和博物馆传播的历史，传播的历史轨迹在高希的叙述中集中反映了某种殖民的知识政治和东方主义的知识政治。高希指出，在欧洲人"发现"之前，基尼扎文献一直在悄无声息地累积：

> 最早使基尼扎引起学界关注的造访发生在1864年，然后，在关于权力和历史书写之间往来互动的隐晦寄寓中，很快就有一些事件开始围绕着基尼扎悄然展开。②

基尼扎的圣经祈祷文形象缺乏历史的轨迹，这种形象与基尼扎的内容被抹除和传播的故事并列在一起，集中体现了殖民历史

---

① 参见Jacob Lassner, "Introduction", in Shelomo Dov Goitein, *A Mediterranean Society*, p.12。

② 拉斯纳对基尼扎的传播做出了这样的描述："开罗基尼扎迁移到欧洲和美国图书馆的历史，为这种材料在当今的分散状态提供了解释。在这种情形下，人们可以在圣彼得堡、剑桥和纽约找到同一本书册的书页，甚至可以看到属于同一份文件的片段，这不足为奇。"（p.11）

（colonial history）和反殖民历史（counterhistory）相互竞争的史学
方法论。

　　高希将这种传播整体上认定成一种时间、文化和地域上的划
分，正是这种划分（division）活动，而不是任何明确的行为或
空间，使中世纪的（medieval）、现代的（modern）和从属者的
（subaltern）这些历史上形成的类别范畴在高希的著作中联结成
一体。问题重重的政治认同困扰着叙事的当代情形——印度教
的、犹太教的和伊斯兰教的，这些政治认同是这些群体之间的
联系被抹除的结果，这与高希在中世纪的文献中发现的那些明
显可见而又蓬勃发展的联系是相反的。对于这种相似性，高希
的表述很清楚：基尼扎文献的清空"就好像几十年后即将区分
巴勒斯坦的边界线已经通过时间而不是地域被划定下来，以便分
配历史的一个选项"。这并不是说曾经的一段历史被区分了，而
是说区分造就了历史（用大写字母 H 表示），而且就像某个群体
特有的一条准则（shibboleth），这种区分强行规定了不同的身
份。更重要的是，问题并不在于这些群体不再有联系，因为这本
书很难证明他们是有联系的，而是这些联系已经从官方声称的层
面消失了，而且除了狂欢化的例外，这些群体之间的边界线是有
国家政府巡视的。①

　　在高希的讲述中，基尼扎的传播活动与中世纪/现代的区分
明确一致。[117] 为了挽回"基尼扎世界"，高希成了中世纪
研究者，他重构了一个四海一家般的 12 世纪地中海文化中所存
在的一种未艾方兴的伊斯兰教、犹太教和印度教的宽容，这种
重构完全取决于作为一个概念、一个时期的"中世纪"和一个

---

　　① 有学者正确地指出，高希有时简化甚至颠倒了大众融合与国家的角
色，有时候"历史的执行者"是人民。参见 Gaurav Desai, "Old World Orders:
Amitav Ghosh and the Writing of Nostalgia", p.130。

公认的机制化领域的"中世纪"。比如他将达·伽马"1498年5月17日首次航行前往印度时"的登陆明确标示为基尼扎世界的终结：

> 从那天起的几年内，使波玛（Bomma）、本·伊居（Ben Yiju）和阿苏（Asu）交集在一起的世界敲响了丧钟，另一个时代开始了，在这个时代，他们的道路轨迹似乎不可能产生交集，以至于这种可能性几乎就要从人类的记忆中消失了。（p.286）

中世纪观念成为反击一种殖民的知识政治的方法，恰恰是因为这种政治将中世纪/现代的区分具体体现为某种形式的地域化。高希并不认为这种区分在这个问题上是完全成功的——它不是"真实的"，这位叙述者兼档案管理员解释说，"在这股宏大构想和历史命运的旋风之中"，"伊沙克（Khalaf ibn Ishaq）的信似乎打开了一扇暗门，可以通往一个纵横交错的庞大掩体之中，在那里，真实的生活仍然持续不断地延续着"（pp.15–16）。在他看来，这种差异是居于主导地位的编史学和约定俗成的类别所产生的结果——这些约定俗称的类别在他的20世纪叙事中不断地被推翻或遭到曲解，但随着认同政治的逐步升级，以及对记忆资源的管制愈加严格，这些类别范畴对想象力的控制也越来越强。无论我们想以什么样的方式来解读这本书，记忆和关于记忆的伦理都是至关紧要的问题，而历史分期既可以被视为毒药，也可以被用作解毒的药物。

高希的中世纪观念，与他所说的基尼扎世界的"黄金时代"激起了相互冲突、有时又急剧尖锐的反应，这种双重性折射出我在整本书中一直审视的历史分期的政治结构。霍辛格认可高希作为一位中世纪研究者的阐述工作，他写道：

　　高希为了在前现代档案的遗存中发掘出一种生活方式，获取了中世纪文献学、古文字学和语文学的专业知识，因此，高希实际上将自己重塑成了中世纪档案的保管员。

在他看来，高希的方法和他的恢复方案，符合中世纪研究者处理档案的工作方式及这种工作所面临的挑战：

　　高希作为中世纪研究者的阐述工作是在完成某个方案的过程中所产生的……在这个方案中，一批过去和现在的中世纪研究者教他分辨一堆错综复杂的著述话语、含混理论和表述形式，波玛和目录号码为 MS H.6 的文件与"现代历史时期"就是被后者分开的。①

大体来看，这种阐述可以被视为选定一个人格形象的工作，这一人格形象是书中众多的声音之一，这种阐述也可以通过关联东方主义来理解。我们可以说，通过采用斯皮瓦克所说的"反转、取代和夺取价值编码工具"的故意讹转（catachrestic）策略，②
［118］高希将双影人（doppelgänger）转换成了东方主义学者。这种学术性的摹仿突出了叙述者在书中其他地方对知识领域的"西学模式"的愤怒，比如这种模式将犹太教的埃及圣徒和奇迹从"宗教"中分离出来，使其归入"民间传说"一类（p.342）。

---

　　①　Bruce Holsinger, "Medieval Studies, Postcolonial Studies, and the Genealogies of Critique", p.1213. 霍辛格的讨论主要涉及高希在《从属者研究》中发表的文章，该文发表于《在古老的土地上》之前，即 Ghosh, "The Slave of MS. H. 6", in *Subaltern Studies* 7 (1992)。

　　②　转引自 Gyan Prakash, *American Historical Review*,1476。也有学者指出，高希的讽刺虽然存在历史问题，但这种讽刺是有用的，而且富有成效，见 Gaurav Desai, "Old World Orders: Amitav Ghosh and the Writing of Nostalgia"。

　　高希这本书要求人们注意身份的表现形式和摹仿性阐述的反讽意味，在一些很尴尬的时刻，叙述者——用奎森（Ato Quayson）的话说——被"提升到关于印度身份（Indianness）的一种典型成见的层面"，或"他自己作为民族志学者的权威不断被民族志视角的各种反转所削弱"，此时的反讽意味就最为明显。[①]比如在这本书的前面部分，叙述者（"阿米塔布"［Amitab］向他的埃及朋友）进行了轻微的自嘲，目的是改变模式化成见和宗教象征的深层次文化意涵。他与他的年轻朋友贾比尔（Jabir）进行了一次令人气恼的交谈。这次交谈首先让他看起来对"性"一无所知（他不知道这个习语），然后又透露了他并没有割去包皮（因而在阿拉伯语中是"不洁的"）。交谈过后，他晚上去散步，并且遇到了贾比尔和他的年轻朋友们。贾比尔以自己的优越而洋洋自得，他述说了阿米塔布的无知，并且要证明这一点：

　　　　他拉着我的胳膊肘把我带到水渠边。"你看那个，"他指着水面上那轮满月的倒影说，"那是什么？你知道吗？"
　　　　"我当然知道，"我嘲弄道，"那是谢赫·穆萨的儿子艾哈迈德在水上照他的手电筒。"
　　　　一片屏息的沉默，贾比尔转身向其他人投去一个得意洋洋的眼神，而我很快就继续走开了。
　　　　"不是的，哎呀阿米塔布"，一个男孩追在我后面说道，他的声音因为关切而嘶哑。
　　　　"不是那样的，那不是艾哈迈德在水中照他的手电筒——那是满月的一个倒影。"（p.64）

────────────
　　① Ato Quayson, *Calibrations*, p.12. 另请参见 James Clifford, *Routes: Travel and Translation in the Late Twentieth Century*, pp.1–6。

　　《在古老的土地上》一定程度上批判了人类学的傲慢，在相关的段落中，"一个人类学家被他应当正在加以研究的人群认定为尚未开化之人"。[①] 他还在这些段落中转而运用具有双重复杂性的自然和技术的语汇摹拟了投射在他身上的处境，这本书对这类段落的多重反转，呈现出身份认同的不稳定性和破除制度化限定的潜在情感（男孩的关切）。在这些限定中，割礼是最主要的，书中反复将其作为得到强化的"宗教"秩序和政治秩序的具体化印记，同时也将其一再转化为这种"宗教"和政治秩序对处于其中的身体的征用（conscription）。或许与丁肖（Carolyn Dinshaw）关于"跨时间的情感关联"所提出的观点相一致，作为中世纪研究者的高希以相应的方式为他笔下12世纪和20世纪的人物编织出一种联系，他还试图在他的读者与那些人物的跨文化生活之间建立起一种关联。这取决于对不稳定的身份认同所做的讽刺性展现，[119]其目的是为那些已经存在并且更为稳定的情感关系倾向打开空间。这本书认为，如果给予记忆性的资源，这些关系可以对抗狭隘的身份政治的暴力。

　　然而，正如比迪克对《在古老的土地上》的尖锐批评，在她看来，高希笔下"被现代殖民主义所取代的那种中世纪黄金时代的历史分期"具有令人不安的意涵，特别是其中关于"中世纪奴隶制"的美好想象。比迪克发现，"对高希而言，黄金时代的奴隶制是塑造而不是贬低了某些联系，这些联系'某种程度上升华了也可能仅仅是货币交换关系中的人际关系和承诺誓约'"。[②] 她

---

　　① 引文出自 Ato Quayson, *Calibrations*, p.15。

　　② Kathleen Biddick, *The Typological Imaginary*, p.97，引述了 Ghosh, p.263。比迪克还认为，高希是将中世纪奴隶制比作"现代早期种植园制度的衡量尺度"（同前）。这种类比出现在戈伊坦的《犹太人与阿拉伯人》中，比迪克援引了该著，但我在高希的著作中并没有看到这样的类比。有趣的是，在高希的笔下，商人本·伊居与其奴隶（高希将这位奴隶的名字重新命名为

还注意到，这种关于中世纪奴隶制的描述与戈伊坦（Shelomo Dov Goitein）的相关论述存在相似之处，而高希的写作材料就是来自戈伊坦，"后者在1923年离开德国前往巴勒斯坦，［并］在"二战"之后的以色列建国时期为一位美国读者撰写了《犹太人与阿拉伯人》（*Jews and Arabs*）。戈伊坦想要追溯犹太人与阿拉伯人之间相互包容往来的历史，这有可能成为中东未来关系的典范"。① 这段历史将高希叙述的关键性脉络与施米特、本雅明、洛维特以及康托洛维茨和奥尔巴赫这些戈伊坦的同时代德国人的叙述联系了起来，很明显，所有这些人都同样关心中世纪的统治形式、最高统治权（sovereignty）与战前及战后政治的关系。这也关系到我在第一、二章中追溯的封建法叙事和奴隶制叙事。高希通过重新设定戈伊坦对于一个黄金中世纪所做的描绘，对殖民主义历史分期逻辑的一个方面进行了大胆的确证：中世纪可以作为现代身份认同的一个理想化的起源空间，它作为一种清除方式，否定了长期的压迫历史，它也是中世纪研究者数十年来一直努力去瓦解的对象。然而，高希的叙述事实上也与历史分期自相矛盾的另一面逻辑形成了抵触：中世纪是一个令人鄙夷的野蛮空间，从中可以出现一种理性、启蒙的现代性，中世纪还是一种历史主义模式，这种模式将奴隶制贬斥到一个黑暗的过去，一个通常是"封建的"过去，同时又从"现代的"欧洲文明故事中消除了奴隶制。于是，问题就变成了讽刺和摹仿是否能够中止这些陷入两难境地的语汇。

　　另外还有一些两难境地要早于高希叙事的历史（histories of

"波玛"）的关系"就如同现在所理解的那样，可能更多是赞助人和客户的关系，而不是主人和奴隶的关系。如果这看起来奇怪的话，很大程度上是因为，中世纪的奴隶制观念往往会与当代的奴役概念和个体自由这种形象上与奴役对立的概念相混淆……在中世纪，奴役制度有很多形式，而且这些形式都不同于16世纪欧洲殖民扩张之后所推行的'奴隶制'"（p.259）。

　　① 　Kathleen Biddick, *Typological Imaginary*, p.97.

narrative），而且也与高希叙事的历史有着复杂的关联。科恩（Mark Cohen）是戈伊坦以前的学生，也是杰出的基尼扎学者，高希为了辨识基尼扎的手稿，曾经请教于他，后者详细叙述了中世纪伊斯兰教下的一种"跨信仰乌托邦"（interfaith utopia）神话的政治史。[①]数百年来，这一神话一直被用来对抗犹太人在基督教统治下的"悲戚史"，在19世纪则被用来"挑战所谓的自由基督教欧洲，[120]以兑现其政治平等的承诺"，直到20世纪60年代晚期，这一神话才遭到质疑。这个时候，由于一个论点，即"犹太复国主义放弃其'殖民主义者'和'新十字军'的追求时，阿拉伯人对犹太人的仇恨和反犹主义就会结束，古老的和谐将会恢复"，[②]该神话又呈现出反犹主义的效果。科恩称之为"神话与反神话"的这些说法在今天仍然是感染力极强的毒株，高希还试图在他那本书后面的章节中谈论这些说法的复杂性和内涵。随着叙事的两条主线交织得愈加紧密，国家暴力也随着年代的推移而越来越深入地影响到书中人物的思想和生活：在12世纪40年代，基督教十字军屠杀犹太人，阿尔摩哈德王朝的军队屠杀基督徒和犹太人；到20世纪80年代末期90年代初，以色列–巴勒斯坦的紧张局势，海湾战争时的经济状况限制，改变了埃及乡村居民的生活，许多人被迫远离家园。正如比迪克所指出的，后一种埃及叙事中几乎没有犹太人，取而代之的是印度教徒–穆斯林的冲突，这种冲突可以作为一种媒介，用来发掘人际交往的关系和基于区分的暴力之间所存在的差异。

　　然而，历史分期的另一个困境，毫不夸张地说，出现于《在古老的土地上》这本书的封底，其中的简介语与情况最糟糕的人

---

①　Mark Cohen, *Under Crescent and Cross*. 高希在《在古老的土地上》这本书的第104页中讲到了他与科恩会面的事情。

②　Mark Cohen, *Under Crescent and Cross*, pp.4–6.

类学相呼应：

> 曾经有一位名叫阿米塔夫·高希的印度作家动身寻找一位姓名不详的印度奴隶……这次旅途把他带到了埃及的一个小村庄，那里的中世纪习俗与20世纪的欲望和不满相互并存。

除了法比安意义上的那种明显的"对同时代性的否定"，[①]这段简介语还让人想到了被（特别是被印度的英国人）附加给殖民地人民的"中世纪乡村"这一转喻。这样一来，它就与中世纪早期的英格兰殖民编史学产生了关联，而这样的编史学同样也是高希所谈论的"历史"不可或缺的一部分。加尼姆对这种谱系做出了解释：

> 表明印度伟大过往的相关证据，如何能够与统治一个劣等民族和腐朽文明的殖民挑战相协调？……此外，中世纪被证明是一个有用的比喻。印度深层次的文明及其与西方的潜在关联被认为是中世纪层面的关联，比如维多利亚时代的法学家梅因（Henry Maine）关于盎格鲁－撒克逊乡村与印度乡村的类比……梅因从伟大的盎格鲁－撒克逊人肯布尔（John Mitchell Kemble）那里借鉴了一种关于盎格鲁－撒克逊乡村的理想化观念，并指出这种乡村与印度乡村的相似性。英国人在中世纪的处境就是印度人在19世纪中期的处境。[②]

出版社的简介语虽然明显是一种面向大众市场的营销策略，

---

① 我在这里提到的是法比安在《时间与他者》中的讨论，他在这本书中讲到了拒绝使"他者的"文化具有一种同时代的地位——或一种时间上的"同时代性"（coevalness）。

② John Ganim, "Native Studies: Orientalism and Medievalism", p.127.

但这样的简介语仍然折射出高希所面临的挑战，这种挑战就是缘于高希将他笔下的叙述者与埃及村民之间的跨文化交流，与他笔下12世纪人物之间的跨文化交流联系起来，同时又强调"现代化"给当代印度生活和埃及生活带来了无情的压力。[121]历史分期的两难困境既要早于对这种历史的任何分析，同时也影响了相关的分析。

然而，如果我们承认，《在古老的土地上》试图叙写一部与"历史"对立的从属者历史，并且试图以一种令人联想到不断累积的基尼扎文献（许多不同的生活、时代和经历的片段在没有目的论动机的情况下窸窣作响）的方式，竭力抵制历史沿革的一切轨范，我们就有可能看到，其中所暗含的努力意在解除历史分期与"宗教"暴力被联结在一起的那些限制性规定。在这本书接近中心的部分，叙述者讲到一个被埋藏起来的故事，一个具有俄狄浦斯情缘的故事。这个故事发生在叙述者的童年，当时正处在印巴分治后不久的东巴基斯坦，叙述者说他永远不会把这个故事说给自己的埃及朋友。他的父亲成了被派往一个以穆斯林为主的新国家的外交官，他的印度教家庭也搬进了新建的房子，这个房子"有一个大的花园，四周都是高墙"（206）。花园有时会挤满一大群人——印度难民，不过小孩子并不知道——这些人会逗留几天，之后就不见了。故事发生在1964年骚乱期间的一个晚上，当时印度教徒挤满了花园，一群愤怒的暴徒聚集在墙外。警察恰好抵达，因为叙述者家人的一些穆斯林朋友报警了。故事的"寓意"表达得相当直接，它让人想起之前关于割礼和"纯洁/不洁"的许多讨论——首先是因为对"理智"的强调，然后是由于明确关注了割礼和被标识的身体，也就是历史上的律法划分：

> 我发现，就在我看到跳动的火焰包围我们家围墙的那个夜晚，加尔各答也发生了一场各方面都类似的骚乱，只不过

这场骚乱是穆斯林遭到了印度教徒的攻击。但相同的是，在这两个城市——这一点必须要说，而且一定要经常说，因为正是这样的咒语挽回了我们的理智——在达卡和加尔各答，都出现了印度教徒和穆斯林互相营救，以至更多的人获救而没有被杀害的那种完全对应的故事。（pp.209-210）

哪里有人被杀死的故事也"总是一样的……"（210）。在这里，唤回"理智"的并不是宗教的纯洁，而是与"净化"律法的分离，这种"净化"律法就是做出划分的律法：分隔印度教徒与伊斯兰教徒的花园墙、印度的分治、巴勒斯坦的分裂，以及划分时间和领土"以便分配历史的一个选项"的分界线。

在这一点上，高希的叙述与阿甘本对保罗的解读存在相似之处，对于后者，我在上文关于比德就道成肉身的时间政治所做的著述语境中已有讨论。比如，阿甘本在《以弗所书》（2:14）中发现，保罗暗示"弥赛亚拆毁的'阻隔之墙'与'诫命法规'（nomos ton entolōn）是一致的，[122]男人由此被区分为'没受割礼的人'与'受过割礼的人'"。[1]尽管犹太律法将犹太人与非犹太人区分开来，但保罗的弥赛亚主义对"律法划分本身进行了区分，并使这些律法的划分失去了作用"。[2]然而，尽管在废止做出划分的法律问题上存在这样的相似之处，阿甘本和高希的文本在历史分期方面所产生的作用却是截然有别。

阿甘本指出，保罗使律法"失去作用"是基于变革性的"弥赛亚事件"，这与施米特的"非常状态"有类似之处。然而，在他看来，非常状态取决于内部/外部之分，而保罗的划分又取消了这

---

① Giorgio Agamben, *The Time That Remains*, p.47.

② 同前，p.52。关于保罗的书信及其与律法的关系，参见John Gager, *Reinventing Paul*; Julia Reinhard Lupton, *Citizen-Saints*, chapter 1。近年来关于保罗的研究非常广泛，这里无法详述。

样的区分，所以，在保罗那里，弥赛亚式的律法完满（fullness）取代了非常状态：

> 弥赛亚式的律法完满（plērōma）是对非常状态的一种扬弃（Aufhebung）。（同前注，页108）

阿甘本在这里并没有讨论"决断"，因为与施米特相反，他要思考的是一种法律的废止，这种废止本身并不成为法律，也并没有"决断"。他所主张的不相称的划分（incommensurate divisions）并不等同于实在法；不过，阿甘本使用了一种——就像上文提到的内格里所讨论的那样——"与时间有着独特关系"的表达方式，并因此用一种划分时期的事件取代了他想要中止的实在法。[①]在阿甘本那里，历史分期取决于变革性的弥赛亚事件，该事件以之前/之后的分别替代了内部/外部之分。阿甘本是在"每一种法律实施的情形和世俗处境都会因为并且仅仅会因为与弥赛亚事件的关系而经历变革"的意义上讨论了该事件，他想通过这样的方式，使该事件具有一种并非排他性的、普遍的用途。然而，阿甘本只能通过证明保罗使一种特定的法律——"犹太人的律法"，他努力将这种法律具体化并且同质化为某种先验的存在——失去效力来诠释关于这种变革的表述用语。[②]在我看来，阿甘本在保罗那里所看到的变革，就是施米特意义上的决断———种存在某种例外的决断，一种改变政治生活的决断，而这种政治生活的基础就是它与身份认同得到同类化认定的人民所具有的关系。这是一种划分时期的决断，带有历史的包袱和历史的意涵。阿甘本的解读很难摆

---

① 关于内格里对历史分期、主权和"例外状况"的讨论，参见本书第三章（中括号所标原文页码96–98）。

② Giorgio Agamben, *The Time That Remains*, pp.22, 44–53，特别参见pp.46–47。

脱施米特。

高希的故事所起到的作用，至少在一定程度上看起来有所不同，不过，我并不认为高希的故事试图提供一种无所不包的哲学，也不认为它最终是成功的。在这个故事中，相互营救的印度教徒和伊斯兰教徒，并不是在净化律法或"作出标记"（inscribed）的律法基础之上面向彼此而行事。就净化律法或"作出标记"的律法会将他们分割开来而言，我们可以说，他们使这样的律法失去了效力，但是，这并不是基于一种原初的弥赛亚事件。他们也并没有在宽容或普遍人权的抽象原则（这些原则同时也伴随着规定时间的开端）基础之上面向彼此而行事。相反，就像高希笔下的叙述者和埃及村民那样，[123]同时也如同他笔下的12世纪人物一样，他们是根据共同的经验行事，这是一种记忆的基础，而不是暴力之中产生的制造分裂的法律。在这个故事中并不存在田园般的诗情画意——花园与其说是伊甸园，不如说是难民营，营救意味着报警。但是，有人认为，故事和记忆的工作都可以不断地废除主权的决断所造就的分割，尤其是中世纪/现代的分割。万斯·史密斯提醒我们说："我们需要那些逾越轨范的可能性所构成的历史"，"因为我们需要更充分地理解事物在其中被遗忘并且得以被遗忘的途径，那种禁止（prohibition）和快乐（pleasure）的节律性变化——这种节律性变化召唤我们自身回到我们遥远的过去……以不同的方式思考中世纪可能意味着以不同的方式思考世界"。[①]

从档案而来

基尼扎材料中充满了关于奴隶的信息。其中许多奴隶的名字

---

① D. Vance Smith, "Irregular Histories: Forgetting Ourselves", p.178.

出现在释放、买卖和遗赠奴隶的契约中，也出现在法庭记录和代表他们主人或本人从事的商业交易中。[①] 然而，高希选择了档案中的书信，即便这些书信几乎没有提到他重构了姓名和生平的那位奴隶，这并不仅仅是因为这些信件可以将某种丰富的人际关系和无法尘封的多重声音保留下来，还在于书信和货物的流动突显出了地方与生活之间的联系。这种流动类似于叙述者的活动，并且与这样的活动产生了关联，叙述者来回出入于档案，从伦敦到开罗，再到费城并再次回到档案，他从由来已久的埋没之中抽丝剥茧，找出故事的脉络和线索，并将这些线索同20世纪中东地区的男女老少所面临的困境、不安和怀有的渴望联系在了一起。[②] 从档案中摘取出来的这些线索脉络重新组织了档案及其呈现的故事。就像德里达所说的，"没有对档案的控制，或者不如说是没有对记忆的控制，就没有政治权力"。[③]

就此而言，档案对比德来说同样至关重要。他为自己的《英吉利教会史》搜集了很多文献资料，包括罗马教廷记录簿中的书信。这些教廷书信的主要模式当然是保罗的书信体作品，虽然保罗坚决主张消除关于肉身标识（bodily inscription）的律法，但我们必须记住，他的书信始终贯穿并依赖于物质材料的标识（material inscription）与传播，因而就像阿甘本所说的那样，这些书信出现的时候，恰恰又通过保罗的灵/肉之分再度退回了原

---

① Shelomo Dov Goitein, *Mediterranean Society*, ed. Lassner, pp.240–247.

② 高希重点突出了档案坟墓的比喻。比如，在描述本·伊居最后一封信的所在地时，高希写道："这些文件保存在研究中心的珍本室，这是大楼最深处的一个地下室……在这个房间被密封的内部是两个如同灵柩台一样从地板上凸起的柜子。这些文件就放置在里面，包裹在封皮精美的透明塑料皮中。"（p.348）

③ Jacques Derrida, *Archive Fever, A Freudian Impression*, p.4, n. 1.

地。①作为写给罗马人、哥林多人、以弗所人以及诸如此类之人的书信，这些书信从字面上说是早期教会的一部分；但是，这些书信被提升到圣经的高度，则要求它们从灵意上得到解读。这种书信的双重活动——[124]书信作为物质材料的流传活动，以及从字面含义到属灵含义的变动——是教会在领地、文化和民众层面扩张的必要条件。

教宗格里高利一世是向保罗学习的另一位多产的书信作家，他在公元597年派传教士奥古斯丁前往肯特（Kent），于是就出现了一系列罗马教廷写给英格兰人的书信。在比德的《英吉利教会史》最初的篇章中，罗马教宗的书信比比皆是，比德自然不会忽视保罗的书信与教宗写给英格兰主教和国王的书信之间所具有的相似性。就如同Ecclesiastical［教会的］的本意（ek-［向外］+ kalein［去呼吁］），这些书信呼吁英格兰人加入教会，接受其教义，并在正确的方向上做事。就像利斯和奥弗林（Gillian Overing）谈到格里高利的书信时所说的那样，这些书信还"承载着帝国的愿景"。②罗马教宗的书信伴随着羊毛肩带（pallium）一起传播，这些书信在最基本的意义上完成了我在上面所说的双重活动，因为它们传达了物质的影响和属灵的力量，这种影响和力量可以将一位神职人员提拔为主教，使一座城市升格为主教教区，而且对于比德来说，这还可以让罗马的常规胜过不列颠的惯例，特别是在确定复活节时间的问题上。在比德关于时间的论述中，我们已经看到对空间运动和时间运动的强调，这种强调在他的《英吉利教会史》中以叙述的形式得到了阐释。《英吉利教会史》不仅按照事件发生的时间顺序记述了英格兰教会在物质和属灵方面的成长发展，也将这一教会及其民众写入了世界历史。就像比德通过

①　参见 Giorgio Agamben, *The Time That Remains*, chapter 3。

②　Clare Lees and Gillian Overing, "Signifying Gender and Empire"，p.10.

优西比乌斯、哲罗姆、奥罗修斯和伊西多尔以及从旧约《撒母耳记》中所理解的那样，这种世界历史意味着一部帝国和列王构成的历史，而帝国和列王同样也提供了解经的材料：大卫即受膏者（David is Christ）。[①]在设定书信流动与时间运动、信仰皈依和解经之间的对应关系时，比德从档案中为"世界尽头中"（in extremis terrae finibus）——就像他喜欢说的那样，这也是几百年以来历史学家和地理学家用来指称不列颠的一种描述——生活的一个族群找出了一种在世界秩序内建立正当有效的政治主权的门径。[②]

比德书中的书信从一开始就具有官方性、权威性，而且一开始就是要作为档案来保存的，这在根本上不同于高希所识读的私人通信。然而，在关于最高统治权（sovereignty）的性质方面，比德和高希使用书信的方法却有着相似之处。对高希而言，基尼扎流传的轨迹集中体现了一种殖民的知识政治和东方主义的知识政治，这种政治在一定程度上可以通过消除其空间—时间的运动来加以抵制。选择商人之间的书信设定了一种传播和交流的双重模式，通过这样的模式，交流对话就与书信的流动和伴随这些书信的货物流动形成了呼应。在一个强调殖民政治依赖于商业交流和认识论交流的叙述设定中，这些书信与一种新的政治语境的联系证明了主权终止（sovereign closure）是不可能出现的情形。从一个非常不同的角度来看，[125]比德也依赖于这种终止的不可能性，比如他在《论时间计算》中对于时间问题的论述就有赖于

---

① 比德的君王解经学是一个复杂的问题，我在这里无法展开充分讨论。关于比德对《撒母耳记上》（又称《王书上》）的解释，参见 Judith McClure, "Bede's Old Testament Kings"; George Hardin Brown, "Bede's Neglected Commentary on Samuel"。关于比德对基督教王权的论述，参见 N. J. Higham, *An English Empire: Bede and the Early Anglo-Saxon Kings*。

② 参见 Kathy Lavezzo, *Angels at the Edge of the World*, chapter 1; Nicholas Howe, "Rome: Capital of Anglo-Saxon England"。

这样的不可能性，但是另一方面，这种依赖同时也与他对规则（regulation）和政治统治（political rule）的关注有关。比德既和高希一样，也与高希不同，高希反对在时间上进行时期的划分，但在书写一种对立历史时，他最终又恢复了划分时期的做法，比德是在一个单一的时空支点上，也就是在帝国的支点之上，平衡了书信往来的活动。

各个帝国因变动不居的地理形势、多种多样的纪年顺序和相互矛盾的纪事次序而如浪花翻滚、此起彼落——这些帝国并非一致兴起，亦非一致衰落。然而，比德的《英吉利教会史》缩小了帝国叙事的范围，并且使圣经的叙事和地区的叙事保持完全一致：在罗马占领期间及英格兰人皈依之前，只有发出去的书信；罗马之劫和奥古斯丁抵达之后，有的就只是寄进来的书信。而且，就像戈登（Malcom Godden）所表明的，比德的《英吉利教会史》以公元410年罗马被劫前后的事件为中心，颇有分寸地重新编排了其他来源的纪年方式，而且还把罗马被劫之事与不列颠的政治地位巧妙地关联在一起。在讲述了篡位者君士坦丁三世的叛乱之后，比德写道：

> 这个时候，在其建立之后的第1164年，罗马被哥特人攻陷了。在此之后，在盖乌斯·尤利乌斯·恺撒来到岛上将近470年之后，罗马人终止了在不列颠的统治。他们占领并居住着前面提到的塞维鲁斯建造的横贯不列颠岛的长城以南的整个地区。这种占领现在还可以从他们建造在那里的城市、灯塔、桥梁和道路得到证明。此外，他们还对不列颠的其他地方和不列颠以外的岛屿拥有支配权。①

---

① *Bede's Ecclesiastical History of the English People*, p.41. 引文页码依据此版本。除非另有说明，译文均出自该译本。

对于这段话，戈登有这样的评论：

> 比德对不列颠历史的叙述始于公元前60年尤利乌斯·恺撒的到来，他还用罗马之劫来标示罗马统治时期的结束，从而为下一阶段的占领，即盎格鲁－撒克逊人的占领，留下了空间。[①]

的确，从比德在这段话中的描述用词来看，这片地区留有一些罗马时代的遗迹，人口似乎全然消失，这些遗迹反映了罗马时代本身，同时也永久纪念了一个帝国的过去，现在又为占领留下了空间。

比德用三封寄给罗马人的书信描绘了不列颠人的困境，书信内容是不列颠人请求罗马人支持他们抵抗入侵的皮克特人和苏格兰人。与即将抵达英格兰人那里的教宗呼吁（invocations）相反，不列颠人的书信吁求的是根本上徒劳的物质援助。与罗马发出的书信比起来，这些信件中的第三封书信有一种更加发自内心深处的拓荒效果，比德讲道：

> 在这封信中，他们袒露了自己的悲愁："野蛮人把我们驱赶到海上，大海又把我们驱赶回野蛮人的身边。在大海和野蛮人之间，我们面临着两种死亡：要么被屠杀，要么被淹死。"（49）[②]

这封书信的自我谴责之意出现在接下来的几页叙述中，正如

---

① Malcolm Godden, "The Anglo-Saxons and the Goths", p.50.
② 比德是从吉尔达斯的《不列颠的毁灭》（Gildas, The Ruin of Britain）中引用了这封信的开头部分。

沙伊尔（Andrew Scheil）所指出的，比德在其中借用一种关于以色列人（populus Israhel）的神话，[126] 把耶路撒冷的被毁与皮克特人给不列颠人造成的不幸相类比："这就如同迦勒底人曾经点燃的火烧毁了耶路撒冷的城墙和所有建筑一样。"（53）[1] 如此一来，不列颠人这些书信的活动，就与关于犹太人战败和流亡的叙事结合起来，同时也与旧约向基督教释经的转变关联在了一起。这种更替连同比德已经在这里留下的帝国历史分期的印记——与比德编年史当中的道成肉身时刻没有什么不同——为开启一个同步的、规范的、符合世界历史模式的英格兰时间性，提供了必要的政治搁置。

　　就像高希叙述的书信一样，在比德的《英吉利教会史》当中，教宗书信的活动体现了不同时间的地区与生活之间的联系。比德在《英吉利教会史》的前言中概述了这段书信历史的细节：教士诺泰尔姆（Nothelm）为了他"去了罗马，并得到现在担任教宗的格里高利（即格里高利二世，之前曾是教廷文书处的管理员）的准许，查遍神圣罗马教会的档案库，在那里发现了神圣的格里高利［教宗格里高利一世］和其他教宗的一些书信。他在返回的时候就根据神父阿尔比努斯（Albinus）的建议，将这些书信带给我们，以便将这些书信写进我们这部《历史》中"（5）。[2] 因此，重要的是，这些信件中的大多数都有过两次相同的游历，一次是他们在寄送中的游历，一次是由于比德的历史而形成的游历，后面这次游历取道于诺泰尔姆，他既是罗马与坎特伯雷之间的媒介，也是坎特伯雷与比德的诺森布里亚之间的媒介。诺泰尔姆将信件从教宗格里高利二世的教廷带给大主教阿尔比努斯，后者居住在奥

---

　　①　Andrew Scheil, *The Footsteps of Israel: Understanding Jews in Anglo-Saxon England*, pp.108–109. *Bede's Ecclesiastical History*, p.53.

　　②　*Bede's Ecclesiastical History*, p.5. 关于格里高利的文书处与比德，参见 Paul Meyvaert, "The Registrum of Gregory the Great and Bede"。

古斯丁的主教区，这些信件也是第一次被送到这里。比德强调格里高利的这种书信往来，就他的意思而言，这种书信往来为罗马展现出了属灵上的延续性，就像诺泰尔姆的传教布道将英格兰的教会史——以及这个时候比德所写的那段历史——与一个世界范围的属灵秩序和政治秩序的轨范重新联系起来一样。然而，通过将这些信件从其曾经所在的文书处转移到君士坦丁堡、高卢、撒丁岛、埃及、色萨利等地，比德在某种意义上又破除了档案。①通过新的叙事化和情境化，并且通过首次以 anno domini［主的年代］来设定，这些再循环的书信将档案的权力移入了一个不同的历史秩序中。

事实上，世界编年史的编年技术在这个时候已成为英格兰历史的一部分，比德通过运用他在《论时间计算》以及在《英吉利教会史》中描述罗马人撤出时所确立的历史分期，为英格兰在世界历史中的可见性设定了一个编年方案。比如说，他记录埃德温（Edwin）国王受洗的时间就是如此，［127］后者由多重因素所决定的皈依过程已然在《英吉利教会史》当中占据了很多章节，在比德罗列的亨伯河以南所有王国的那些具有统治权（imperium）的国王中，比德还给埃德温国王赋予了前所未见的统治力。作为诺森布里亚人的国王，埃德温"拥有更大的权力，他统治着除肯特人之外的所有不列颠居民，英格兰人和不列颠人概莫能外。他甚至将位于英格兰与爱尔兰之间属于不列颠人的梅瓦尼亚群岛置于英格兰统治之下"（149）。这种帝国地位在注明埃德温及其人民受洗的时间中有所呈现：4月12日复活节那天，"在他统治的第11年，亦即主历627年，也是英格兰人来到（aduentu）不列颠之后的大约第180年"（187）。在这里，复活节时间与"主历"时间

---

① 教廷文书处的书信汇编于 T. Mommsen, *Liber Pontificalis, Monumenta Germaniae historica*。

互换易位，在循环时间和线性时间的运动之内包含了埃德温当政的年份。英格兰人抵达（adventus）以来的年岁起到了建城以来的年份所具有的作用，意在纪念一种持久的存在，以及一种时间的向前推进。我们应该在这个问题上想到比德的《论时间计算》在谈论"世界第一天"的一章中所用的那对词语：et figurari et uenire［被推算出来并成为现实］。经过一个很长的、内省的皈依过程，埃德温在与自己的参事商议之后，就通过一种表明帝国时间、循环时间与全世界（ob orbem）的线性时间具有协调性的言语行为，将自己塑造成了一个救赎历史的具象（figure）。与这种具象表达及其时间的缩约形式形成冲突矛盾关系的，是英格兰人到达（adventus）、到来和"即将到来"（uenire）的时间，这是朝向某个未来的运动，最终是无法理解的。

因此，编史学作为制作和显现时间规定的范本和元范本，本身也参与了这种具象性的表达。比德在他讲述埃德温继承人的故事时解释了这种表达所产生的作用。埃德温死后，他的王国出现分裂，两个国王继承了他的王位，分别是奥斯里克（Osric）和埃恩弗里斯（Eanfrith），他们已经受洗，但在获得王权后却走向了叛教。这种逆转及其与规定时间的实践——这对比德的叙述而言非常重要——形成的一种间断性（discontinuity），通过他们死于暴虐的不列颠国王卡德瓦拉（Caedwalla）之手而变得显而易见，但矛盾的是，卡德瓦拉是以"无非只是复仇的不公正的暴力"（impia manu sed iusta ultione）方式杀死了他们。叛教和不列颠人（而非英格兰人）统治的不正常状态反映在它给民众带来的循环往复的暴力之中，而比德则证明，这种不正常的状态需要从政治历史中剔除出去：

> 所有良善的人们直到今天也仍然认为这一年阴郁黑暗，令人憎恶，其原因不仅仅在于英格兰国王叛教并背弃其信仰

奥秘，同时也是由于不列颠国王的凶残暴政。因此，所有编录国王纪年时间的人都决定抹除关于叛教诸王的记忆，并把这一年归到他们的继任者当政的年份中，这位继任者就是奥斯瓦尔德（Oswald），一个蒙受上帝恩宠的人。（p.215）

无论是比德贯穿在《英吉利教会史》中的关键性修辞用语，[128]还是我们从其他历史资料中所了解到的信息，无不在提醒我们注意弗兰岑所说的比德"文本上的压制之举"，即许多故事，比如那些关于奥斯里克和埃恩弗里斯的故事，他都只字不提。①《英吉利教会史》中的这一刻在其元历史的（metahistorical）呈现中显得异乎寻常，这一刻让人们得以瞥见一个过程，藉由这个过程，一种时间化（temporalization）的体系就像德塞都所说的那样，"克服了秩序与秩序所搁置的事物之间存在的分歧"。②

不过，这一刻对于解释历史时间与主权之间的关系而言更为重要。比德充分地认识到，主权机构，即一个外在于法律同时又在法律之内的主权者，无法被法律所废除。按照他的叙述，奥斯里克和埃恩弗里斯的确是君主，他们终止基督教统治的时候尤其如此。这对比德来说虽然是非法的，但他们的统治具有历史的效力，只有某种主权的行为才能强夺这种统治——暴君卡德瓦拉即

---

① Allen Frantzen, *Desire for Origins*, p.141. 比德高度选择性的记忆和筛选，以及他对细节的呈现，一直是备受争议的话题。关于女性在比德著述中的缺席，参见 Clare Lees, Gillian Overing, *Double Agents: Women and Clerical Culture in Anglo-Saxon England*, pp.15–39。关于比德是倾向于诺森布里亚的历史还是坎特伯雷的历史，抑或是更宽泛的英格兰的历史，参见 Walter Goffart, "Bede's History in a Harsher Climate"; Walter Goffart, *Narrators of Barbarian History*; Patrick Wormald, "Bede, the Bretwaldas and the Origins of the *Gens Anglorum*"。

② Michel de Certeau, *The Writing of History*, p.89.

是这种情形。我们必须记住，对比德来说，时间的计算与时间的经验本质上依赖于对政治制度的规定（regulation），这三位统治者与埃德温截然不同，他们并没有将自己塑造为救赎历史的具象。相反，他们的统治破坏了为世界生成一段成功的历史所必需的规则（regulation），比德认为年代编录者试图抹除关于这三位统治者的记忆，这种看法承认了编史学是这种规定性实践不可或缺的组成部分。正如拉巴萨在叛教和主导性编史学的问题上所作的评论，奥斯里克和埃恩弗里斯以"系统地废除［他们的］合法度（grammaticity）"的方式放弃了合法化的话语。① 叛教如同暴力和撕裂一样不可同化和吸纳：卡德瓦拉开始"像野蛮的暴君一样摧毁他们，将他们剁成碎块（dilaceraret）"（213）。时间和圣经同样被撕裂了：奥斯里克和埃恩弗里斯必须被认定为没有历史的，这恰恰是因为历史的时间是一种政治的论据，而不是末世论的给定事实。

　　基于这样的语境，我想简要考察比德《英吉利教会史》中所记教廷书信里的帝国纪年短句，这些语句经常呈现出时间之间的联系所具有的规定性功能。比如说，教宗格里高利一世写给国王埃塞尔伯特（Æthelberht of Kent）的著名书信就劝诫国王要努力转变臣民的信仰，并提供了君士坦丁的例子：

　　　　君士坦丁就是这样，这位最虔诚的皇帝（piisimus imperator）改变了罗马帝国错误的偶像崇拜，使帝国和自己……以及他治下的臣民一并归顺于全能的上帝。他的声望因此而超过了此前君主的名声，他在荣誉和善举方面也胜过了他的先祖。（p.113）

---

　　① José Rabasa, "Without History? Apostasy as a Historical Category"，未发表论文。

　　这封信的结尾是一个传统的纪年短句，记录了另一位最虔诚的统治者当政的帝王年份："最虔诚的奥古斯都莫里乌斯·提比略"（Maurico Tiberio piisimo Augusto），这一年是莫里乌斯称帝为君的第十九年，出任执政官之后的第十八年，以及第四个小纪。这是一个小细节，但格里高利反复说起的最虔诚的皇帝（piisimus imperator）不但将帝国皈依的时间与他自己的罗马时间联系起来，[129] 还通过给埃塞尔伯特列举相关条件和由此带来的好处，说明了进入这种帝国历史轨道的条件。在比德这部《英吉利教会史》的设定中，这封信从罗马到肯特的物理运动使这种联系成为现实，甚至可以说，这种物理运动模仿了被理解为汇聚于罗马然后又从罗马发出的帝国的历史运动。

　　关于这个过程，最突出的例证是教宗霍诺利乌斯发出的三封书信：一封写给国王埃德温；一封寄给新任命的大主教霍诺利乌斯；还有一封写给爱尔兰人（genti Scottorum）。他们拒绝遵守罗马的复活节日期，而对于比德来说，复活节日期就是统一全世界时间实践的关键。写给埃德温的信紧接着比德对于这位国王奥古斯都般的和平统治所做的描述（一个带着婴儿的母亲可以不受阻挠地穿越整个王国）。这封信以一个提醒开始，即提醒他的王权来自上帝，然后再宣布，"由于［国王的］诚挚"，教宗将送出两份大披肩（pallia），主教保利努斯（Paulinus）和大主教霍诺利乌斯各得一份（195）。这两份大披肩意在允许新的大主教不必艰难跋涉到罗马来举行任命仪式，这明确承认了罗马与英格兰之间的地理距离：大披肩的到来是"由于我们与你们之间隔着……广大的区域"。在这种移动中，英格兰人的帝国被认为处在基督教的范围之内，并且是独立的——无论是在地理上还是在它某种程度上拥有独立的基督教权力的意义上。

　　紧随其后的是教宗霍诺利乌斯写给大主教霍诺利乌斯的书信，这封信与写给埃德温的信形成一对，因为其主题也是两份大披肩。

这封信在比德的《英吉利教会史》中是仅有的一封讲到书信交流本身的信件，该信的起首语是称谓致意，即"霍诺利乌斯致最亲爱的兄弟霍诺利乌斯"（Dilectissimo fratri Honorio Honorius）——由此突出了镜像般相互映照的名字，之后就开始讲道：

> 在我们的救世主出于怜悯而屈尊赐予其仆从的众多美好的礼物中，他的慷慨恩赐和仁慈的赠予使我们能够通过兄弟般的交流致意来表明我们相互的友爱，仿佛面对面相见（alternis aspectibus）。（p.197）

上文中只用少数几行字来强调的地理距离突然消失了，就像同名者的血统纽带一样，书信的结合力消除了空间，使远方的通信者能够面对面。这一凸显而出的时刻由于基督的怜悯而与救赎历史联系在一起，它以一种与基督诞生的编年史记录并无什么不同之处的方式终止了时间和空间。这封信也跨越了政治和精神层面，它提到大披肩的问题时说到，这是"依照您的请求和我们儿子——国王们的请求"（199）。然后，前往罗马的距离问题又再次被提起，这次的说法是远隔万里重洋（longa terrarum marisque interualla）。这封信的结尾是一连串帝国纪年的短句，比德还在其中补充了主历纪年（anno domini）——在其他书信中，他并没有这样做——[130]从而将罗马教会和英格兰教会、帝国时间与教会时间同时带入一种完美的交互状态，就如同面对面状态一样。

对于顽固不化的爱尔兰人来说，情况并非如此，他们拒不遵从罗马规定的复活节时间，因而也无可救药地落入了格格不入的境地。关于写给他们的书信，比德的介绍（紧接着主教霍诺利乌斯那封信的主历纪年）清楚地表明，在大地的尽头（extremis terrae finibus）存在着不同的生活方式。比德总结道，爱尔兰人被敦促"不要以为他们自己这些处在世界极地的少数人会比全世界

（per orbem）的古代教会和现在的教会更聪明"（199）。在这句概括性的话语之后，比德摘录了教宗约翰一世写给爱尔兰人的一封信，这封信表明，爱尔兰人更早之前询问复活节时间的书信送达时，收件人教宗已离世。由于时机不当，他们的书信石沉大海，无人回复。过了一段时间之后，他们的信被打开阅读，他们也受到异端的警告，并且受到诅咒天谴的威胁——换句话说就是永久被排斥，这与之前英格兰教会和罗马教会牢牢嵌入帝国时间与救赎时间的交互之中的镜像形成了鲜明的对比。

众所周知，比德对最终"正确"生活的爱尔兰人并无不满。我在这里提出的观点是，英格兰人生活在世界的尽头但处在历史的范围之内，而抗拒的爱尔兰人生活在被排斥的边缘，并处于时间的空白之中，两者之间的鲜明对比取决于比德进行历史分期的逻辑，而且这种对比也描绘出了做出分割的法律所具有的空间 - 时间性质。比德的历史分期就像施米特的决断和中世纪/现代的历史分期一样，通过提出一种关于全球法秩序（*nomos* of the earth）的主张，即通过声称一种世界和时间的领域化（territorialization），事实上确立了某种形式的同一性。然而，关于历史性（historicity）和时间的不可通约性，比德的理解显示出一种开放性，这种开放性与基于某种特定政治秩序的历史分期——在中世纪/现代这种历史分期的情况下是对政治本身的开端提出的主张——不可调和。事实上，这种开放性恰恰需要比德为力争达成全世界教会的领域化而展开的政治论争。

比德描述的弥赛亚事件当然是一件"奇迹"：它中止了一切现有的规范，同时又不符合所有现存的规范，而且，至少在结构的细微之处，这种"奇迹"不会像施米特的决断那样，回归到对一个国家的关注。对比德这样的思想家来说，历史分期在结构上的这种差异并不涉及某种政治事件，而是与政治搁置和中止有关，对于促使哲学家面对当前的伦理困境和政治困境重新思考"宗教"

与神学的可能性，这种差异是一个至关重要的方面。然而，这样的哲学讨论并没有考虑到那个事件在历史分期方面的可能性，[131] 而历史分期常常将时间的划分与粗暴的身份政治联系在一起。这种讨论也没有考虑到中世纪/现代这种历史分期的复杂化因素，这样的历史分期不但使讨论中的概念变得错综复杂，也遮蔽了这些概念的历史性由此被推向消失的过程。如何可能在不重建某个政治政权的情况下出现政治秩序的搁置，这仍然是一个持久的问题。我这里提供不了任何答案，只能表明，发掘出中世纪/现代的历史分期所构成的复杂性是一个先决条件，由此出发，才可以提出这些问题，并试图重新想象"现在"可能是什么。

跋

[132] 2007年6月18日上午，美国国家公共广播电台播报了以下内容：

> 最近几周，美国反恐战争中的重要盟友巴基斯坦似乎越来越不稳定，对总统穆沙拉夫的统治有不满情绪的人们涌上了街头……在被视为巴基斯坦思想文化中心的拉合尔市，反穆沙拉夫的抗议活动最为激烈。然而，仔细观察拉合尔的社会情绪可以发现，巴基斯坦的动乱不仅由宗教和政治引发，同时也由古老的封建制度和特权制度造成……
>
> 《巴基斯坦邮报》执行编辑拉赫曼（Rashid Rahman）也是穆沙拉夫的一位坚定的批评者，他说："巴基斯坦民主斗争的弱点之一就是我们还没有废除封建制。"封建制主要存在于巴基斯坦的旁遮普省和辛格省。
>
> 拉赫曼说，多年来，政府推行了旨在削弱封建势力的土地改革，但成效甚微。他说，"土地仍然是我们绝大多数立法委员的权力来源"，"因而这些人是拥有强大既得利益的大地主，他们保留着这一制度，并在经济、政治、社会和其他各个方面都使数百万的农民处于奴役之中"。
>
> 在反穆沙拉夫抗议活动中发挥主导作用的是贝娜齐尔·布托和纳瓦兹·谢里夫这两位前任总理领导的政党。然

而，在这两位领导者主政期间，巴基斯坦腐败成风，他们并未能结束封建制对巴基斯坦政治的专横影响。①

　　"封建制"作为对往事的一种叙述，显然还有更多的工作要做。巴基斯坦最近给美国外交部门和媒体报道带来了压力，它作为"美国反恐战争中的重要盟友"的地位与关于"不友好"国家行径的报道格格不入、竞相争持。美国更喜欢将这些负面特征与它监视、援助或者入侵和占领的"发展中"国家关联在一起，同时也希望让这些负面特征同有关其自身的政治经济腐败、"宗教极端主义"和相关总统行径的报道保持安全距离。在这种语境中，"封建制"不仅仅是诋毁，它通过在现代民主制和"不友好"国家行径之间设置时间上的距离来解决问题。[133]这种设置非常准确，恰好与这个概念的历史相吻合，这个概念被用来描绘欧洲的过去和印度的现在，它总是成为必须被丢弃之事物的标记。如今，在印巴分治之后，受访的巴基斯坦人在极为不同的环境下仍然非常了解"封建制"的政治影响力，他们至少为了美国新闻界的利益，采用了"封建制"这种说辞来表明新的意图。
　　在美国国家公共广播电台的这次报道中，一个潜在稳定的巴基斯坦是一个可能成为美国盟友的巴基斯坦，一个充满风险的不稳定的巴基斯坦可能成为美国十足的敌人，两个巴基斯坦之间的差别是从它无力克服自己的过去这一角度来描述的。如果不是因为这种时间上的距离，与巴基斯坦"古老的封建制度和特权制度"相关的那些问题对美国听众来说可能听起来会很熟悉：不受约束的政治权力导致总统对司法的干涉，亲属关系助长了选举舞弊。巴基斯坦必须从封建制（"一种金钱和权力在其中都至关重

---

　　①　Philip Reeves, "Pakistanis Criticize Influence of Feudal Families", in *Morning Edition*, June 18, 2007.

要的制度")转变成民主制("一种如同在美国那样的总统制"),从而成功地克服这种"古老的"过去。这里似乎并不存在有意的反讽。

当然,巴基斯坦与美国的情况截然不同,但"封建制"也关注这种差异的历史。它允许诸如此类的报道去转化最近的政治事件,并将巴基斯坦这类国家当前存在的问题简单地归因于古老的、表面上特有的文化因素。这种"古老的封建主义制度"的叙事,非常明显地忘记了东印度公司和数百年殖民统治之下的土地重组,也忘记了殖民主义的离别之礼,即印巴分治,它导致了大规模移民,并将印度与巴基斯坦设定为政治实体和宗教敌人。

"封建制"——关于一个让"数百万农民处于奴役之中"的过去的叙事,是作为一种手段而书写出来的故事,它将奴隶制置于欧洲的过去和其他地方,从而使欧洲乃至美国兴起政治自由和民主制的故事能够与奴隶制和征服对立起来,尽管这种民主制的历史发展同时也与数百万人遭受的奴役和经济压迫——仍然发挥着作用——紧密相关。

"世俗化"也是如此,它同样将政治差异转化为时间上的距离。如今,"世俗化"比"封建制"表现得更加复杂、多变和无所不在,这主要是因为"世俗化"的叙事遭到了直接的攻击。一旦可以大胆地声称,"基督教发明了宗教,并以此来指称其他教派或其他的信仰,而世俗主义却是基督教用来指称自己的一个名称",这场演出可以说就走向了完结。[1]这样的说法只有在基督教关于世俗的、普遍原则的主张获得真正的力量之后才会出现,[134]这种情形改变了世界的政治格局,各方都不得不因此而作出回应——而且是愈发广泛地以"宗教"的语言作出回应。

政治上广为流传的封建主义和世俗化使我们回到一个问题:

---

① Gil Anidjar, "Secularism", 62,见本书第三章的讨论。

"现在在何处？"我已经指出，关于中世纪/现代的历史分期，提出这样一个问题是恰当的。认定"中世纪"实际上是一个有意义的实体并确实存在，并认为中世纪是"宗教的"和"封建的"，都在支撑着一些人坚决不去理会基本政治范畴的历史性。关于西方的"宏大叙事"问题不仅仅是一种线性叙事的问题和"进步"神话的问题。更为重要的是，它是一个概念的形成与历史分期相结合的问题，一个回溯性地使各种范畴类别具体化并抹除其历史的过程。如果未来是开放的而不是已经确定的，那么就必须破除历史分期。

参考文献

Abu-Lughod, Janet. "On the Remaking of History: How to Reinvent the Past." *Remaking History*. Ed. Barbara Kruger and Phil Mariani. Seattle: Bay Press, 1989. 111–29.

Abu-Lughod, Lila. "The Debate About Gender, Religion, and Rights: Thoughts of a Middle East Anthropologist." *PMLA* 121:5 (2006): 1621–30.

Agamben, Giorgio. *Homo Sacer: Sovereign Power and Bare Life*. Trans. Daniel Heller-Roazen. Stanford, Calif.: Stanford University Press, 1995.

———. *State of Exception*. Trans. Kevin Attell. Chicago: University of Chicago Press, 2005.

———. *The Time That Remains: A Commentary on the Letter to the Romans*. Trans. Patricia Dailey. Stanford, Calif.: Stanford University Press, 2005.

Allen, Michael I. "Universal History 300–1000: Origins and Western Developments." *Historiography in the Middle Ages*. Ed. Deborah Mauskopf Deliyannis. Leiden: Brill, 2003. 17–42.

Anderson, Benedict. *Imagined Communities: Reflections on the Origin and Spread of Nationalism*. Rev. 2nd ed. London: Verso, 1991.

Anderson, Perry. *Lineages of the Absolutist State*. London: Verso, 1974.

Anidjar, Gil. "Secularism." *Critical Inquiry* 33 (2006), 52–77.

Asad, Talal. *Genealogies of Religion*. Baltimore: Johns Hopkins University Press, 1993.

———. *Formations of the Secular: Christianity, Islam, Modernity*. Stanford, Calif.: Stanford University Press, 2003.

Aston, T. H., and C. H. E. Philpin, eds. *The Brenner Debate: Agrarian Class Structure and Economic Development in Pre-Industrial Europe*. New York: Cambridge University Press, 1985.

Auerbach, Erich. *Mimesis: The Representation of Reality in Western Literature*. Princeton, N.J.: Princeton University Press, 1953. Reprinted 2003.

———. "Figura." *Scenes from the Drama of European Literature: Six Essays*. Gloucester, Mass.: Peter Smith, 1959. Reprinted 1973.

———. "Philology and *Weltliteratur*." Trans. Edward Said and Marie Said. *Centennial Review* 13 (1969), 1–17.

Austin, J. L. *How To Do Things With Words*. Cambridge, Mass.: Harvard University Press, 1975.

Badiou, Alain. *Saint Paul: The Foundation of Universalism*. Trans. Ray Brassier. Stanford, Calif.: Stanford University Press, 2003.

Balakrishnan, Gopol. *The Enemy: An Intellectual Portrait of Carl Schmitt*. London: Verso, 2000.

Balibar, Étienne. *We, the People of Europe? Reflections on Transnational Citizenship*. Trans. James Swenson. Princeton, N.J.: Princeton University Press, 2004.

Barnes, Viola Florence. "Land Tenure in English Colonial Charters of the Seventeenth Century." *Essays in Colonial History Presented to Charles McLean Andrews*. New Haven, Conn.: Yale University Press, 1931. 4–40.

Bartlett, Anne Clark. "Foucault's 'Medievalism.'" *Mystics Quarterly* 20 (1994): 10–18.

Bataille, Georges. *The Accursed Share*, vol 3. Trans. Robert Hurley. New York: Zone Books, 1993.

Bayly, A. *Empire and Information: Intelligence Gathering and Social Communication in India, 1780–1870.* Cambridge: Cambridge University Press, 1996.

Bede, The Venerable. *Bede's Ecclesiastical History of the English People.* Ed. and trans. Bertram Colgrave and R. A. B. Mynors. Oxford: Clarendon, 1969.

———. *De temporum ratione*. Ed. Charles W. Jones. *Corpus Christianorum Series Latina* 123B. Turnhout: Brepols, 1977. Trans. Faith Wallis as *The Reckoning of Time*.

Benjamin, Walter. *Illuminations*. Trans. Harry Zohn. Ed. Hannah Arendt. New York: Schocken, 1968.

———. "Critique of Violence." *Reflections: Essays, Aphorisms, Autobiographical Writings*. Trans. Edmund Jephcott. Ed. Peter Demetz. New York: Schocken, 1978. First published as "Zur Kritiz der Gewalt," *Schriften*, Band I. (Frankfurt: Suhrkamp Verlag, 1955). 277–300.

———. *The Origin of German Tragic Drama*. Trans. John Osborne. London: Verso, 1998. First published as *Ursprung des deutschen Trauerspiels* (Frankfurt: Suhrkamp Verlag, 1963).

Berdan, Frances F., and Patricia Rieff Anawalt, eds. *The Essential Codex Mendoza*. Berkeley: University of California Press, 1997.

Berkowitz, David. *John Selden's Formative Years: Politics and Society in Early Seventeenth-Century England*. Washington, D.C.: Folger Shakespeare Library, 1988.

Berman, Harold J. "The Origins of Historical Jurisprudence: Coke, Selden, Hale." *Yale Law Journal* 5:1 (1994): 1651–1738.

———. *Law and Revolution II*. Cambridge, Mass.: Harvard University Press, 2003.

Bhabha, Homi. *Location of Culture*. London: Routledge, 1994.

Bhargava, Rajeev, ed. *Secularism and Its Critics*. Delhi: Oxford University Press, 1998.

Biddick, Kathleen. *Shock of Medievalism*. Durham, N.C.: Duke University Press, 1998.

———. *The Typological Imaginary*. Philadelphia: University of Pennsylvania Press, 2003.

Bisaha, Nancy. *Creating East and West: Renaissance Humanists and the Ottoman Turks*. Philadelphia: University of Pennsylvania Press, 2004.

Blackstone, William. *Commentaries on the Laws of England*, 4th ed. Oxford: Clarendon, 1770.

Bloch, Marc. *Feudal Society*. Trans. L. A. Manyon. London: Routledge, 1961. Vol. 1.

Blumenberg, Hans. *The Legitimacy of the Modern Age*. Trans. Robert M. Wallace. Cambridge, Mass.: MIT Press, 1983; first published as *Die Legitimität der Neuzeit* (Frankfurt: Suhrkamp Verlag, 1966).

Bodin, Jean. *Les six livres de la République*. Ed. Christiane Fremont, Marie-Dominique Couzinet, and Henri Rochais. 6 vols. Paris: Fayard, 1986.

Bowen, H. V. *Revenue and Reform: The Indian Problem in British Politics, 1757–1773*. Cambridge: Cambridge University Press, 1991.

Brass, Tom. "A-way with Their Wor(l)ds: Rural Labourers Through the Postmodern Prism." *Economic and Political Weekly* 28:23 (1993), 1162–68.

Brooks, Nicholas. *Bede and the English.* 1999 Jarrow Lecture. Jarrow, Durham: St. Paul's Church, 1999.

Brown, George Hardin. *Bede the Venerable.* Boston: Twayne, 1987.

———. "Bede's Neglected Commentary on *Samuel.*" In DeGregorio, ed., 121–42.

Brunner, Otto. "Feudalism: The History of a Concept." Trans. Miriam Sambursky. *Lordship and Community in Medieval Europe.* Ed. Fredric L. Cheyette. New York: Holt, 1968.

———. *Land and Lordship: Structures of Governance in Medieval Austria.* Trans. Howard Kaminsky and James Van Horn Melton. Philadelphia: University of Pennsylvania Press, 1992.

Buck-Morss, Susan. *The Dialectics of Seeing: Walter Benjamin and the Arcades Project.* Cambridge, Mass.: MIT Press, 1989.

———. "Hegel and Haiti." *Critical Inquiry* 26 (2002): 821–65.

Budé, Guillaume. *Annotationes priores et posteriors . . . in pandectas.* Paris, 1556.

Burke, Peter. *The Renaissance Sense of the Past.* New York: St. Martin's, 1969.

Burns, J. H., ed. *The Cambridge History of Medieval Political Thought, c. 350–c. 1450.* Cambridge: Cambridge University Press, 1988.

———. *Cambridge History of Political Thought: 1450–1700.* Cambridge: Cambridge University Press, 1991.

Burrow, J. A., and Ian P. Wei, eds. *Medieval Futures: Attitudes to the Future in the Middle Ages.* Woodbridge: Boydell, 2000.

Butler, Judith. *Bodies that Matter: On the Discursive Limits of "Sex."* New York: Routledge, 1993.

———. "Critique, Coercion, and Sacred Life in Benjamin's 'Critique of Violence.'" In Vries and Sullivan, 201–19.

Bynum, Caroline Walker, and Paul Freedman, eds. *Last Things: Death and the Apocalypse in the Middle Ages.* Philadelphia: University of Pennsylvania Press, 2000.

Cadava, Eduardo. "The Monstrosity of Human Rights." *PMLA* 121.5 (2006): 1558–565.

Certeau, Michel de. *The Writing of History.* Trans. Tom Conley. New York: Columbia University Press, 1988.

Chakrabarty, Dipesh. "The Time of History and the Times of Gods." In Lowe and Lloyd, eds., 35–60.

———. "Radical Histories and the Question of Enlightenment Rationalism: Some Recent Critiques of *Subaltern Studies.*" *Economic and Political Weekly* 30:14 (1995): 751–59. Reprinted in Vinayak Chaturvedi, ed., *Mapping Subaltern Studies and the Postcolonial.* London: Verso, 2000. 256–80.

———. *Provincializing Europe: Postcolonial Thought and Historical Difference.* Princeton, N.J.: Princeton University Press, 2000.

———. *Habitations of Modernity: Essays in the Wake of Subaltern Studies.* Chicago: University of Chicago Press, 2002.

———. "Where Is the Now?" *Critical Inquiry* 30:2 (2004): 458–62.

Chatterjee, Partha. *The Nation and Its Fragments: Colonial and Postcolonial Histories.* Princeton, N.J.: Princeton University Press, 1993.

———. "Secularism and Tolerance." *Secularism and Its Critics.* Ed. Rajeev Bhargava Delhi: Oxford University Press, 1998. 345–79.

Cheyette, Fredric L. *Ermengard of Narbonne and the World of the Troubadours.* Ithaca: Cornell University Press, 2001.

Chomsky, Noam. "Homi Bhabha Talks with Noam Chomsky." *Critical Inquiry* 31, no. 2 (2004): 419–24.

Christianson, Paul. "Young John Selden and the Ancient Constitution, ca. 1610–1618." *Proceedings of the American Philosophical Society* 128 (1984): 271–315.

———. *Discourse on History, Law, and Governance in the Public Career of John Selden, 1610–1635.* Toronto: University of Toronto Press, 1996.

Clifford, James. *Routes: Travel and Translation in the Late Twentieth Century.* Cambridge, Mass.: Harvard University Press, 1997.

Cohen, Jeffrey Jerome, ed. *The Postcolonial Middle Ages.* New York: Palgrave, 2000.

Cohen, Mark. *Under Crescent and Cross.* Princeton, N.J.: Princeton University Press, 1994.

Coke, Sir Edward. *The First Part of the Institutes of the Laws of England: or, A Commentary upon Littleton* (15th edition). London: E. and R. Brooke, 1794.

Cole, Andrew. "What Hegel's Master/Slave Dialectic Really Means." *Journal of Medieval and Early Modern Studies* 34 (2004): 577–610.

Cole, Andrew, and D. Vance Smith. *The Legitimacy of the Middle Ages.* Durham: Duke University Press, forthcoming.

Colliot-Thélène, Catherine. "Carl Schmitt Versus Max Weber: Juridical Rationality and Economic Rationality." *The Challenge of Carl Schmitt.* Ed. Chantal Mouffe. London: Verso, 1999. 138–54.

Craig, Sir Thomas. *Jus Feudale.* Trans. James Avon Clyde. Edinburgh: William Hodge, 1934.

Croke, Brian. "The Origins of the Christian World Chronicle." *History and Historians in Late Antiquity.* Ed. Brian Croke and Alanna M. Emmett. Sydney: Pergamon, 1984. 116–31.

Cross, J. E. "Bede's Influence at Home and Abroad: An Introduction." *Beda Venerabilis: Historian, Monk, and Northumbrian.* Ed. L. A. J. R. Houwen and A. A. MacDonald. Groningen: Egbert Forsten, 1996. 17–29.

Damrosch, David, ed. *The Longman Anthology of World Literature,* 2 vols. New York: Longman, 2003, 2004.

Davidse, Jan. "The Sense of History in the Works of the Venerable Bede." *Studi Medievali* series 3, 23:2 (1982): 647–95.

Davies, Sir John. *A Discovery of the True Causes Why Ireland Was Never Entirely Subdued.* Ed. James P. Myers. Washington, D.C.: Catholic University Press, 1988.

Davis, Kathleen. "National Writing in the Ninth Century: A Reminder for Postcolonial Thinking About the Nation." *Journal of Medieval and Early Modern Studies* 28.3 (1998): 611–37.

Davis, Kathleen, and Nadia Altschul, eds. *Medievalisms in the (Post)Colony.* Baltimore: Johns Hopkins University Press, forthcoming.

DeGregorio, Scott, ed. *Innovation and Tradition in the Writings of the Venerable Bede.* Morgantown: West Virginia University Press, 2006.

Deliyannis, Deborah Mauskopf. "Year-Dates in the Early Middle Ages." *Time in the Medieval World.* Ed. Chris Humphrey and W. M. Ormrod. York: York Medieval Press, 2001. 5–22.

Derrida, Jacques. *Margins of Philosophy.* Trans. Alan Bass. Chicago: University of Chicago Press, 1982.

———. "Force of Law: The 'Mystical Foundation of Authority.'" *Deconstruction and the Possibility of Justice.* Ed. Drucilla Cornell, Michel Rosenfeld, and David Gray Carlson. London: Routledge, 1992. 3–67.

———. *Spectres of Marx: the State of the Debt, the Work of Mourning, and the New International.* Trans. Peggy Kamuf. New York: Routledge, 1994.

———. *The Politics of Friendship.* Trans. George Collins. New York: Verso, 1997.

———. *Archive Fever: A Freudian Impression.* Trans. Eric Prenowitz. Chicago: University of Chicago Press, 1998.

————. "Faith and Knowledge: Two Sources of 'Religion' at the Limits of Reason Alone." Trans. Samuel Weber. *Religion*. Ed. Jacques Derrida and Gianni Vattimo, 1–78.

Derrida, Jacques, and Gianni Vattimo, eds. *Religion*. Stanford, Calif.: Stanford University Press, 1998.

Desai, Gaurav. "Old World Orders: Amitav Ghosh and the Writing of Nostalgia." *Representations* 85 (2004): 125–48.

Dinshaw, Carolyn. *Getting Medieval: Sexualities and Communities, Pre- and Postmodern*. Durham, N.C.: Duke University Press, 1996.

Donalson, Malcolm Drew. *A Translation of Jerome's Chronicon with Historical Commentary*. Lewiston, N.Y.: Mellen University Press, 1996.

Du Moulin, Charles. *Commentarii in Parisienses . . . consuetudines*. Cologne, 1613.

Dyzenhaus, David. *Legality and Legitimacy: Carl Schmitt, Hans Kelsen and Hermann Heller in Weimar*. Oxford: Clarendon, 1997.

————. "Legal Theory in the Collapse of Weimar: Contemporary Lessons?" *American Political Science Review* 91:1 (1997): 121–34.

Eckhardt, Karl, ed. *Consuetudines Feudorum*. Aalen, Germany: Scientia Verlag, 1971.

Fabian, Johannes. *Time and the Other: How Anthropology Makes Its Object*. New York: Columbia University Press, 1983; 2nd ed., 2002.

Fasolt, Constantin. *The Limits of History*. Chicago: University of Chicago Press, 2004.

Ferguson, Arthur B. *The Articulate Citizen and The English Renaissance*. Durham, N.C.: Duke University Press, 1965.

Ferguson, Wallace. *The Renaissance in Historical Thought*. New York: Houghton Mifflin, 1948.

Firminger, Walter K. *Affairs of the East India Company: The Fifth Report from the Select Committee of the House of Commons, vol. L*. Delhi: Neeraj Publishing House, 1812. Reprinted in 1985.

Foucault, Michel. *The Archaeology of Knowledge*. Trans. A. M. Sheridan Smith. New York: Pantheon, 1972.

Francis, Sir Philip. *Original Minutes of the Governor-General and Council of Fort William on the Settlement and Collection of the Revenues of Bengal*. London, 1782.

————. *Sir Philip Francis's Minutes on the Subject of a Permanent Settlement for Bengal, Behar and Orissa*. Ed. Romesh C. Dutt. Calcutta, 1901.

Franklin, Julian. *Jean Bodin and the Sixteenth-Century Revolution in the Methodology of Law and History*. New York: Columbia University Press, 1963.

————. *Jean Bodin and the Rise of Absolutist Theory*. Cambridge: Cambridge University Press, 1973.

Franklin, Julian, ed. and trans. *On Sovereignty: Four Chapters from The Six Books of the Commonwealth*. Cambridge: Cambridge University Press, 1992.

Frantzen, Allen. *Desire for Origins: New Language, Old English, and Teaching the Tradition*. New Brunswick, N.J.: Rutgers University Press, 1991.

Fuchs, Barbara. *Mimesis and Empire: The New World, Islam, and European Identities*. Cambridge: Cambridge University Press, 2001.

Fuchs, Barbara, and David J. Baker. "The Postcolonial Past." *Modern Language Quarterly* 65:3 (2004): 329–40.

Gager, John G. *Reinventing Paul*. Oxford: Oxford University Press, 2000.

Ganim, John. "Native Studies: Orientalism and Medievalism." In Jeffrey Jerome Cohen, 123–34.

————. *Medievalism and Orientalism*. New York: Palgrave, 2005.

Ghosh, Amitav. *In An Antique Land: History in the Guise of a Traveler's Tale*. New York: Vintage, 1994.

Giesey, Ralph E. "When and Why Hotman Wrote the *Francogallia*," *Bibliothèque d'Humanisme et Renaissance* 219 (1967): 581–611.

———. Introduction to Hotman, *Francogallia*.

Gilmore, Myron Piper. *Argument from Roman Law in Political Thought, 1200–1600*. Cambridge, Mass.: Harvard University Press, 1941.

Giordanengo, Gérard. "Consilia Feudalia." *Legal Consulting in the Civil Law Tradition*. Ed. Mario Ascheri, Ingrid Baumgärtner, and Julius Kirshner. Berkeley: University of California Press, 1999.

Godden, Malcolm. "The Anglo-Saxons and the Goths." *Anglo Saxon England* 31 (2002): 47–68.

Goffart, Walter. *The Narrators of Barbarian History (A.D. 550–800)*. Princeton, N.J.: Princeton University Press, 1988.

———. "Bede's History in a Harsher Climate." In DeGregorio, ed., 203–26.

Goitein, S. D. *A Mediterranean Society: An Abridgment in One Volume*. Rev. and ed. Jacob Lassner. Berkeley: University of California Press, 2003.

Gordon, George. "*Medium Aevum* and the Middle Age," SPE Tract 19. Oxford, 1925.

Grafton, Anthony and Megan Williams. *Christianity and the Transformation of the Book: Origen, Eusebius, and the Library of Caesarea*. Cambridge, Mass.: Harvard University Press, 2006.

Guha, Ranijit. *A Rule of Property for Bengal: An Essay on the Idea of Permanent Settlement*. Paris: Mouton, 1963.

———. *Elementary Aspects of Peasant Insurgency in Colonial India*. Delhi: Oxford University Press, 1983. Reprinted Durham, N.C.: Duke University Press, 1999.

Hamacher, Werner. "Afformative, Strike: Benjamin's 'Critique of Violence.'" *Walter Benjamin's Philosophy: Destruction and Experience*. Ed. Andrew Benjamin and Peter Osborne. London: Routledge, 1993. 110–38.

———. "One 2 Many Multiculturalisms." *Violence, Identity, and Self-Determination*. Ed. Hent de Vries and Samuel Weber. Stanford, Calif.: Stanford University Press, 1997. 284–325.

Harrison, Kenneth. *The Framework of Anglo-Saxon History to A.D. 900*. Cambridge: Cambridge University Press, 1976.

Hegel, G. W. F. *Philosophy of History*. Trans. J. Sibree. Amherst, N.Y.: Prometheus, 1991.

Heller, Henry. "Bodin on Slavery and Primitive Accumulation." *Sixteenth Century Journal* 25 (1994): 53–65.

Higham, N. J. *An English Empire: Bede and the Early Anglo-Saxon Kings*. Manchester: Manchester University Press, 1995.

Hill, Joyce. "Carolingian Perspectives on the Authority of Bede." In DeGregorio, ed., 227–49.

Hoffman, Paul E. *The Spanish Crown and the Defense of the Caribbean, 1535–1585: Precedent, Patrimonialism, and Royal Parsimony*. Baton Rouge: Louisiana State University Press, 1980.

Holsinger, Bruce. "Medieval Studies, Postcolonial Studies, and the Genealogies of Critique." *Speculum* 77 (2002): 1195–227.

———. *The Premodern Condition: Medievalism and the Making of Theory*. Chicago: University of Chicago Press, 2005.

Hont, Ivstan. "The Rhapsody of Public Debt." *Political Discourse in Early Modern Britain*. Ed. Nicholas Phillipson and Quentin Skinner. Cambridge: Cambridge University Press, 1993. 321–48.

Hotman, François. *De Feudis Commentatio Tripartita.* Cologne, 1573.

———. *Antitribonian, ou, Discours d'un grand et renommé iurisconsulte de nostre temps sur l'estude des loix.* Ed. Henri Duranton. Saint-Etienne, France: Université de Saint-Etienne, 1980.

———. *Francogallia.* Trans. J. H. M. Salmon. Ed. Ralph E. Giesey. Cambridge: Cambridge University Press, 1972.

Howe, Nicholas. "Rome: Capital of Anglo-Saxon England." *Journal of Medieval and Early Modern Studies* 34:1 (2004): 147–72.

Hume, David. *The History of England, from the Invasion of Julius Caesar to the Revolution* (1688). Boston: Little, Brown, 1863.

———. *The Philosophical Works of David Hume.* Ed. T. H. Green and T. H. Grose. London, 1875.

Ingham, Patricia Clare. *Sovereign Fantasies: Arthurian Romance and the Making of Britain.* Philadelphia: University of Pennsylvania Press, 2001.

Ingham, Patricia Clare, and Michelle Warren, eds. *Postcolonial Moves.* New York: Palgrave, 2003.

Irvine, Martin. *The Making of Textual Culture: "Grammatica" and Literary Theory, 350–1100.* Cambridge: Cambridge University Press, 1994.

Isidore of Seville. *The Etymologies of Isidore of Seville.* Trans. Stephen Barney et al. Cambridge: Cambridge University Press, 2006.

Jameson, Frederic. *Postmodernism, or, The Cultural Logic of Late Capitalism.* Durham, N.C.: Duke University Press, 1991.

———. *A Singular Modernity: Essay on the Ontology of the Present.* London: Verso, 2002.

Jay, Martin. "Reconciling the Irreconcilable? Rejoinder to Kennedy." *Telos* 71 (1987): 67–80.

Jerome. "Jerome's Letter to Pammachius." Trans. Kathleen Davis. *The Translation Studies Reader,* 2nd ed. Ed. Lawrence Venuti. London: Routledge, 2004. 21–30.

Johnson, Robert C. et al., eds. *Commons Debates 1628.* New Haven, Conn.: Yale University Press, 1977.

Kabir, Ananya, and Deanne Williams, eds. *Postcolonial Approaches to the Middle Ages.* Cambridge: Cambridge University Press, 2005.

Kantorowicz, Ernst. *The King's Two Bodies: A Study in Mediaeval Political Theology.* Princeton, N.J.: Princeton University Press, 1957.

Kelley, Donald R. "*De Origine Feudorum*: The Beginnings of an Historical Problem." *Speculum* 39 (1964): 207–28.

———. *Foundations of Modern Historical Scholarship: Language, Law, and History in the French Renaissance.* New York: Columbia University Press, 1970.

———. *François Hotman: A Revolutionary's Ordeal.* Princeton, N.J.: Princeton University Press, 1973.

———. "Civil Science in the Renaissance." *The Languages of Political Theory in Early Modern Europe.* Ed. Anthony Pagden. Cambridge: Cambridge University Press, 1987. 57–78.

———. "Law." In Burns, ed., *Cambridge History of Political Thought: 1450–1700,* 66–94.

Kemp, Anthony. *The Estrangement of the Past: A Study in the Origins of Modern Historical Consciousness.* New York: Oxford University Press, 1991.

Kennedy, Ellen. "Carl Schmitt and the Frankfurt School." *Telos* 71 (1987): 37–66.

Kiernan, V. G. *Marxism and Imperialism.* London: Edward Arnold, 1974.

Klein, William. "The Ancient Constitution Revisited." *Political Discourse in Early Modern Britain.* Ed. Nicholas Phillipson and Quentin Skinner. Cambridge: Cambridge University Press, 1993. 23–44.

Knapp, Ethan. "Heidegger, Medieval Studies and the Modernity of Scholasticism." Forthcoming in Cole and Smith, ed., *The Legitimacy of the Middle Ages.*

Knolles, Richard. *The Six Bookes of a Commonweale: A Facsimile Reprint.* Ed. Kenneth D. McRae. Cambridge, Mass.: Harvard University Press, 1962.

Koselleck, Reinhart. *Futures Past: On the Semantics of Historical Time.* Trans. Keith Tribe. Cambridge, Mass.: MIT Press, 1985. 2nd ed. New York: Columbia University Press, 2004.

———. *Critique and Crisis: Enlightenment and the Pathogenesis of Modern Society.* Oxford: Berg, 1988. First published as *Kritik und Krise, Eine Studie zur Pathogenese der bügerlichen Welt* (Freiburg: Karl Alber, 1959).

Kriegel, Blandine. "The Rule of the State and Natural Law." *Natural Law and Civil Sovereignty: Moral Right and State Authority in Early Modern Political Thought.* Ed. Ian Hunter and David Saunders. New York: Palgrave, 2002. 13–26.

Laclau, Ernesto. *Emancipation(s).* London: Verso, 1996.

Lampert, Lisa. "Race, Periodicity, and the (Neo-) Middle Ages," *Modern Language Quarterly* 65:3 (2004): 391–421.

Landes, Richard. "Lest the Millennium Be Fulfilled: Apocalyptic Expectations and the Pattern of Western Chronography, 100–800 CE." *The Use and Abuse of Eschatology in the Middle Ages.* Ed. Werner Verbeke, Daniel Verhelst, and Andries Welkenhuysen. Leuven: Leuven University Press, 1988. 137–211.

Latour, Bruno. *We Have Never Been Modern.* Trans. Catherine Porter. Cambridge, Mass.: Harvard University Press, 1993.

Lavezzo, Kathy. *Angels at the Edge of the World.* Ithaca: Cornell University Press, 2006.

Lees, Clare. "Engendering Religious Desire: Sex, Knowledge, and Christian Identity in Anglo-Saxon England." *Journal of Medieval and Early Modern Studies* 27 (1997): 17–45.

———. *Tradition and Belief: Religious Writing in Late Anglo-Saxon England.* Minneapolis: University of Minnesota Press, 1999.

Lees, Clare, and Gillian Overing. "Signifying Gender and Empire." *Journal for Medieval and Early Modern Studies* 34:1 (2004): 1–16.

———. *Double Agents: Women and Clerical Culture in Anglo-Saxon England.* Philadelphia: University of Pennsylvania Press, 2001.

Le Goff, Jacques. *Time, Work, and Culture in the Middle Ages.* Trans. Arthur Goldhammer. Chicago: University of Chicago Press, 1980.

———. "Antique (Ancient)/Modern." *History and Memory.* Trans. Steven Rendall and Elizabeth Claman. New York: Columbia University Press, 1992. 21–50.

———. "Maîtriser le temps." *Afrique et Histoire* 2 (2004): 19–29.

Lieberman, David. *The Province of Legislation Determined: Legal Theory in Eighteenth-Century Britain.* Cambridge: Cambridge University Press, 1989.

Lloyd, David. *Ireland after History.* Cork, Ireland: Cork University Press, 1999.

Lloyd, Howell A. "Constitutionalism." In Burns, ed., *Cambridge History of Political Thought: 1450–1700,* 292–97.

Lochrie, Karma. "Desiring Foucault." *Journal of Medieval and Early Modern Studies* 27 (1997): 3–16.

Lowe, Lisa, and David Lloyd, eds. *The Politics of Culture in the Shadow of Capital.* Durham, N.C.: Duke University Press, 1997.

Löwith, Karl. *Meaning in History: The Theological Implications of the Philosophy of History.* Chicago: University of Chicago Press, 1949.

———. "The Occasional Decisionism of Carl Schmitt." In Wolin, ed., *Martin Heidegger and European Nihilism;* first published as "Der Okkasionnelle Dezisionismus von Carl Schmitt" [1935], Samtliche Schrifien, VIII, 57.

Lupton, Julia Reinhard. *Afterlives of the Saints: Hagiography, Typology, and Renaissance Literature.* Stanford, Calif.: Stanford University Press, 1996.

———. *Citizen-Saints: Shakespeare and Political Theology.* Chicago: University of Chicago Press, 2005.

Luscombe, D. E., and G. R. Evans. "The Twelfth-Century Renaissance." In Burns, ed., *The Cambridge History of Medieval Political Thought, c. 350–c. 1450.* 310–16.

Mackrell, J. Q. C. *The Attack on "Feudalism" in Eighteenth-Century France.* London: Routledge, 1973.

Maclean, Ian. *Interpretation and Meaning in the Renaissance: The Case of Law.* Cambridge: Cambridge University Press, 1992.

Maitland, F. W. *English Law and the Renaissance.* Cambridge: Cambridge University Press, 1901.

Marx, Karl. *Theories of Surplus Value.* Trans. G. A. Bonner and Emile Burns. New York: International Publishers, 1952.

Mason, Peter. "The Purloined Codex." *Journal of the History of Collections* 9:1 (1997): 1–30.

Masuzawa, Tomoko. *In Search of Dreamtime: The Quest for the Origin of Religion.* Chicago: University of Chicago Press, 1993.

———. *The Invention of World Religions: Or, How European Universalism Was Preserved in the Language of Pluralism.* Chicago: University of Chicago Press, 2005.

McClure, Judith. "Bede's Old Testament Kings," *Ideal and Reality in Frankish and Anglo-Saxon Society.* Ed. Patrick Wormald with Donald Bullough and Roger Collins. Oxford: B. Blackwell, 1983. 76–98.

McCormick, John P. *Carl Schmitt's Critique of Liberalism: Against Politics as Technology.* Cambridge: Cambridge University Press, 1997.

McGinn, Bernard. *Visions of the End: Apocalyptic Traditions in the Middle Ages.* New York: Columbia University Press, 1998.

McNeil, David O. *Guillaume Budé and Humanism in the Reign of Francis I.* Geneva: Droz, 1975.

Meier, Heinrich. *Carl Schmitt and Leo Strauss: The Hidden Dialogue.* Chicago: University of Chicago Press, 1995.

Menke, Christoph. *Reflection of Equality.* Trans. Howard Rouse and Andrei Denejkine. Stanford, Calif.: Stanford University Press, 2006.

Meyvaert, Paul. "The Registrum of Gregory the Great and Bede." *Benedict, Gregory, Bede and Others.* London: Variorum Reprints, 1977. 162–66.

Mignolo, Walter. *The Darker Side of the Renaissance: Literacy, Territoriality, and Colonization.* 2nd ed. Ann Arbor: University of Michigan Press, 2003.

Molyneux, William, ed. *The Case of Ireland's Being Bound by Acts of Parliament in England, Stated.* London: Boreham, 1720.

Mommsen, Theodor. *Libri pontificalis. Monumenta Germaniae historica. Gestorum pontificum romanorum* v. 1, pars 1. Berolini: Weidmann, 1898.

Mommsen, Theodore E. "Petrarch's Conception of the 'Dark Ages.'" *Speculum* 17:2 (1942): 226–42.

Montorzi, Mario. *Diritto feudale nel Basso medioevo.* Torino, Italy: G. Giappichelli, 1991.

Mosshammer, Aldan A. *The Chronicle of Eusebius and Greek Chronographic Tradition*. Lewisburg, Pa.: Bucknell University Press, 1979.

Mouffe, Chantal. *The Return of the Political*. London: Verso, 1993.

Mudimbe, V. Y. *The Invention of Africa: Gnosis, Philosophy and the Order of Knowledge*. Bloomington: Indiana University Press, 1988.

Mufti, Aamir. "Auerbach in Istanbul: Edward Said, Secular Criticism, and the Question of Minority Culture." *Critical Inquiry* 25:1 (1998): 95–125.

———. "Critical Secularism: A Reintroduction for Perilous Times." *boundary 2* 31:2 (2004): 1–9.

Nancy, Jean-Luc. "Church, State, Resistance." In Vries and Sullivan, 102–12.

Needham, Anuradha Dingwaney, and Rejeswari Sunder Rajan, eds. *The Crisis of Secularism in India*. Durham, N.C.: Duke University Press, 2007.

Negri, Antonio. *Insurgencies: Constituent Power and the Modern State*. Trans. Maurizia Boscagli. Minneapolis: University of Minnesota Press, 1999.

Orosius. *Historiarum adversos paganos libri quinque*. Ed. C. Zangermeister. CSEL 5 (1882).

Osborne, Peter. *The Politics of Time: Modernity and Avant-Garde*. London: Verso, 1995.

Oxford Latin Dictionary. Ed. P. G. W. Glare. Oxford: Clarendon, 1996.

Pagden, Anthony. *Lords of All the World: Ideologies of Empire in Spain, Britain, and France, c. 1500–c.1800*. New Haven, Conn.: Yale University Press, 1995.

The Parliamentary History of England. Hansard. London, 1814.

Pasquier, Étienne. *Les Oeuvres d'Estienne Pasquier*, 2 vols. Amsterdam, 1723.

Patterson, Orlando. *Slavery and Social Death: A Comparative Study*. Cambridge, Mass.: Harvard University Press, 1982.

Pattullo, Henry. "Essay upon the Cultivation of the Lands, and Improvements of the Revenues, of Bengal." London: Becket and Hondt, 1771.

Pawlisch, Hans S. *Sir John Davies and the Conquest of Ireland: A Study in Legal Imperialism*. Cambridge: Cambridge University Press, 1985.

Pennington, Kenneth. "Law, Feudal" and "*Libri Feudorum*." *The Dictionary of the Middle Ages*, Supplement I. Ed. William Chester Jordan. New York: Scribner, 2004.

Phillips, Mark Salber. *Society and Sentiment: Genres of Historical Writing in Britain, 1740–1820*. Princeton, N.J.: Princeton University Press, 2000.

Phillipson, Nicholas. "Propriety, Property and Prudence: David Hume and the Defence of the Revolution." *Political Discourse in Early Modern Britain*. Ed. Nicholas Phillipson and Quentin Skinner. Cambridge: Cambridge University Press, 1993. 302–20.

Piccone, Paul, and G. L. Ulmen. "Introduction." *Telos* 72 (1987): 3–14.

Pocock, J. G. A. *Virtue, Commerce, and History: Essays on Political Thought and History, Chiefly in the Eighteenth Century*. Cambridge: Cambridge University Press, 1985.

———. *The Ancient Constitution and the Feudal Law: A Study of English Historical Thought in the Seventeenth Century, A Reissue with a Retrospect*. Cambridge: Cambridge University Press, 1987. Original published in 1957.

———. "Political Thought in the English-Speaking Atlantic, 1760–1790: The Imperial Crisis." *The Varieties of British Political Thought*. Cambridge: Cambridge University Press, 1993. 246–82.

Pollock, Sir Frederick, and F. W. Maitland, *The History of English Law before the Time of Edward I*, 2nd ed., 2 vols. Cambridge: Cambridge University Press, 1923.

Prakash, Gyan. *Bonded Histories: Genealogies of Labor Servitude in Colonial India.* Cambridge: Cambridge University Press, 1990.

———. "Writing Post-Orientalist Histories of the Third World: Perspectives from Indian Historiography." *Comparative Studies in Society and History* 32:2 (1990): 383–408.

Preuss, Ulrich K. "The Critique of German Liberalism: Reply to Kennedy." *Telos* 71 (1987): 97–109.

Quayson, Ato. *Calibrations.* Minneapolis: University of Minnesota Press, 2003.

Quesnay, François. *Tableau Économique des Physiocrates.* London: Macmillan, 1972.

Rabasa, José. *Inventing A-M-E-R-I-C-A: Spanish Historiography and the Formation of Eurocentrism.* Norman: University of Oklahoma Press, 1993.

———. *Writing Violence on the Northern Frontier: The Historiography of Sixteenth-Century New Mexico and Florida and the Legacy of Conquest.* Durham, N.C.: Duke University Press, 2000.

———. "Franciscans and Dominicans Under the Gaze of a Tlacuilo: Plural-World Dwelling in an Indian Pictorial Codex." Morrison Library Inaugural Address Series No. 14. Berkeley, Calif.: Doe Library, 1998.

———. "*Without* History? Apostasy as a Historical Category." Unpublished paper.

———. "Decolonizing Medieval Mexico." Forthcoming in Davis and Altschul.

Rabin, Andrew. "Historical Re-Collections: Rewriting the World Chronicle in Bede's *De Temporum Ratione.*" *Viator* 36 (2005): 23–39.

Reeves, Philip. "Pakistanis Criticize Influence of Feudal Families." NPR World News, *Morning Edition,* June 18, 2007. *http://www.*npr.org/templates/story/story.php?storyId=11151854.

Renan, Ernst. "What Is a Nation?" In *Nation and Narration.* Ed. Homi Bhabha. Trans. Martin Thom. London: Routledge, 1990. Originally a lecture delivered as "Qu'es-ce qu'une nation?" at the Sorbonne, March 11, 1882.

Reynolds, Susan. *Fiefs and Vassals: The Medieval Evidence Reinterpreted.* Oxford: Clarendon, 1994.

Robbins, Bruce. "Secularism, Elitism, Progress, and Other Transgressions: On Edward Said's 'Voyage In.'" *Social Text* 40 (1994): 25–37.

Robinson, Fred C. "*Medieval,* the *Middle Ages.*" *Speculum* 59 (1984): 745–56.

Rowan, Steven. *Ulrich Zasius: A Jurist in the German Renaissance, 1461–1535.* Frankfurt am Main: Vittorio Klostermann, 1987.

Rufinus. *Eusebius Werke,* vol 2. *Die Kirchengeschichte.* Ed. Eduard Schwartz; *Die Lateinische Übersetzung des Rufinus.* Ed. Theodor Mommsen. Leipzig: J. C. Hinrichs'sche Buchhandlung, 1903.

Ryan, Magnus. "*Ius Commune Feudorum* in the Thirteenth Century." *Colendo iustitiam et iura condendo.* Ed. Andrea Romano. Rome: Edizioni De Luca, 1997. 51–65.

Saldana-Portillo, María Josefina. "Developmentalism's Irresistible Seduction." In Lowe and Lloyd, eds., 132–72.

Santner, Eric L. "Miracles Happen: Benjamin, Rosenzweig, Freud, and the Matter of the Neighbor." In Žižek, Santner, and Reinhard, 76–133.

Sarkar, Sumit. "The Fascism of the Sangha Parivar." *Economic and Political Weekly* 27:5 (1993), 163–67.

Scheil, Andrew. *The Footsteps of Israel: Understanding Jews in Anglo-Saxon England.* Ann Arbor: University of Michigan Press, 2004.

Schmitt, Carl. *The Concept of the Political.* Trans. George Schwab. New Brunswick, N.J.: Rutgers University Press, 1976. First published as *Der Begriff des Politischen* (Munich, 1932).

————. *Political Theology: Four Chapters on the Concept of Sovereignty.* Trans. George Schwab. Cambridge, Mass.: MIT Press, 1985. First published as *Politische Theologie: Vier Kapitel zur Lehre von der Souveränität* (Berlin: Dunker and Humblot, 1922).

————. *Roman Catholicism and Political Form.* Trans. G. L. Ulmen. Westport, Conn.: Greenwood, 1996. First published as *Römischer Katholizismus und politische Form* (Hellerau: Jakob Hegner Verlag, 1923).

————. *The Nomos of the Earth in the International Law of the Jus Publicum Europaeum.* trans. G. L. Ulmen. New York: Telos, 2003.

Schmitt, Jean-Claude. "Appropriating the Future." In Burrow and Wei, 3–17.

Schwartz, Seth. *Imperialism and Jewish Society, 200 B.C.E. to 640 C.E.* Princeton, N.J.: Princeton University Press, 2001.

Selden, John. *Titles of Honor.* London: W. Stansby for J. Helme, 1614. 2nd ed. London: Tyler and Holt, 1631.

————. *Of the Dominion or Ownership of the Sea.* Trans. Marchamont Nedham. London, 1652. Originally published as *Mare Clausum,* 1636.

Sen, Sudipta. *Empire of Free Trade: The East India Company and the Making of the Colonial Marketplace.* Philadelphia: University of Pennsylvania Press, 1998.

Simpson, James. *Reform and Cultural Revolution. The Oxford English Literary History, Vol. 2. 1350–1547.* Oxford: Oxford University Press, 2002.

Skinner, Quentin. *Foundations of Modern Political Thought.* Cambridge: Cambridge University Press, 1978. Vol. 1.

Smith, David Baird. "François Hotman." *Scottish Historical Review* 13 (1916): 328–65.

Smith, D. Vance. "Irregular Histories: Forgetting Ourselves," *New Literary History: A Journal of Theory and Interpretation* 28:2 (Spring 1997): 161–84.

————. *Arts of Possession: The Middle English Household Imaginary.* Minneapolis: University of Minnesota Press, 2003.

Smith, R. J. *The Gothic Bequest: Medieval Institutions in British Thought, 1688–1863.* Cambridge: Cambridge University Press, 1987.

Smith, Steven B. *Reading Leo Strauss: Politics, Philosophy, Judaism.* Chicago: University of Chicago Press, 2006.

Spelman, Henry. "Feuds and Tenures." In *Reliquiae Spelmannianae: The Posthumous Works of Sir Henry Spelman Relating to the Laws and Antiquities of England.* Ed. Edmund Gibson. London, 1698.

Spiegel, Gabrielle. *The Past as Text: The Theory and Practice of Medieval Historiography.* Baltimore: Johns Hopkins University Press, 1997.

————. "Epater les Médiévistes." *History and Theory* 39 (2000).

Spivak, Gayatri. *A Critique of Postcolonial Reason: Toward a History of the Vanishing Present.* Cambridge, Mass.: Harvard University Press, 1999.

Stein, P. G. "Roman Law." In Burns, ed., *The Cambridge History of Medieval Political Thought, c. 350–c. 1450,* 42–47.

Stokes, Eric. *The English Utilitarians and India.* Delhi: Oxford University Press, 1959.

Stoler, Ann Laura. *Race and the Education of Desire: Foucault's History of Sexuality and the Colonial Order of Things.* Durham, N.C.: Duke University Press, 1995.

Strohm, Paul. *Theory and the Premodern Text.* Minneapolis: University of Minnesota Press, 2000.

Suárez, Francisco. *De Legibus ac Deo Legislatore.* Ed. James Brown Scott. Trans. Gwladys L. Williams et al. Oxford: Clarendon, 1944.

Summit, Jennifer. *Memory's Library.* Chicago: University of Chicago Press, forthcoming.

Summit, Jennifer, and David Wallace, eds. *Medieval/Renaissance: After Periodization*. A special issue of *Journal of Medieval and Early Modern Studies* 37, no. 3 (2007).

Sutherland, Lucy. *The East India Company in Eighteenth-Century Politics*. Oxford: Clarendon, 1952.

Thomas, P. D. G., ed. "Parliamentary Diaries of Nathaniel Ryder, 1764–7." *Camden Miscellany XXIII* 4th series, vol. 7. London: Office of the Royal Historical Society, n.y. 229–351.

Travers, Robert. *Ideology and Empire in Eighteenth-Century India: The British in Bengal*. Cambridge: Cambridge University Press, 2007.

Tuck, Richard. *Natural Rights Theories: Their Origin and Development*. Cambridge: Cambridge University Press, 1979.

Tully, James. *A Discourse on Property: John Locke and His Adversaries*. Cambridge: Cambridge University Press, 1980.

Ullmann, Walter. "Arthur's Homage to King John." *English Historical Review* 94 (1979): 356–64.

Viswanathan, Gauri. *Masks of Conquest: Literary Study and British Rule in India*. Oxford: Oxford University Press, 1989.

———. *Outside the Fold: Conversion, Modernity, and Belief*. Princeton, N.J.: Princeton University Press, 1998.

Vries, Hent de, and Lawrence Sullivan, eds. *Political Theologies: Public Religions in a Post-Secular World*. New York: Fordham University Press, 2006.

Wallace, David. "Carving up Time and the World: Medieval-Renaissance Turf Wars; Historiography and Personal History." Center for Twentieth-Century Studies, University of Wisconsin, Milwaukee. Working paper no. 11 (1990–91).

———. *Premodern Places: Calais to Surinam, Chaucer to Aphra Behn*. Malden, Mass.: Blackwell, 2004.

———. "Periodizing Women: Mary Ward (1585–1645) and the Premodern Canon." *Journal for Medieval and Early Modern Studies* 36 (2006): 397–453.

Wallis, Faith. "*Si Naturam Quaeras*: Reframing Bede's 'Science.'" In DeGregorio, ed., 65–99.

———. Introduction, Notes, and Commentary to *The Reckoning of Time*, translation of Bede, *De temporum ratione*.

Warren, Michelle. *History on the Edge: Excalibur and the Borders of Britain (1100–1300)*. Minneapolis: University of Minnesota Press, 2000.

Weber, Samuel. "Taking Exception to Decision: Walter Benjamin and Carl Schmitt." *diacritics: A Review of Contemporary Criticism* 22:3–4 (1992): 5–18.

———. "'The Principle of Representation': Carl Schmitt's *Roman Catholicism and Political Form*." *Targets of Opportunity: On the Militarization of Thinking*. New York: Fordham University Press, 2005. 22–41.

Wei, Ian P. "Predicting the Future to Judge the Present: Paris Theologians and Attitudes to the Future." In Burrow and Wei, 19–36.

Weston, Corinne C. "England: Ancient Constitution and Common Law." In Burns, ed., *Cambridge History of Political Thought: 1450–1700*, 379–38.

Whelan, Frederick. *Edmund Burke and India: Political Morality and Empire*. Pittsburgh: University of Pittsburgh Press, 1996.

Wilson, Jon. "Governing Property, Making Law: Land, Local Society, and Colonial Discourse in Agrarian Bengal, c. 1785–1830." D. Phil., Oxford, 2001.

Wolin, Richard. Introduction. *Martin Heidegger and European Nihilism*. Trans. Gary Steiner. Ed. Richard Wolin. New York: Columbia University Press, 1995.

Wormald, Patrick. "Bede, the *Bretwaldas* and the Origins of the *Gens Anglorum.*" *Ideal and Reality in Frankish and Anglo-Saxon Society.* Ed. Patrick Wormald with Donald Bullough and Roger Collins. Oxford: B. Blackwell, 1983. 99–129.

Zasius, Ulrich. *Opera omnia.* Ed. Johan Ulrich Zasius and Joachim Münsinger von Frundeck, 7 vols. Aalen, Germany: Scientia Verlag, 1964–66.

Žižek, Slavoj, Eric Santner, and Kenneth Reinhard, eds. *The Neighbor: Three Inquiries in Political Theology.* Chicago: University of Chicago Press, 2005.

索　引

（条目后数字为原书页码，文中以中括号加数字标明）[*]

---

[*]　原书注释为尾注，此索引中的135—167之间的数字指原书尾注页码，括号内为译者标注的所属章节。

136n.14, 157 n.8（中译本第三章）

图书在版编目（CIP）数据

历史分期与主权：封建和世俗化观念如何支配时间政治／（美）凯瑟琳·戴维斯（Kathleen Davis）著；荆腾译． — 北京：华夏出版社有限公司，2023.10
（西方传统：经典与解释）
书名原文：Periodization and Sovereignty：How Ideas of Feudalism and Secularization Govern the Politics of Time
ISBN 978 - 7 - 5222 - 0521 - 2

Ⅰ.①历… Ⅱ.①凯… ②荆… Ⅲ.①政治哲学 - 美国 - 现代 Ⅳ.①D097.125.34

中国国家版本馆 CIP 数据核字（2023）第 145220 号

All rights reserved.
Published by arrangement with the University of Pennsylvania Press，Philadelphia，Pennsylvania．None of this book may be reproduced or transmitted in any form or by any means without permission in writing from the University of Pennsylvania Press．

版权所有　翻印必究
北京市版权局著作权合同登记号：图字 01 - 2017 - 0161 号

历史分期与主权——封建和世俗化观念如何支配时间政治

作　　者	［美］凯瑟琳·戴维斯	
译　　者	荆　腾	
责任编辑	李安琴	
责任印制	刘　洋	
出版发行	华夏出版社有限公司	
经　　销	新华书店	
印　　装	三河市少明印务有限公司	
版　　次	2023 年 10 月北京第 1 版	
	2023 年 10 月北京第 1 次印刷	
开　　本	880 ×1230　1/32	
印　　张	9	
字　　数	220 千字	
定　　价	68.00 元	

华夏出版社有限公司　　地址：北京市东直门外香河园北里 4 号　邮编：100028
网址：www. hxph. com. cn　电话：(010) 64663331 （转）
若发现本版图书有印装质量问题，请与我社营销中心联系调换。